Uni-Taschenbücher 2057

UTB
FÜR WISSEN
SCHAFT

Eine Arbeitsgemeinschaft der Verlage

Wilhelm Fink Verlag München
A. Francke Verlag Tübingen und Basel
Paul Haupt Verlag Bern · Stuttgart · Wien
Hüthig Fachverlage Heidelberg
Verlag Leske + Budrich GmbH Opladen
Lucius & Lucius Verlagsgesellschaft Stuttgart
Mohr Siebeck Tübingen
Quelle & Meyer Verlag Wiesbaden
Ernst Reinhardt Verlag München und Basel
Schäffer-Poeschel Verlag Stuttgart
Ferdinand Schöningh Verlag Paderborn · München · Wien · Zürich
Eugen Ulmer Verlag Stuttgart
Vandenhoeck & Ruprecht in Göttingen und Zürich

Gerhard Mertens

Umwelten.
Eine humanökologische Pädagogik

Ferdinand Schöningh
Paderborn · München · Wien · Zürich

Die Deutsche Bibliothek – CIP-Einheitsaufnahme

Mertens, Gerhard:
Umwelten: eine humanökologische Pädagogik / Gerhard Mertens. –
Paderborn; München; Wien; Zürich: Schöningh, 1998
(UTB für Wissenschaft: Uni-Taschenbücher; 2057)
ISBN 3-8252-2057-5 (UTB)
ISBN 3-506-99505-7 (Schöningh)

Gedruckt auf umweltfreundlichem, chlorfrei gebleichtem
und alterungsbeständigem Papier ∞ ISO 9706

ISBN 3-506-99505-7

Printed in Germany
Herstellung: Ferdinand Schöningh, Paderborn
Einbandgestaltung: Alfred Krugmann, Freiberg am Neckar

UTB-Bestellnummer: ISBN 3-8252-2057-5

Vorwort

Das vorliegende Buch ist seiner Grundkonzeption nach im Forschungssemester Winter 1996/97 in den USA entstanden. Dort wurden, nicht zuletzt auch im Blick auf die Arbeiten Urie Bronfenbrenners, Konturen eines humanökologischen Ansatzes in der gegenwärtigen Erziehungswissenschaft herausgearbeitet. Vielfältige Anregungen und Materialien ergaben sich überdies im Zuge der konzeptionellen Mitarbeit im Herausgeberkreis des interdisziplinär angelegten „Lexikons der Bioethik", das ebenfalls in diesem Jahr erscheint.

Um den Einstieg in die Lektüre zu erleichtern, beginnt das Buch mit dem illustrierenden ersten Teil, „Konkretionen", und stellt darauf erst im grundlegenden zweiten Teil den sich formierenden humanökologischen Ansatz vor.

Adressaten sind neben Fachvertretern insbesondere Studierende des Lehramtes, des Magister- und Diplomstudienganges, aber auch in der Praxis tätige Pädagogen.

Abschließend ist es mir noch ein Anliegen, meinen Mitarbeitern und Sekretärinnen am Lehrstuhl für Pädagogik in Regensburg zu danken, vor allem auch den Studentischen Hilfskräften Karin Hoyer, Katja Maier, Sandra Pluntke und Josef Strasser. Mein ganz besonderer Dank gilt Michaela Schießl für ihr Engagement bei der Gestaltung des Manuskriptes.

Regensburg, den 15.4.1998 Gerhard Mertens

Inhaltsverzeichnis

Einleitung

Für die pädagogische Reflexion ist es bisweilen durchaus sinnvoll und notwendig, in prinzipieller Ausrichtung den Menschen als transzendentales Subjekt zu thematisieren, um von diesem Status aus die letzten Leistungen sinnstiftender Subjektivität herauszuarbeiten. Ein Interesse an *konkreter pädagogischer* Handlungsorientierung jedoch erfordert in der Regel die genau umgekehrte Blickrichtung, nämlich möglichst nahe an die Phänomene menschlicher Existenz heranzurücken, wo der Mensch greifbar und anschaulich erst wird, wenn man ihn als reale Person in situativen Lebenskontexten betrachtet. Denn zustandekommen und sich als dieses bestimmte Individuum verwirklichen kann die Person stets nur in einer Vielzahl lebensweltlicher Situationen und Bezüge, in denen sich ihre ureigene Biographie entwickelt und ihre unverwechselbare Gestalt gewinnt. Eine phänomennahe Pädagogik, die praktisch relevant sein will, wird sich deshalb bei der Formulierung ihres Ansatzes zunächst die schlichte anthropologische Einsicht in Erinnerung rufen müssen: den Menschen *an sich*, die weltlose Person gibt es nicht. Vielmehr existieren, aktualisieren und entfalten sich personale Individuen in ganz konkreten, *sozio-kulturell bestimmten Umwelten*. Und auch die grundlegenden Bildungsprozesse von Kindern, Jugendlichen und Erwachsenen sind adäquat nur in deren konkreten Lebenswelten zu fassen und pädagogisch zu beeinflussen.

Dementsprechend läßt sich gegenwärtig, in unseren hochkomplexen Gesellschaften, ansatzweise bereits ein älteres Kind und vollends der Jugendliche und der Erwachsene als ein vielseitiger Akteur auf der Bühne des Lebens begreifen, sei es, daß er Tag für Tag recht vielfältige und unterschiedliche Einzelszenen mit spezifischen Handlungsmustern („behavior settings“) zu bewältigen hat, sei es, daß er verschiedenartige Nahumwelten (Familie, Schule, Arbeitsstelle, Freundeskreis) mit ihren je typischen Rollen und Interaktionen durchmessen und miteinander verknüpfen muß. Immer ist der einzelne auf je neue Weise als Handelnder gefordert, befindet er sich in *Wechselwirkung mit pluralen Umweltkontexten unterschiedlicher Reichweite*, die, untereinander vernetzt, von Kleinstumwelten in seinem Nahbereich bis in den übergreifenden Umweltzusammenhang auf der Makroebene der Gesamtkultur hineinreichen. Angesichts dieses beachtlichen Netzwerkes menschlicher Ökologie mag es in der Tat erstaunen, daß die *humanökologische Perspektive* in den Human- und Sozialwissenschaften bis zum Beginn der siebziger Jahre so sehr ausgeblendet war, daß beispielsweise C. F. Graumann in seiner kritischen Replik noch 1976 (S.22) einen „Nachholbedarf" der bis dahin weitgehend „umweltlosen" bzw. „umweltgleichgültigen" (psychologischen) Forschung konstatieren muß. Freilich wurde diesem Desiderat dann in den Nachfolgejahren bis in die jüngste Gegenwart hinein gebührend Rechnung getragen, nicht zuletzt auch im Rahmen *erziehungswissenschaftlicher Forschung*.[1]

Gerade der Pädagogik scheint denn auch die humanökologische Betrachtungsweise in Theorie und Praxis erfolgversprechende Perspektiven zu eröffnen. Ist doch das Modell der Person-Umwelt-Interaktion von einer Sicht des Menschen geleitet, welche die lange Zeit vorherrschende behavioristische und strukturfunktionalistische Vorstellung einer bloß passiven menschlichen Prägung durch gesellschaftsstrukturelle Faktoren weit hinter sich gelassen hat. Der einzelne Sozialisand ist dann nicht weiterhin ein primär reaktiv angepaßtes, zurechtgeschliffenes Teilchen im Funktionsganzen der Gesellschaft, vielmehr ist er, in gewissen kontextuellen Grenzen, durchaus aktiv mitgestaltender, reflexiv tätiger menschlicher Umweltakteur, insbesondere im Jugend- und Erwachsenenalter. Als *„produktiv realitätsverarbeitendes Subjekt"* (Hurrelmann 1983, 91) sieht er sich sowohl befähigt als auch aufgerufen, die *äußere Realität seiner Lebensumwelten* mit ihren wechselnden Bezügen und Anforderungen zu deuten, auszuwählen und miteinander zu verknüpfen. Er kann dies nur leisten im Rahmen symbolisch vermittelter Interaktion und Kommunikation, wobei er die unterschiedlichen Umwelten zunehmend auf sich hin aus- und umgestaltet – zur Einheit eines lebensgeschichtlichen Gesamtzusammenhanges mit Lebensweltperspektive. Und als originärer Interpret seiner eigenen *inneren Realität* wird er bei all dem sich selbst als dieses Individuum allererst jeweils zu finden haben.

Entwicklung der Persönlichkeit, ihre schöpferische Selbstverwirklichung und freie Selbstentfaltung, ist mithin nur zu denken innerhalb dieses Prozesses der reziproken Interaktion zwischen personalem Individuum einerseits und sozio-kulturell bestimmten Lebensumwelten andererseits. Oder, pädagogisch gewendet, die Selbstformung der

---

[1] Vgl. hierzu neuerlich die informative Übersicht durch E. Weber 1996, 127-147. 280-301.

Person, ihre *Bildung* zu reflektiertem Welt- und Selbstbezug, ereignet sich überhaupt erst in der *kritisch produktiven Aneignung* jener wert- und sinnhaften *Umweltkontexte,* innerhalb derer das personale Individuum denkend, verstehend, auswählend, verknüpfend und gestaltend tätig ist. Und aus den unterschiedlichen Umweltanforderungen wiederum lassen sich *konkrete Bildungsaufgaben* formulieren, mit deren Bewältigung stets auch Fragen gelingenden oder mißlingenden Menschseins auf dem Spiel stehen.

Im Aufgreifen einer genuin humanökologischen Perspektive sieht sich demnach die Pädagogik vor die Aufgabe gestellt, solche situativ-lebenskontextbezogenen Bildungs*aufgaben* von Kindern, Jugendlichen und Erwachsenen auszumachen und zu fragen, *was in diesen* (nacheinander und parallel zueinander) *wechselnden Umwelten jeweils Bildung meint bzw. meinen und erfordern könnte.* Hierbei sollte sie auch Schicksale gehemmter oder verhinderter Bildung in den Blick nehmen und schließlich Anhaltspunkte für die jeweils spezifische pädagogische Unterstützung, Förderung und Begleitung gewinnen.

Im vorliegenden Band sollen nun in einem ersten Teil *Konkretionen* des sich formierenden humanökologischen Ansatzes erörtert werden. So wird (1) „Identität/Identitätsfindung“ als eine der zentralen Bildungsaufgaben thematisiert. Sodann wird (2) der *Beitrag der Pädagogischen Anthropologie* zur humanökologischen Betrachtungsweise untersucht. Ferner werden (3) die Überlegungen zur gegenwärtigen Pädagogik makrosystemisch unter der sozio-kulturellen Signatur *„modern/postmodern“* verortet. Im Blick auf die Naturökologie sollen schließlich (4) *Konzepte gegenwärtiger Umweltbildung* erörtert und entsprechend im Blick auf die „innere Ökologie“ des Menschen sowie die Ökologie der technisch-ökonomischen Gesellschaften (5) Aspekte der *Konsumerziehung* untersucht werden. Vor diesem Hintergrund werden sodann in einem fundierenden zweiten Teil (6) *Grundlegung,* Begriff, wissenschaftsgeschichtliche Tradition, Problemhorizont und Aufgabenstellung einer *Pädagogik mit humanökologischem Forschungsinteresse* herausgearbeitet.

1. Identität/Identitätsfindung als Bildungsaufgabe

Gliederung:

I. Grundsätzliches

1. Zum Begriff

„*Identität*“ ist, innerhalb einer Vielzahl konzeptioneller Zugänge, psychosozialer Terminus für das einzigartige Phänomen, daß das Individuum, wiewohl Akteur in tausendfältigen Situationen und unterschiedlichsten sozialen Rollen, dennoch in Bezug auf andere und auf sich selbst in einem unterstellten Zeitkontinuum sich als ein und dasselbe bewußt ist. Insofern thematisiert der Begriff das fundamentale Streben des Menschen nach Einheitlichkeit und Unverwechselbarkeit der eigenen Person (Individualität), sein Streben nach Selbsterkenntnis und Selbstgestaltung. Solcher Suche nach Selbstkonsistenz entsprechend ist dann Identität das Gesamt aller Antworten auf die Frage: „Wer bin ich?" (vgl. Gollwitzer 1993, 343, sowie James 1890).

Und demgemäß weitverzweigt, vielschichtig und heterogen ist das diesbezügliche Forschungsfeld.

2. Problemstellungen und konzeptionelle Zugänge

2.1 Die Konzeption E.H. Eriksons

Expressis verbis eingeführt wurde der Identitätsbegriff erst durch Erik H. Erikson, dessen Entwicklungskonzeption eine Art Synthese aus Psychoanalyse, Entwickungspsychologie, Sozialisationstheorie, Existentialpsychologie und Gesellschaftsideologie darstellt (vgl. Oerter/ Dreher 1995, 322). Repräsentativ sind insbesondere seine Abhandlungen „Childhood and Society" (1950/1976), „Identity and Cycle" (1959/1994) und „Identity. Youth and Crisis" (1968/1988). Charakteristisch für den dort von Erikson entfalteten Ansatz ist, daß er die Theorie der Persönlichkeit aufs engste mit dem Gedanken der Ausbildung von *Ich-Identität* verbindet. Der Auf- und Ausbau von persönlicher Identität, eines Bewußtseins vom „inneren Sich-Selbst-Gleichsein" der Persönlichkeit (Erikson 1994, 124) über die Zeiten und die sozialen Kontakte hinweg und die damit verbundene „Wahrnehmung, daß auch andere diese Gleichheit und Kontinuität erkennen" (ebd. 18), dies wird zum Generalthema seiner auch das Erwachsenenalter umfassenden Entwicklungspsychologie.

Mit dieser Konzeption hat Erikson die psychoanalytische Theorie Freuds erheblich modifiziert. Nicht nur, daß er dessen Schema der infantilen Libido-Entwicklung auf die Lebensspanne ausweitet. Vor allem auch transformiert er dessen psychosexuelles Entwicklungskonzept in ein psycho*soziales*, sofern er die innerpsychischen Entfaltungsprozesse in den übergreifenden Kontext der jeweiligen Sozialstruktur, der Teilhabe des Individuums an bestimmten „gruppen-spezifischen Charakterzügen", rückt (ebd. 124).

Sich entwickeln und ein Selbst ausbilden kann das Individuum demzufolge nur im Wechselspiel von inneren und äußeren soziokulturellen Einflußgrößen, indem es in der aktuellen Begegnung mit dem kulturellen Wert- und Symbolsystem seiner sozialen Umwelt die von dort gestellten Anforderungen aufgreift und bewältigt. Nur als Vollmitglied einer Kulturgemeinschaft, eben durch seine Teilhabe an der „*Gruppenidentität*", vermag der einzelne auf Dauer Genugtuung, Sinn und ein tiefes Gefühl der Selbstachtung zu gewinnen: „Das Gefühl der Ich-Identität ist also die gesammelte Zuversicht des Individuums, daß der inneren Gleichheit und Kontinuität auch die Gleichheit und die Kontinuität seines Wesens in den Augen anderer entspricht" (Erikson 1976, 256).

Entsprechend soll nun nach Erikson auch das menschliche Wachstum „unter dem Gesichtspunkt der inneren und äußeren Konflikte dargestellt werden, welche die gesunde Persönlichkeit durchzustehen hat und aus denen sie immer wieder mit einem gestärkten Gefühl innerer Einheit, einem Zuwachs an Urteilskraft und der Fähigkeit hervorgeht, ihre Sache ‚gut zu machen', und zwar gemäß den Standards derjenigen Umwelt, die für diesen Menschen bedeutsam ist (Erikson 1994, 56)".

Die einzelnen Phasen und Dimensionen der so verstandenen Persönlichkeitsentwicklung verdeutlicht Erikson in Form einer „*Epigenese*" der Identität. Und mit diesem Hinweis auf das „epigenetische Prinzip" rekurriert er auf eine Begrifflichkeit aus der Embryologie, wonach Wachstum gemäß einem immanenten Bauplan erfolgt (vgl. Erikson 1994, 57) und als Differenzierung und Spezialisierung einer ursprünglichen Einheit zu einem komplexen Funktionsganzen verstanden wird. Wichtige Komponenten sind dabei sensible (organismische) Perioden bzw. entscheidende Entwicklungsphasen einerseits und Interaktionen mit äußeren Kontextbedingungen von maximal positiver (oder negativer) Wirkung andererseits (vgl. Montada 1995, 53. 64). In Anlehnung hieran faßt Erikson die Epigenese der Identität als einen Vorgang fortschreitender Differenzierung dreier Hauptkomponenten seelischer Gesundheit, nämlich (1) des „Gefühls eines *Urvertrauens*", (2) des „Gefühls eines *autonomen Willens*" und (3) eines „Gefühls von *Initiative*" (vgl. ebd. 59). Und was die Ausdifferenzierung im einzelnen angeht, so entwirft er näherhin ein achtphasiges Stufenschema psychosozialer Entwicklung, wobei die einzelnen Hauptstadien jeweils durch spezifische *Krisen* bzw. *Wendepunkte* im Leben des Heranwachsenden und damit durch bestimmte Aufgabenstellungen charakterisiert sind. In ihrer herausfordernden Dynamik fungieren diese Phasen denn auch als Movens der weiteren Entwicklung. Wird nun die *stadientypische Konfliktlage* bewältigt, so hat die Persönlichkeit an Fähigkeit, Urteilskraft und erhöhtem Gefühl der inneren Einheit, kurz, an Identität hinzugewonnen. Im anderen Fall kommt es zu Störung und Stillstand.

> *Ich-Identität* ist sonach für Erikson: Resultat stufenweise erfolgender *Integrationsleistungen* seitens der sich entwickelnden Persönlichkeit. Hier sind es vor allem grundlegende Erfahrungen mit primären Bezugspersonen und Identifikationen aus der früheren Biographie, die durch Ich-Synthese zur inneren Einheit der Person zu integrieren sind. Am Ende stünde dann der Aufbau eines Konzeptes der *Selbstkonsistenz*, demzufolge sich die konsolidierte, kraftvolle Persönlichkeit imstande sieht, ihre Umwelt nach den Maßstäben ihrer Gruppenzugehörigkeit „aktiv zu meistern“ und zu gestalten. Mit den Worten Eriksons formuliert: „Dieses Selbstgefühl (der Ich-Identität, Vf.)...erstarkt zu der Überzeugung, daß das Ich wesentliche Schritte in Richtung auf eine kollektive Zukunft zu machen lernt und sich zu einem definierten Ich innerhalb einer sozialen Realität entwickelt (Erikson 1994, 17).

Man hat dieser Konzeption einen Mangel an empirischer Fundierung und an Operationalisierung vorgehalten. Auch konnten in der Folgezeit die genannten *Entwicklungsaufgaben* und Bewältigungsmöglichkeiten im Prozeß der Identitätsbildung erheblich differenziert werden (vgl. Havighurst 1948; Thomae 1968; Thomae/Lehr 1986; Filipp 1990). Und schließlich, dies hängt mit den beiden erstgenannten Kritikpunkten zusammen, wurde es für die weitere Forschung als fruchtbar erkannt, eine deutlich stärkere konzeptionelle Verlagerung der Entwicklungsdynamik (von den primär innerpsychischen Kräften) auf die äußeren kontextuellen (sozio-kulturellen) Einflußgrößen vorzunehmen, mit denen das sich entwickelnde Individuum in reziproker Interaktion steht (vgl. Brandtstädter 1990; Oerter 1995, 84-127). Gerade in diesem letzten Punkt weist die Theorie Eriksons denn auch in der Tat gewisse Lücken auf. Wohl ist es ihm gelungen, die zentrale Bedeutung sozialer Gemeinschaften für den Prozeß der Identitätsbildung *an sich* herauszustellen, nicht aber, soziale und kulturelle Umwelten auch für die *materiale* Aufgabenbestimmung innerhalb dieses Prozesses konkret nutzbar zu machen. Erst der Blick auf die Abläufe und Anforderungen in ganz bestimmten gesellschaftlichen Kontexten jedoch läßt je neue und andere Formen der Infragestellung des Selbstkonzeptes einer Person hervortreten wie auch spezifische Bewältigungs- und Integrationsleistungen sichtbar werden, die dann ein jeweiliges Wachstum an Identität bedeuten. – Wenn Eriksons Modell ungeachtet dieser Vorbehalte gleichwohl auch weiterhin für Entwicklungspsychologie und Pädagogik relevant geblieben ist, dann nicht nur als ein herausragendes Beispiel für eine *Entwicklungskonzeption der gesamten Lebensspanne*, sondern vor allem wohl doch auch, weil die interpretativ erschlossenen Hauptstadien der Ausbildung von Ich-Identität schlichtweg „intuitiv überzeugen" (Montada 1995, 64).

2.2 Symbolischer Interaktionismus

Was jedoch die stärkere Verlagerung des Forschungsinteresses auf die sozio-kulturellen Einflußfaktoren und damit auf das Aktuelle und *Fließende* im Prozeß der Identitätsbildung betrifft, so wird dies in einer anderen Gruppe von Konzeptionen primär soziologischer Herkunft verhandelt, nämlich im Rahmen der Theorie des *Symbolischen Interaktionismus*. Kennzeichnend hierfür ist vornehmlich der Terminus des *„Selbst"*, der mit dem der Identität aufs engste verwandt bzw. deckungsgleich ist, wie dies bereits die deutsche Übersetzung von George Herbert Meads inzwischen klassisch gewordener Initialschrift „Mind, Self and Society" (Chicago 1934) mit „Geist, Identität und Gesellschaft" (dtsch. 1968) belegt.

Mit dem Begriff des Selbst greift Mead auf eine Wortprägung von William James (1890) zurück, der bereits zwischen „I" (Ich) und „Me" (Mich), also einem Subjekt und einem Objekt der Erkenntnis in ein und derselben Person, unterscheidet. Hieran anknüpfend analysiert Mead die für das Bewußtsein eines „Selbst" bzw. der Identität unabdingbare Fähigkeit des Subjekts zur Reflexivität, d.h. seine Fähigkeit, sich zu sich selbst wie zu einem anderen (Subjekt) zu verhalten bzw. die gleiche Haltung sich selbst gegenüber einzunehmen wie andere Individuen (vgl. Mead 1968, 58, und Dubiel 1976). Eine derartige *Selbst-Reflexion*, in der sich Identität herausbildet, ereignet sich nach Mead jedoch nicht in einsamen Denkakten, sondern immer nur im sozialen Handeln *interagierender Subjekte*.

Danach leben Menschen in einem Prozeß ständiger Interaktion und Kommunikation, der sich über den Austausch vornehmlich sprachlich vermittelter Symbole, Bedeutungsgehalte, Erwartungen und Wertmuster vollzieht. Individuen können so voneinander lernen, sich zu beeinflussen und gemeinsam in kulturellen Bedeutungswelten zu leben. Zunächst und vor allem jedoch ist es ihnen in diesem interaktiven Kontext erst möglich, in sich eine Identität, ein Selbst auszubilden und sich als ein solches auch zu begreifen. Nach Cooley (1956) übernimmt die Gruppe dabei die Funktion eines Spiegels, in dem der einzelne sein Gesicht, die Unverwechselbarkeit der eigenen Persönlichkeit erkennt, und zwar durch Wahrnehmung und Bewertung der Reaktionen der anderen. Auf der Grundlage dieser Einschätzung erfolgt dann die Ausrichtung des eigenen Verhaltens unter dem elementaren Aspekt, das *Selbstwertgefühl* hochzuhalten (vgl. Thomas 1992, 54-57).

Auch Mead erkennt die persönlichkeitsbildende Bedeutung des stets neuen Vorganges, sich selbst aus der Perspektive der Interaktionspartner wahrzunehmen und gegebenenfalls die Rolle der anderen zu übernehmen (*„taking the role of the other"*; Mead 1968, 300), mit dem Ziel, ihre Wertschätzung zu erlangen. Daß sich das Individuum bei diesen *sozialen Angleichungsprozessen* nicht gänzlich nach außen verliert und entfremdet, dem trägt Mead Rechnung durch eine gewichtige Unterscheidung. Er differenziert nämlich zwischen einem sozial geformten Teil der Persönlichkeit, der sich aus der Summe der Erwartungen der anderen, dem *„generalized other"*, herauskristallisiert hat und den er das *„Me"* nennt. Hiervon hebt er das *„I"* ab als jene spontane, *kreative Ich-Instanz* im Persönlichkeitssystem, die sich nicht einfach von außen vereinnahmen läßt, sondern zum Widerspruch drängt, wenn ein Ansinnen als unzumutbar, eine Beschuldigung als „ungerechtfertigt" erscheint (vgl. Mead 1968, 258ff., sowie Preglau 1995, 59-61). Erst das Zusammenspiel von „Me" und „I" ergibt das *„Self"*, die Identität der Person.

> Die Bildung des Menschen zur reifen Persönlichkeit, die für sich und ihre soziale Umwelt als identische agiert, erfolgt demnach nur im Rahmen symbolischer Interaktion mit anderen Subjekten, deren Äußerungen, Bedeutungszuweisungen, Werteinstellungen und Rollenerwartungen sich über Interpretationsleistungen zu einem komplexen kulturellen Regelsystem verdichten und im Rahmen von Austausch und wechselseitiger Wertschätzung jene Internalisierungsprozesse bewirken, deren Gesamtheit den sozialen Teil der Persönlichkeit ausmacht.

Vor diesem Hintergrund thematisiert insbesondere E. Goffman (1967) das Problem *bedrohter Identität*, das er am krassen Beispiel der Situation von „Stigmatisierten“ bzw. von Insassen sog. „totaler Institutionen“ illustriert. Was dort am sozialen Grenzfall aufgezeigt wird, ist für ihn kennzeichnend im Hinblick auf eine Technologie der Bewältigung bedrohter Identität überhaupt (vgl. Dubiel 1971, 150). Die von der Gesellschaft dem Individuum über zahllose, z.T. auch in sich widersprüchliche Rollen angesonnene *„soziale Identität“* erscheint in ihrer Gänze kaum einlösbar, es sei denn, die *„personale Identität“* des Individuums mit seiner unverwechselbaren Bedürfnisstruktur und Biographie würde fundamental aufs Spiel gesetzt. Mithin bedarf es ausgeklügelter Strategien, um auf der Bühne wechselnder Interaktionen je anders aufzutreten, als einer, der eine jeweils gerade aktuelle „soziale Identität“ präsentiert.

Ähnlich läßt sich auch nach L. Krappmann (1988, 9) Ich-Identität nur stets aufs Neue in Akten der *Balance* zwischen *„sozialer“* und *„persönlicher Identität“* interaktiv herstellen:

> „Identität ist nicht mit einem starren Selbstbild, das das Individuum für sich entworfen hat, zu verwechseln; vielmehr stellt sie eine immer wieder neue Verknüpfung früherer und anderer Interaktionsbeteiligungen des Individuums mit den Erwartungen und Bedürfnissen, die in der aktuellen Situation auftreten, dar.“

Damit trägt auch Krappmann der Tatsache Rechnung, daß es Individuen in der hochgradig differenzierten, modernen bis „postmodernen“ Gesellschaft der Gegenwart mit einem Geflecht zahlloser, teilweise nur locker miteinander verknüpfter Teilstrukturen mit vielfältigen, untereinander konkurrierenden oder gar einander widersprechenden Normen, Erwartungen und Interpretationen gelebten Menschseins zu tun haben. In diesem komplexen Netzwerk muß sich der einzelne auf vielfältige Weise persönlich zur Geltung bringen. Dies beschränkt sich längst nicht darauf, eine einmalige Auswahl von Rollen vorzunehmen und ihre Integration auf die innere Konsistenz des gesellschaftlichen Normensystems zu bewerkstelligen (vgl. Parsons 1964).

Vielmehr ist das Individuum in einem lebenslangen Prozeß mit der Zusammensetzung des auf seine jeweilige persönliche Entwicklung zugeschnittenen gesellschaftlichen Puzzlespiels beschäftigt. Hier sieht es sich dann vor die Aufgabe gestellt, in Akten ständiger Balance sich selbst in den inhomogenen sozialen Prozeß einzubeziehen und sich dabei zugleich zu behaupten. Gelingt es dabei, *divergierende Erwartungen* und *Interpretationen stellungnehmend* mit der eigenen biographischen Organisation zu integrieren, dann wird auf diese Weise Identität erweitert, entfaltet, je neu stabilisiert.

Entsprechend müßte man denn auch in der heutigen, differenzierten Gesellschaft die Konzeption von Identitätsbildung erheblich dynamisieren, indem man die Vorstellung von einer verfestigten, scharf konturierten, widerspruchsfreien „autonomen Identität" ablöst zugunsten der Konzeption einer „*mutuellen Identität*" (Oerter/Oerter 1993), die auch vermeintliche Unvereinbarkeiten in sich aufnimmt, sie dialektisch aufarbeitet und als Widersprüche auf einer höheren Komplexitätsstufe aufgehoben sein läßt.

Indessen wird auch in einer solchen interaktionistischen Version von Identitätstheorie nicht prinzipiell in Abrede gestellt, daß eine „gelungene Identitätsbildung" die sozialen Beteiligungen des Individuums im Entwurf eines biographischen Zusammenhanges zu einem Ganzen verknüpft.

2.3 Coping- und Selbstkonzept-Theorien

Wo man sich nun auf einer gedachten Skala mit den Polen Festigkeit – Plastizität auch ansiedeln mag, immer wird man als eine dritte konzeptionelle Gruppe schließlich noch die kognitiv orientierten *Coping-* und *Selbstkonzept-Theorien* im Rahmen persönlichkeitspsychologischer Konzepte mit zu berücksichtigen haben, die in ihrer Sicht von der Mensch-Umwelt-Interaktion allesamt ein wie auch immer konturiertes *Aktions-Selbst* unterstellen. Damit nehmen sie gleichsam eine mittlere Position ein zwischen den Extremen einer psychoanalytischen Festlegung des Selbst einerseits und einer interaktionistischen Dynamisierung der Identitätsvorstellung andererseits. Demzufolge lassen sich zum Thema Selbst/Ich-Identität folgende Einsichten festhalten:

(1) Das Selbst ist *Kern* des Persönlichkeitssystems (vgl. Kuhn 1964) und als solcher Träger aller Handlungen und Erfahrungen der Person (vgl. Epstein 1973; 1984; Lazarus/Folkman 1984; Eccles 1984; Ryan 1993; vgl. auch Oerter 1995, 808ff.). Und auch wenn man sich lange mit Erfolg darum bemüht hatte, diesen „Homunkulus" auszuschalten, so spricht doch aus heutiger Sicht alles für die „Neueinführung" eines solchen im Organismus von Geburt an wirkenden und sich generierenden Systems.

(2) Spätestens seit dem 2. Lebensjahr entspricht diesem Kern-Selbst auf der Bewußtseinsebene ein *Selbstkonzept*, das die *kognitive*

Komponente der Selbstwahrnehmung und des Wissens um sich selbst beinhaltet – „Ich bin ein Junge oder ein Mädchen", „Ich bin tüchtig" (vgl. Kohlberg 1974; O'Brien/Huston 1985; vgl. auch Perner 1991) – sowie die affektive Komponente des Selbstwertgefühls und des Selbstvertrauens umfaßt (vgl. Oerter 1989). Zu diesen Identitätskomponenten werden auch Wünsche (vgl. Markus/Nurius 1986), Ideal- und Sollwerte (vgl. Higgins 1987) und schließlich definierte Ziele hinzugezählt (vgl. Wicklund/Gollwitzer 1982).

(3) Die weitere Formung des Selbstkonzeptes stellt sich nicht gleichsam naturhaft von allein ein, sondern ist Ergebnis zunehmend reflexiver Vollzüge, Konstruktions- und Integrationsleistungen seitens der interagierenden Subjekte.
Am Verständnis dessen zu arbeiten, der man (für sich und für andere) ist bzw. sein will, dies muß, ganz im Sinne Eriksons, als lebenslange Bemühung der sich entwickelnden Persönlichkeit, als fortwährender Akt ihrer Bildung verstanden werden.

(4) Der Entwicklungsprozeß lebenslanger Selbstdefintion vollzieht sich jedoch nur im Rahmen wechselseitiger Beeinflussung zwischen Individuen und ihren jeweiligen Umwelten. Hierbei umfassen menschliche Ökosysteme, über die biologischen Lebensbedingungen (der Natur) weit hinaus, vor allem das jeweilige Symbolsystem der Kultur mit seinen unterschiedlichen Ausdrucksgestalten und Milieus wie auch die Gesamtheit der gesellschaftlichen Bedingungsfaktoren mit ihren Möglichkeiten und Grenzen für die individuelle Entfaltung. Und schließlich gehört dazu auch die entwicklungsrelevante räumlich-materielle Umwelt. In der *produktiven Auseinandersetzung* des Individuums mit diesen seinen in der Lebensspanne aufeinander folgenden oder parallel zueinander variierenden *Lebensumwelten* kommt es dann zur *interindividuell differierenden Ausformung der Selbst-Konstruktion.*

II. Thematisierungsschwerpunkte

Die Formung von Ich-Identität bzw. die Konstruktion des Selbstkonzeptes mit dem Resultat eines umweltbezogenen Verständnisses von der Einmaligkeit und Unverwechselbarkeit der eigenen Person erweist sich von daher als die zentrale, stets neu akzentuierte und häufig genug auch bedrohte Entwicklungs- und Bildungsaufgabe im Leben eines Menschen. Entsprechend müßte eine Pädagogik, die sich an möglichst umfassender Entfaltung und sinnhafter Verwirklichung von Menschen orientiert, diese bei ihrem Ringen um Identität fördern, unterstützen und begleiten. Wie sich hier die Identitätsproblematik dem Individuum je neu stellt und welche spezifisch *pädagogischen* Aufgabenstellungen sich dabei ergeben, das sei im folgenden an drei gewichtigen Etappen innerhalb der Lebensspanne, nämlich der frühen Kindheit, des Jugendalters und des reifen Erwachsenenalters, verdeutlicht.

1. Frühe Kindheit

Halten wir uns hierbei zunächst an die von Erikson vorgezeichnete Leitlinie, so geht es in diesem ersten Lebensabschnitt um die Grundlegung dreier Hauptkomponenten der sich entwickelnden Ich-Identität, und zwar, analog zum psychoanalytischen Phasenmodell der frühkindlichen Libido-Entwicklung, um die Grundlegung *von „Urvertrauen"*, von *„Autonomie"* und von *„Initiative"*. Damit jedoch steht nicht weniger als die Ermöglichung oder die Behinderung aller weiteren Identitätsbildung der Person auf dem Spiel.

1.1 Grundlegung von „Urvertrauen"

Nach der radikalsten aller Veränderungen am Beginn des Lebens, dem Wechsel vom intrauterinen zum extrauterinen Leben, ist die erste Lebensphase des Menschen durch eine grundlegende Interaktion bestimmt, nämlich durch die Beziehung zwischen dem Säugling, der in allem auf Versorgung angewiesen ist, und, hierzu komplementär, seiner ersten Bezugsperson, meistens der leiblichen Mutter. Sie wird jetzt im umfassenden Sinne Versorgerin, Garant der Bedürfniserfüllung und der Geborgenheit, Trostspenderin, Geberin und Gegenstand der Zuwendung. Während dabei die Mutter „lebt und liebt durch ihre Brust", „lebt und liebt (das Neugeborene) mit dem Munde". Dieser wird zum Zentrum einer „ersten allgemeinen Annäherung an das Leben" – auf dem Wege der *„Einverleibung"* (Erikson 1994, 63f.). Und solche Einverleibung, aus psychoanalytischer Sicht Kennzeichen für die „orale Phase" insgesamt (vgl. Sandler/Dare 1976), meint nicht nur die rezeptive Aufnahme von Nahrung, sondern von Welt überhaupt.

Die Mutter, die weiß, was „gut für das Kind ist“ und die das auch gibt, ermöglicht die einfachste und früheste soziale Verhaltensweise, das „Annehmen“ dessen, was geschenkt wird. So bereitet sie zugleich den Boden für die Fähigkeit, selbst einmal Gebender zu werden.

Mehr noch, in dieser fundamentalen sozialen Interaktion des Gebens und Annehmens wird alle weitere Einstellung zu sich selbst und der Welt begründet: ein „*Urvertrauen*“ zunächst als die „*Ur-Erfahrung*“, sich verlassen zu dürfen, und hierauf aufbauend dann das Vertrauen in die Versorger der nächsten Umgebung, ihre Beständigkeit und Berechenbarkeit, mehr noch, Vertrauen in die Wirklichkeit schlechthin, und schließlich die Sicherheit, auch *sich selbst* für vertrauenswürdig und liebenswert halten zu dürfen. Wie nun im positiven Falle die *Zuversicht* gegenüber Welt und Selbst als fundamentaler Modus des Erlebens und Verhaltens in die Gesamtpersönlichkeit eingeht, so stellen sich im umgekehrten Falle der Verletzung des Vertrauens, bei fließenden Übergängen, grundsätzliche Verlustgefühle ein, nämlich das „*Ur-Mißtrauen*“, mit sich und anderen uneins zu sein. Das kann sich äußern in depressiven Formen chronischer Trauer des „Leerseins“ und des „zu nichts gut Seins“ bis hin zur Sucht (vgl. Erikson 1994, 65ff.). Insofern liegt es pädagogisch auf der Hand, was Kinder in dieser Phase brauchen: sicherlich ein Mindestmaß an Nahrung, an Anregung, an Verhinderung von psycho-physischen Gefahren. Wessen sie jedoch vor allem anderen und unbedingt bedürfen, ist die Erfahrung der *Mutter* als der großen und beständigen *Geberin*.

Nun werden gegen die psychoanalytische Denkschule aus empirischer Sicht nicht von ungefähr mythische Vorstellungen, nebulöse Begriffe und ein Hang zur Spekulation ins Feld geführt; ferner eine ungenügende, rein retrospektive Datenerhebung, welche die fundamentalistischen Tendenzen eher noch fördert. Um so wichtiger ist es deshalb für unseren Zusammenhang, daß in den letzten vier Jahrzehnten von ganz anderer Seite her die auf John Bowlby (1951) fußende *Theorie der Bindung* („attachment“) anhand eines breiten empirischen Materials zu vergleichsweise ähnlichen Ergebnissen gekommen ist. So führten ethologisch ausgerichtete Beobachtungen von M. Ainsworth an Säuglingen und ihren Müttern in Uganda (1967) sowie eine Untersuchung an amerikanischen Mittelklassefamilien zu ersten empirischen Befunden (vgl. Ainsworth 1978; ferner auch 1985). In Deutschland ist es die inzwischen stark ausgeweitete empirische Bindungsforschung um das Regensburger Ehepaar Grossmann, das mit seiner berühmt gewordenen Bielefelder Längsschnittstudie (vgl. K. E. Grossmann / K. Grossmann 1986) und weiteren Längsschnittuntersuchungen in Regensburg (vgl. Spangler/Grossmann 1995) zu der empirisch gesicherten Erkenntnis gelangt ist, daß frühkindliche Erfahrungen beim Aufbau von Bindungen mit den ersten Bezugspersonen langfristige Konsequenzen für die Entwicklung der *emotionalen Integrität* und *Kohärenz* des Individuums haben.

> Danach wirkt sich die individuelle Verinnerlichung (Repräsentanz) unterschiedlicher Bindung des Kindes an seine Eltern zu Beginn des Lebens auf das Welt- und Selbstverständnis, auf den Realitätsbezug und die Sozialkompetenz einer Person ein Leben lang aus:
>
> „Eine sichere Bindung legt die Grundlagen für die Integration auch widersprüchlicher Gefühle, im Einklang mit der Wirklichkeit. Eine unsichere Bindung dagegen kann dazu führen, daß die Gefühlserlebnisse den Tatsachen nicht entsprechen. Die Entscheidung darüber, wie die Verinnerlichung der Gefühle eines erwachsenen Individuums aussehen wird, hängt mit der emotionalen Organisationsstruktur der frühkindlichen Bindungserlebnisse zusammen (K. Grossmann 1989, 31f.).

Ausschlaggebend für das Gelingen einer solchen „sicheren Bindung" jedoch, so Grossmann, ist innerhalb einer gewissen „Hierarchie" von Bindungen die *sichere Zugänglichkeit* bzw. *Verfügbarkeit* einer bevorzugten Bezugsperson, in der Regel die *Mutter*, im Hinblick auf die Bedürfnisse und Signale des Kindes. Ihre Präsenz, Feinfühligkeit und dauernde Zuwendung läßt die Mutter als *Sicherheitsbasis* („security base") fungieren, von der aus das Kind seine Umgebung zuversichtlich zu explorieren vermag. Die zuverlässige Erfahrung von Nähe, Trost und Geborgenheit angesichts von Angst und Leid setzt sich beim Kleinkind dann auf der emotionalen Ebene um in Gefühle der Zuversicht, der Sicherheit und des Vertrauens. Auf der aktionalen Ebene entspricht dem ein konstruktives Handeln im Umgang mit Wirklichkeit. Im späteren Leben wirkt sich dies alles auf die eigene erhöhte Bindungsqualität aus sowie auf die Fähigkeit und Bereitschaft zu sozialem Verhalten, ferner auf ein Selbstwertgefühl, das auch negative Erfahrungen zu integrieren weiß und sich in belastenden Situationen offen zeigt. Kurz, die Kinder aus sicheren dyadischen

Bindungsinteraktionen weisen als Jugendliche und als Erwachsene innere Festigkeit, offenes kommunikatives Verhalten, Zuversicht und soziale Kompetenz auf.

Die Konsequenzen früher Bindungserfahrung liegen mithin in der Organisation des emotionalen Erlebens in Form von sog. *Arbeitsmodellen* („inner working models"), mit denen Individuen Welt und Selbst unterschiedlich begegnen:

> „Ein Schlüsselmerkmal des Arbeitsmodelles von der Welt, das sich jeder schafft, ist die Vorstellung von dem, was seine Bindungspersonen sind, wo er sie finden kann und wie sie wahrscheinlich reagieren. In ähnlicher Weise ist das Schlüsselmerkmal des Arbeitsmodelles vom Selbst, das sich jeder schafft, die Vorstellung, wie akzeptabel oder unakzeptabel er in den Augen seiner Bindungspersonen ist" (Bowlby 1976, 247 und dazu Grossmann 1989, 38).

Und umgekehrt kommt es bei unsicheren dyadischen Interaktionen, bei zeitweiliger Trennung oder Verlust zu Angst, Kummer, Trauer, Protest; zur Ablösung von den Bindungspersonen, d.h. zu individueller Beeinträchtigung in der sozial-emotionalen Entwicklung des Kindes, die bis in das Erwachsenenalter hinein wirksam ist.

Darf sonach die Schlüsselbedeutung der ersten Bezugspersonen und namentlich der mütterlichen Bindung für die Grundlegung der Ich-Identität eines Menschen empirisch als gesichert gelten, so folgt hieraus die fundamentale pädagogische Aufgabe der Gewährleistung einer zuverlässigen Zuwendung von hoher Bindungsqualität in dieser frühesten Kindheitsphase. Für beide Elternteile läßt sich das *pädagogische Grundpostulat* formulieren: Sei schnell, beständig und großzügig im Geben!

1.2 Grundlegung von „Autonomie"

Nahezu kontrapunktisch geht es bei der 2. Komponente der Identitätsbildung um die erzieherische Ermutigung des Kleinkindes, seinen *eigenen Willen* tatsächlich zur Geltung zu bringen: beim Aufkommen erster Züge von Autonomie ab dem 2. Lebensjahr und kulminierend dann in den mit dem 3. Lebensjahr aufbrechenden Gefühlen von Bemächtigung, Willenskraft und eigener Produktivität im Zusammenhang mit der Erfahrung der „Analität". Stand die erste Phase ganz im Zeichen des symbiotischen Lebens mit der Mutter, so weist diese zweite „anale" Phase (vgl. Heimann 1976) Momente eines Rückzuges aus dieser Gemeinschaft und der (verliebten) Hinwendung auf sich selbst, also Tendenzen von *Individuation* auf. Dabei wird die vormals weitgehend (von der Mutter abhängige) rezeptive Weltbegegnung zunehmend abgelöst von eigenen kreativen Ich-Leistungen und produktiver Eigenaktivität. Was sich da nämlich an Akten willentlichen „Festhaltens" und „Loslassens" zunächst im engeren und markantesten Sinne auf den Schließmuskel bezieht, das erstreckt sich in Wirklichkeit auf den Umgang mit der Dingwelt insgesamt. Hier äußert sich eine neue Fähigkeit und das neue, heftige Bedürfnis, willentlich etwas fallenzulassen oder wegzuwerfen und das Festhalten und Loslassen von Gegenständen abwechselnd zu üben. Die motorische Koordination des Muskelsystems in Akten der Spannung bzw. Entspannung, der Bewegung bzw. Streckung, ferner das Stehen auf den eigenen Füßen, sowie die Fähigkeit, sich fordernd etwas anzueignen oder trotzig von sich zu stoßen, und schließlich das Beharren auf „ich" und „mein" – all dies verwandelt diese gesamte Phase zu einem einzigen motorisch ausgeführten Kampf des kleinen Kindes um *Autonomie*. Es ist die Phase *motorischer Expansion*, des Machtstrebens und des plötzlichen Wunsches, den eigenen Willen durchzusetzen (vgl. M. S. Mahler u.a. 1994).

Freilich ist der gegenüber den großen Eltern sich meldende Wille noch recht schwach, zudem die emotionale Gestimmtheit zwischen narzistischer Eigenliebe einerseits und kindlicher Angewiesenheit auf die mütterliche Liebe andererseits noch äußerst ambivalent und konfliktträchtig. Und nur, wenn dem Kind ein *eigener Machtraum* gewährt, ein Raum der Expansion gelassen wird, dann kommt es zur Empfindung der *„Selbstbeherrschung ohne Verlust des Selbstgefühls"* (Erikson 1994, 78). Das Urvertrauen des Kleinkindes zu sich selbst und zur Welt, das sich als Frucht der ersten Phase herausgebildet hat, muß sonach überzeugend durchgehalten und weitergeführt werden, jenseits aller Äußerungen von kindlicher Feindseligkeit und kindlichem Trotz. Ist diese Voraussetzung gegeben, so vermag sich in der Tat im Kind ein dauerhaftes Gefühl von *„Autonomie"* und *„Stolz"* zu entwickeln. Wird jedoch der aufkeimende Wille gebrochen, etwa durch zu frühe und strenge Sauberkeitserziehung oder zu viele und unnötige Schranken, so entsteht aus dem Verlust der Selbstkontrolle und dem übermäßigen Reglement durch die Eltern ein dauerhaftes Gefühl von *„Scham"* und *„Zweifel"*. Das Kind wird unsicher, befangen und klein, es regrediert zur ersten Phase des hilflosen Säuglings, oder es handelt heimlich bzw. unberechenbar aggressiv. Und auch diese Fehlentwicklung setzt sich im Leben des Jugendlichen und des Erwachsenen fort. Wem in diesem frühen Stadium die gelenkte Erfahrung eines eigenen Willens nicht vergönnt war, der wird seinen Drang, Dinge spielend zu erkunden und in Besitz zu nehmen, später gegen sich selbst richten. Und das Muster des klassischen Zwangscharakters wird sich in ihm, sei es in Form von kindlichen Fixierungen, Riten, Wiederholungszwängen etc., sei es durch die Entwicklung eines übermäßig selbstkritischen Gewissens, herausformen (vgl. ebd. 81).

Den traditionellen Erziehungssystemen, die häufig darauf abzielten, das Kind zu beschämen, zu gängeln und zu richten, sein Leben „einzuschnüren", ist deshalb mit Nachdruck der pädagogische (und auch ethische) Grundsatz entgegenzuhalten, den beginnenden und so verletzlichen Willen des Kindes zu *achten* und zu *unterstützen* – um der sich entfaltenden Person willen. Mit den Worten Eriksons gesagt: „Sei gegenüber dem Kinde in diesem Stadium zugleich fest und tolerant, und es wird auch gegen sich selbst fest und tolerant werden. Es wird stolz darauf sein, eine autonome Person zu sein; es wird auch anderen Autonomie zugestehen; und dann und wann wird es auch sich selbst etwas durchgehen lassen" (vgl. ebd. 82).

Ohne eine pädagogische Kasuistik für den Einzelfall entwerfen zu können, müßte sich Erziehung in diesem Abschnitt dem Grundsatz nach zwischen den Polen der „Autonomie" und drohender „Anarchie" bewegen. Entsprechend sollten Eltern ein großes Maß an *Toleranz* aufbringen und dem Kind erst einmal die Chance geben, eine eigene Person zu werden. Dabei müßten sie zugleich, weil das Kleinkind die Dinge noch nicht überblickt, eine den Sachen und Menschen gerecht werdende *Festigkeit* walten lassen (vgl. Rousseau's Emile). Dennoch, im Zweifel ist für die kindliche Autonomie zu optieren. So sind Sauberkeitsziele vorübergehend zugunsten der eigenen willentlichen Beherrschung der körperlichen Funktion durch das Kind zurückzustellen. Seine motorische Expansion grundsätzlich zu fördern, das Gefühl, einen eigenen Willen zu erproben, grundsätzlich zu unterstützen. Und selbst mögliche Trotzphasen und Wutausbrüche sind mit Humor aufzufangen und gelassen durchzustehen. In all dem muß dem Kleinkind das Gefühl vermittelt werden, daß sein Urvertrauen in das eigene Selbst und in seine Umgebung auch dann nicht ernsthaft bedroht ist, wenn es trotzig dem eigenen Willen folgt. Der Gewährung von Autonomie bzw. Individuation als einer Grundkomponente gesunden Selbsterlebens (Identität) gebührt in diesem verletzlichen Lebensabschnitt der pädagogische Primat.

1.3 Initiative

Beherrscht nun das Kind seinen Bewegungsapparat und weiß es sicher, daß es ein Ich ist, so beginnt gegen Ende des 3. Lebensjahres ein weiterer großer Schub in Richtung Individuation. Es ist die Phase des körperlichen, geistigen und sozialen *Eindringens* des kleinen Jungens bzw. Mädchens in die Welt. Und diesen Modus des Eindringens in Form von Krafteinsatz, Wissbegier, Rollenspiel, Sein-Wollen-Wie ... ‚eben die dritte Hauptkomponente der sich entwickelnden Ich-Identität und als solche Vorbedingung für die spätere Verfolgung der sozialen Ziele, kann man mit Erikson in der Tat als „*Initiative*" begreifen.

Indessen haben die Ineinssetzung dieses Stadiums mit dem *Ödipus*- bzw. dem *Elektra*-Komplex und insbesondere die angeblich damit verbundene Vorherrschaft inzestuöser Regungen die Freudsche Konzeption insgesamt erheblich in Mißkredit geraten lassen. Zwar mag die analytisch-therapeutische Situation bei etlichen Klienten manch abenteuerliche sexuelle Phantasie und Wunschvorstellung als „unerledigte Geschäfte" (Perls) zum Vorschein bringen, generalisieren läßt sich dies aber sicher nicht. Entsprechend hat die Freudschule inzwischen denn auch diese ursprüngliche Konzeption beträchtlich weiterentwickelt und differenziert (vgl. Holder 1976; Stolze 1976; Eicke 1976; Mahler 1994). Danach überlagern sich namentlich im 4. bis 6. Lebensjahr mehrere Problembereiche, die zur Erlangung eines größeren Maßes an Selbstwerdung zu bewältigen sind.

Einmal (1.) betrifft dies den Verbundenheitswunsch des kleinen Kindes, das aus der vorherrschend *dyadischen Interaktion* mit seiner ersten Bezugsperson heraustreten und stattdessen eine spannungsreiche *triadische Beziehung Ich-Mütterliches-Väterliches* eingehen soll (vgl. Stolze 1976). Der Preis für den damit erreichbaren Zuwachs an Individuation ist der von Trennungsangst begleitete Verlust an Geborgenheit und an symbiotischem Leben mit der Mutter. –

In wieder anderer Weise stellt sich das Problem der triangulären Konstellation sodann (2.) mit dem Aufkommen erster erotischer Gefühle des Verliebtseins in den andersgeschlechtlichen Elternteil bei gleichzeitigem Rivalitätsgefühl gegenüber dem gleichgeschlechtlichen. Auch diesen Konflikt muß das Kind einordnen und bewältigen lernen, indem es erkennt, daß Haß und eifersüchtige Rivalitätsgefühle auf den störenden Dritten keine konstruktiven Perspektiven eröffnet.

Beide Problemkomplexe jedoch, so die *pädagogisch* relevante und festzuhaltende Einsicht der psychoanalytischen Konzeption, sind für die 4 – 6-Jährigen durchaus lösbar, und zwar auf dem Wege der *Identifikation* mit dem jeweils gleichgeschlechtlichen Elternteil. Und nur im Falle nahezu pathologischer Ich-Schwäche regrediert der kindliche Verbundenheitswusch zur Fixierung auf Vater oder Mutter. –

Und schließlich (3.) dürfte der Antrieb der Verbundenheit zeitweilig durchaus *auch* unbewußt mit sexuellen Triebimpulsen besetzt sein. Doch lediglich bei krankhafter Ich-Störung wird eine sexualisierte Fixierung auf einen Elternteil entstehen und über die Pubertät hinaus erhalten bleiben. Denn, so urteilt Helmuth Stolze zu Recht, „die *sexuell*-inzestuöse Form des Ödipuskomplexes ist nicht gleichbedeutend mit dem Ödipuskomplex schlechthin, und die sexuellen Strebungen sind nicht *Ursache*, sondern *Symptom* für die Kontakt-, Begegnungs-und Auseinandersetzungsgestörtheit eines Menschen, die sich im Jetzt und Hier manifestiert" (ebd. 620). Das gesunde kleine Kind, dessen Bedürfnis nach zärtlicher Geborgenheit gestillt wurde und das seinen Drang nach Expansion leben durfte, wird in der Regel seine emotionale Einbettung ausschließlich in die Primärfamilie zu überschreiten suchen, nämlich hin auf einen zunehmenden Kontakt auch zu Fremden. Insofern sind es wiederum besondere Ich-Kräfte, die es ermöglichen, daß sich das Kind auf dem Wege *positiver* Identifikation im Laufe dieser Phase abwechselnd mal mit der Mutter, mal mit dem Vater, im umfassenden Sinne auf jene soziale und kulturelle Umwelt hin öffnet, deren Teil es ist. Mithin ist das Kind jetzt fähig und gewillt, aus eigenen Kraftquellen gespeist als ein kleines Selbst initiativ zu werden und in das „Leben", zunächst in Gestalt der Schule, einzutreten, um dort mit Freude an Wettbewerb, Zielstrebigkeit und Eroberung seinen „Weg zu machen" (Erikson 1994, 92). Freilich setzt dies zugleich voraus, daß der Lenker jeglicher Initiative, das *Gewissen*, wie es sich auf dem Wege der Identifikation als Überich-Instanz herausgebildet hat, von den elterlichen Vorbildern nicht durch Reglementierung und Strenge überlastet wurde und infolgedessen Angst und Lähmung in Form von rigider und grausamer Selbstverurteilung sowie destruktiven Schuldgefühlen verbreitet.

Demnach sind es im Blick auf die Eltern denn auch nur einige wenige, aber ausschlaggebende pädagogische Maximen, mithilfe derer der Prozeß frühkindlicher Selbstwerdung erzieherisch anzuregen und zu unterstützen ist:

(1) Schenke Deinem Kinde in reichem Maße zärtliche Geborgenheit.
(2) Schnüre nicht all seine Antriebe, gerade auch die aggressiven, durch unnötige Verbote und Reglementierungen ab, vielmehr gewähre ihm, wo eben möglich, freien Spielraum.
(3) Nimm deine je unterschiedliche Rolle als Vater und Mutter positiv wahr:
   - durch Arbeit an der emotionalen Bereitschaft, dem Kind als Mutter unbedingt Liebe zu spenden und es zugleich dennoch zunehmend loszulassen;
   - durch hinreichende Präsenz, durch Interesse für die „Welt" des Kindes so wie die Bereitschaft, beim Verlassen der symbiotischen Beziehung die väterliche Rolle einer „Auffangstation" zu spielen.
(4) Biete (als Vater bzw. als Mutter) befreiende Identifikationsmuster an
   - ohne übermäßige Strenge,
   - ohne Liebesentzugstechniken,
   - durch Zurücknahmne der eigenen Person,
   - durch ein zunehmendes Maß an Kooperation und Partnerschaft mit dem Kind.

Bei der Berücksichtigung derartiger pädagogischer Maßgaben kann man davon ausgehen, daß das Kind aus dieser Phase mit einem Gefühl „*ungebrochener Initiative*" hervorgeht und als eigenständige, unabhängige kleine Person ein ebenso hochgespanntes wie realistisches Leistungsstreben an den Tag legt. Die Hauptkomponenten für die weitere Identitätsentwicklung sind grundgelegt und damit die Voraussetzung geschaffen für die eigenständige „Konstruktion" eines unverwechselbaren Selbstkonzeptes in der Phase der Adoleszenz.

2. Jugendphase bzw. Adoleszenz: Unterstützung bei der Selbstkonstruktion

Versteht man mit Oerter (1995, 310) die Lebensphase „Jugend" bzw. „Adoleszenz" als eine durch biologische, intellektuelle und soziale Veränderungen herbeigeführte Periode des Überganges, als eine Art „*Zwischenposition*" innerhalb der Lebensspanne, die Verhaltensweisen und Denkformen zwischen Kindheit und Erwachsenenalter umfaßt, so wird von daher die fundamentale Verunsicherung wie auch die grundlegende Aufgabe manifest, die diesen Lebensabschnitt kennzeichnet.

Es ist die Aufgabe, auf dem Weg einer Integration der bis dahin relevanten Erfahrungen und Ich-Werte mitsamt dem jetzt neu Erlebten im Blick auf die Zukunft eigenständig ein *Selbstkonzept* zu erstellen, mithilfe dessen man sich als ein einheitliches, unverwechselbares Selbst begreift, das in den eigenen Augen wie vor den Augen der anderen Bestand hat und trägt. Das zentrale Thema des Jugendalters ist mithin der Aufbau von *Ich-Identität.*

Die damit anstehende *Selbst-Infragestellung* ist zunächst einmal physisch bedingt durch ein nur der frühen Kindheit vergleichbares rasches Körperwachstum, verbunden mit der Revolution der physischen Geschlechtsreife, die Körper und Vorstellungswelt mit einer gänzlich neuen Triebausrichtung überschwemmt. Seelisch-geistig bedeutet dies den Verlust des bislang Selbstverständlichen, auf das man sich als Kind verlassen konnte, einschließlich der vertrauten Identifizierungen und des davon problemlos getragenen Selbstgefühls.

Wie neuere empirische Untersuchungen belegen (vgl. Offer u.a. 1988; Steinhausen 1990), muß dieser Einbruch in die kindliche Welt von den Jugendlichen selbst nicht einmal als spektakulärer Bruch bewußt empfunden werden. Fragt man aber dieselben Jugendlichen, welcher Beruf oder welcher Partner für sie der richtige sei, so lautet die Antwort meist: „ich weiß es (noch) nicht“ (vgl. Marcia 1966; 1980), ähnlich dem Spruch an der Wand einer amerikanischen Bar: „Ich bin nicht, was ich sein sollte, ich bin nicht, was ich sein werde, aber ich bin nicht mehr, was ich war“ (zit. n. Erikson 1994, 112). Die umwälzenden Veränderungen im Selbstgefühl gestatten noch keine verbindlichen Festlegungen in tragenden Bereichen wie Beruf, Partnerwahl, Religion oder politisch-gesellschaftliche Wertmaßstäbe. Zuvor gilt es erst einmal herauszufinden, wer man selber denn ist, ob und wie man in den Augen anderer liebenswert erscheint, und welches der eigene Weg in die Gesellschaft einmal sein wird.

Es ist mithin die Phase des *Moratoriums* im Leben (vgl. Erikson 1988), eine *psychosoziale „Aufschubperiode“*, die der Jugend von der Gesellschaft zugebilligt werden muß zu einer Zeit, in der erwachsene Verpflichtungen und Bindungen noch nicht eingegangen werden können. Der Jugendliche steht ja gerade erst vor der Aufgabe, mit dem Aufbau eines konsistenten Selbstkonzeptes die notwendige Voraussetzung für die Übernahme von Verantwortung in der Erwachsenenwelt zu schaffen. Pädagogisch gesehen hat er deshalb Anspruch auf ein *„selektives Gewährenlassen“* seitens der älteren Generation. Gemeint ist der Anspruch auf kritische Distanz gegenüber dem als Kind fraglos Übernommenen, ein Anspruch auch auf Konflikt und Protest, wie sie mit dem Aufbrechen bestehender kindlicher Identifikationen einhergehen. Und schließlich ist dem Jugendlichen eine provokative Verspieltheit zuzugestehen, die ohne letzte Relevanz Wertvorstellungen, Bindungen und Erscheinungsbilder auch einmal nur vorübergehend durchspielt. Gegenüber solch hypothetischer Identitätsbildung ist pädagogisch bei aller notwendigen Grenzsetzung und Orientierungsgabe ein noch höheres Maß an Wertschätzung, an Toleranz und Geltenlassen angeraten; denn aus dem Verlust des bisherigen Selbstbildes resultieren nur zu leicht Minderwertigkeitsgefühle und tiefgreifende Verunsicherung. Und stets droht *„Identitätsdiffusion“*, ein Auseinanderfließen, eine „Zerstreuung“ der Persönlichkeit, so wie es die Gestalt des Biff in Arthur Millers „Tod eines Handlungsreisenden“ ausspricht: „Ich kann es einfach nicht zu fassen kriegen, Mutter, ich kann das Leben nirgends festhalten“ (vgl. hierzu Erikson 1994, 110). Aggressivität, Angst und Umsichschlagen, im Extremfalle bis hin zur Kriminalität, sind mögliche Symptome eines derart verunsicherten und vermeintlich minderwertigen Selbstgefühls.

Um sich selbst „zusammenzuhalten“, setzen Jugendliche jetzt auf übergroße Vorbilder, auf Idole und Ideale, mit denen sie sich teilweise überidentifizieren. Vor allem aber suchen sie Gleichgesinnte in Cliquen und Peergruppen, die gemeinsamen Vorlieben und Interessen nachgehen und über spezifische Gruppennormen und Riten ein Gefühl der Zugehörigkeit, der Akzeptanz und der partiellen Sicherheit gewähren, und sei es, daß sie mithilfe noch so schlichter Ausdrucksmittel dabei sind, einen nächsten Identitätsschritt zu entwickeln. Da sind es oft nur winzige Unterscheidungsmerkmale in Kleidung und äußerem Erscheinungsbild, die exklusiv und höchst unduldsam zur Abgrenzung gegenüber anderen eingesetzt werden, als notwendige Abwehr gegen beängstigende Identitätsdiffusion. Der Jugendliche, der wesentliche Indikatoren für seine Selbstdefinition verloren hat, muß, gewissermaßen kompensatorisch, nach neuen Symbolen für sein Selbst greifen, und er wird sie, als ginge es um das eigene Leben, verbissen verteidigen, auch wenn es sich nur um eine besondere Kleidung, um bestimmte Accessoires (z.B. Amulette, Sticker), eine spezifische Haartracht oder Musikrichtung handelt. Das infragegestellte und verletzte Selbst bedarf des Ausgleichs durch „*symbolische Selbstvervollständigung*" (vgl. Gollwitzer/ Wicklund 1985; vgl. auch Oerter/ Dreher 1995, 355f.). Und es ergibt wenig Sinn, wenn Erwachsene hier in Kleinkriegen mit Jugendlichen ihre Energie auf Nebenschauplätzen vergeuden. Stattdessen sollten sie ihre erzieherische Kraft darauf konzentrieren, den Jugendlichen ein soziales Umfeld zu arrangieren, in dem auf der Basis von *Akzeptanz* und reichhaltigem *emotionalen Erleben* (vgl. Breß 1994) ein vielseitiges *Interesse* gefördert wird. Auf diese Weise können realitätsnahe Leistungen als erstrebenswerte Indikatoren möglicher Selbstdefinition in den Blick kommen, die der weiteren Identitätsentwicklung tatsächlich dienlich sind. Andernfalls, ohne ein derartiges pädagogisches Arrangement, droht die Bemühung des Jugendlichen um „*Selbstvervollständigung*" abzudriften, sei es in Drogengebrauch, Kriminalität oder die Suche nach Anerkennung bei Extremgruppierungen.

Auf die Phase der Konflikthaftigkeit in der frühen und mittleren Adoleszenz folgt in der späteren Adoleszenz in der Regel ein Stadium der weniger impulsiv verlaufenden reflexiven und emotionalen Exploration. In ihm setzen sich Jugendliche intensiv mit den für ihr künftiges Erwachsenenleben zentral anstehenden Festlegungen auseinander, so etwa hinsichtlich der Wahl der Sinn- und Wertmuster, der Bindung an einen Partner, der Entscheidung für den Beruf und die künftige Position in der Gesellschaft. Seitens der Pädagogik bedarf es jetzt eines lebensweltbezogenen, existentiell aufschlußreichen Lernangebotes, das Jugendliche beim positiven Erarbeiten ihrer Identität nicht zuletzt auch intellektuell unterstützt, fördert und begleitet. Denn pädagogisch gesehen ist eine sich allmählich anreichernde Ich-Identität das einzige Bollwerk gegen die „Diffusion" in Gestalt einer „Anarchie der Triebe" einerseits oder einer „Autarkie des Gewissens", d.h. seiner Überstrenge andererseits (vgl. Erikson 1994, 112f.).

> Part des Jugendlichen hierbei ist es wiederum, eine selbstbestimmte *Konsolidierungstätigkeit* zu vollbringen, kraft deren eine tastend durchgespielte stufenweise Integration die unterschiedlichen Identifikationen, Wertmuster und Ziele von jetzt und von früher allmählich zum einheitlichen Ganzen eines Selbstkonzeptes zusammenknüpft. Insofern läßt sich die Konstruktion von Ich-Identität als eine großangelegte *Verknüpfungsarbeit* verstehen, deren Resultat frühestens gegen Ende der Adoleszenz zu erwarten ist.

Am Ende dieser *Ich-Synthese*, so die Zielvorstellung, steht dann, weit mehr als die Summe von Teilidentifikationen, gleichsam eine Bündelung im Zuge einer Ausrichtung der Grundantriebe des Individuums auf seine ureigene Begabung, seine Möglichkeiten und Chancen, auf das, was zu ihm bis ins Leibliche hinein, in die Konstitution seiner inneren Natur, seiner geistigen Veranlagung paßt, so daß die verschiedenen Interaktionserfahrungen in ein Angesammeltes, Einheitliches, Kontinuierliches einmünden. In ihm, dem Selbst, vermag sich der einzelne positiv zu begreifen als einer, der er wirklich ist und der etwas leisten kann in der Gesellschaft. Ich-Identität als zentrale Aufgabe der Jugendphase darf mithin als gelungen gelten, wenn der junge Erwachsene auf der Grundlage einer integrierten Persönlichkeitsstruktur und eines *positiven Selbstgefühls* dazu kommt, in seiner Umgebung schöpferisch, engagiert und realitätsnah Verantwortung zu übernehmen.

Fragt man jedoch nach den wichtigsten Einstellungen der Erwachsenen bei der *pädagogischen Begleitung* des jugendlichen Konsolidierungsprozesses, so sind dies neben aller Festigkeit im Prinzipiellen *Grundhaltungen* wie Toleranz gegenüber jugendlicher Opposition bzw. Konfrontation, ferner Gelassenheit, Großzügigkeit und auch Humor sowie vor allem Zuwendung und Wertschätzung, verbunden mit einem hohen Maß an Empathie.

Mögen von den Erwachsenen auch Grenzziehungen und die Auseinandersetzung mit zeitweiliger jugendlicher Verstiegenheit gefordert sein, so ist doch in dieser Phase *eines* pädagogisch zentral zu leisten, nämlich unbedingt durchgehaltene *Akzeptanz* bzw. *Anerkennung* und *Vertrauen* in die *positiven Ich-Kräfte* des Jugendlichen (auch wenn einmal Strafe angebracht ist). Nur auf der Basis solch *vorgeschossener Positivität* kann sich das verunsicherte Selbstwertgefühl allmählich in eine ge*stärkte Ich-Identität* transformieren. Auf pädagogischer Theorieebene entsprechen dem dann auch neuere konzeptionelle Zugänge wie „Erlebnispädagogik“ (Breß 1994), „aufsuchende“ bzw. „sozialräumliche“ (Böhnisch/ Münchmeier 1990) und „akzeptierende“ Jugendarbeit (vgl. Krafeld 1992), die schließlich der praktischen Umsetzung in ein emotional erfülltes, lebensweltbezogenes schulisches und außerschulisches Bildungsangebot bedürfen.

Nun ist der Prozeß jugendlicher Identitätsfindung, so wie er sich in der Realität abspielt, selbstverständlich kontextuell eingebunden in bestimmte Umweltbezüge und also auch nur in der Beziehung der

Heranwachsenden zu *bestimmten Lebensumwelten* konkret zu fassen. Insofern vollzieht sich die jugendliche Identitätsentwicklung in sehr unterschiedlichen Lebenskontexten, kulturell bestimmten Sozialräumen und Milieus. Die humanökologisch maßgeblichen jugendlichen Umweltbereiche hierbei sind die vier „*Lebensregionen*“ (K. Lewin) Familie, Schule, Peergruppe und Beruf mitsamt den in ihnen vorherrschenden Normen, Werten, Interaktionsnetzen und räumlich-materiellen Gegebenheiten, und zwar sowohl für sich genommen als auch in ihrer jeweiligen Wechselwirkung. Im wechselseitig interaktiven Bezug zwischen Jugendlichen und „ihrer“ Umwelt bilden sich vielfältige Identitäten und Identitätsschicksale heraus.

Neben diesen erheblichen kontextuell bedingten Unterschieden jugendlicher Identitätsentwicklung im Mikro- und Mesobereich zeichnet sich seit einigen Jahren auf der Makroebene der Gesamtkultur eine neuartige geistig-gesellschaftlichen Verfaßtheit ab, die auf Vorgang und Ergebnis jugendlicher Identitätsbildung übergreifend durchschlägt. Damit ist das unter der Bezeichnung „Postmoderne“ verhandelte Phänomen angesprochen, daß gegenwärtig der einzelne als ein und derselbe in unterschiedlichen bis einander widerstreitenden Umwelten sein Leben führen muß. Parzellierung von Lebenswelten, Heterogenität der Wertmuster, Brüche und Inkompatibilitäten – dies zählt zur Signatur heutiger „postmoderner“ Lebensverhältnisse.

Vor diesem Hintergrund ist es nur plausibel, wenn sich der Anteil jugendlicher Probanden mit „*diffuser Identität*“ von früher durchschnittlich 20 % auf inzwischen 40 % erhöht hat. Ein Großteil dieser Jugendlichen ohne feste Wertorientierung, mit geringer Verpflichtungsbereitschaft und Stabilität, dürfte eine Antwort darstellen auf die gesellschaftlichen Widersprüche wie auch auf gesellschaftliche Erfordernisse im Hinblick auf Flexibilität und Unverbindlichkeit. Treffend spricht deshalb Marcia (1989, 21) von „*kulturell adaptiver Diffusion*“ als neuartigem Identitätsstatus. Ob hier nun die übernommene elterliche Identität zur bloßen „*Identitätshülse*“ ohne jede Verbindlichkeit abgesunken ist (vgl. Kraus/ Mitscherlich 1995), oder ob es sich um den jugendlichen „*Surfer*“ handelt, der spielerisch dahingleitet, „mit ständiger Positionskorrektur“ (Maffesoli 1988, 13), stets ist solch diffuse Identität emotional nur oberflächlich angelegt und ohne tiefere Verpflichtungsabsicht bzw. -bereitschaft. Der Endpunkt dieser wenig wünschenswerten Skala wäre dann die von Elkind (1990) ausgemachte „Patchwork-Identity“, in der Werthaltungen und Gewohnheiten in Ermangelung von integrativer Kraft unverbunden nebeneinanderstehen (vgl. auch Oerter/ Dreher 1995, 354f.).

In ihrem Bemühen um gelingende Identitätsbildung müßte die *pädagogische Intervention* deshalb künftig ihr Augenmerk verstärkt auf derartige makrostrukturelle Entwicklungstendenzen richten und sich mehr noch als bisher an einer Konzeption von „mutueller Identität“ als einer Spielart von „erarbeiteter Identität“ orientieren.

Pädagogisch angeraten scheint hier vor allem eine neue *Beweglichkeit*, die vermehrt wieder die *Nahperspektive* personnaher wie sozialer Orientierungen aufgreift. Auf der Grundlage von spielerischen Formen der Leiberfahrung, der Bewegung und der elementaren sinnlich-ästhetischen Begegnung müßten das emotionale Erleben aufgewertet, Phantasie und Imagination geweckt, die Hinwendung zum Selbst, zur persönlichen Entfaltung und Lebenssteigerung vollzogen und nicht minder der intime Sozialraum wie auch die Unmittelbarkeit von Natur erlebbar gemacht werden. In einer hyperkomplexen Welt ist das „Durcharbeiten“ des individuellen und sozialen Nahraumes der Alltagswelten und -kulturen von nicht geringer Relevanz für die allmähliche Herausbildung eines *Selbst* im Sinne einer Persönlichkeit.

Hierauf aufbauend müßten dann Eltern, Schule und außerschulische Jugendarbeit mit gehaltvollen Traditionen, Sprachspielen und Rollen heterogener Art in einer Weise vertraut machen, daß dabei sowohl der Modellcharakter als auch die Durchlässigkeit der Modelle erfahrbar wird. So könnten sie zu einem spannungsreichen Denken der Kombination, des Gleitens und der Vernetzung verhelfen, das auf komplexe Sinnhorizonte hin offen bleibt. Und seitens der Jugendlichen wiederum könnten im Jonglieren und spielerischen Durchprobieren eine spannungsreiche Pluralität heterogener Bedeutungen, Werte und Rollen durchgearbeitet, verknüpft und in das Ganze eines biographischen Zusammenhanges einbezogen werden (vgl. Mertens 1991). Dies aber bedeutet, alle gegenwärtigen Anstrengungen, den Prozeß jugendlicher Identitätsfindung zu begleiten, müßten auf *ein* Ziel hinarbeiten, nämlich auf die zunehmende Gewinnung eines zwar konturierten, aber *dynamisch offenen Selbstkonzeptes* durch den Jugendlichen.

3. Erwachsenenalter: Begleitung bei der Re-Organisation von Identität

Die Frage nach der Identität ist das zentrale Thema der Jugendphase bzw. der Adoleszenz.

Versteht man jedoch das Leben des einzelnen, seine Entwicklung und seine Weiterentwicklung als eine Folge von Einschnitten, Problemen und Veränderungen, dann sind die jeweils *wechselnden Lebenskontexte „Umwelten" mit spezifischen Bewältigungsanforderungen*, die vertraut Gewordenes erneut in Frage stellen. In ihnen erlebt das Individuum gleichsam eine Attacke auf sein gewachsenes *Selbst-* und *Weltverständnis*, einen Verlust an Selbstwertgefühl, Vertrauen und Sicherheit. Und es muß erst noch wieder lernen, *sich* auf dem neuen, fremden Territorium zu verstehen, zu bewegen und damit umzugehen. Insofern bleibt die Identitätsproblematik auch im Erwachsenenalter ein Leben lang virulent bzw. latent vorhanden, wenn es darum geht, ein schwankendes Selbstgefühl auszutarieren, ein nicht mehr tragfähiges Selbstkonzept auf die neue Lebenslage hin umzudefinieren, es gegebenenfalls zu *re-organisieren*, Identität zurückzugewinnen. Hier ist es Aufgabe von Erwachsenenbildung und pädagogischer Beratung, Individuen bei ihren Bemühungen um Problembewältigung angemessen zu begleiten.

Es ist das Verdienst von R.J. Havighurst (1948), daß er als erster einen Katalog von derart einschneidenden alterstypischen Lebensperioden mit dazugehörigen Bewältigungsanforderungen, sog. *„Entwicklungsaufgaben"*, aufgestellt hat, die in westlichen Gesellschaften als verbreitet oder im statistischen Sinne normal gelten. Seine systematische Anordnung umfaßt die gesamte Lebensspanne, angefangen von der frühen Kindheit über Schulalter und Adoleszenz bis hin zum späten Erwachsenenalter. Sie wird in pädagogischer Absicht vorgenommen, so daß Entwicklungsaufgaben langfristig voraussehbar und planbar werden und eine mögliche Unterstützung bei ihrer Bewältigung, sei es präventiv oder interventiv, angemessen angegangen werden kann. Aus diesem Grunde auch hat Havighurst erhebliche Mühe auf die Spezifizierung von Entwicklungsaufgaben verwandt. So nennt er etwa für das frühe Erwachsenenalter (23-30 Jahre) Aufgabenbereiche wie Heirat, Geburt von Kindern, Arbeit/Beruf, Lebensstil finden; für das mittlere Erwachsenenalter (31-50 Jahre): den Haushalt führen, Kinder aufziehen, berufliche Karriere; und für das späte Erwachsenenalter schließlich formuliert er Aufgabenstellungen wie: Energien auf neue Rollen lenken, Akzeptieren des eigenen Lebens, eine Haltung zum Sterben entwickeln (vgl. Olbrich 1982, 112). Solcher Grobklassifikation von Bewältigungsanforderungen werden dann noch jeweils bestimmte Einzelaufgabenbereiche zugeordnet, so etwa für das mittlere Erwachsenenalter die Aufgaben, den heranwachsenden Kindern zu helfen, Verantwortung im beruflichen und sozialen Umfeld zu übernehmen, Freizeitaktivitäten zu entwickeln, die Beziehung zum Ehepartner zu festigen, sich mit körperlichen Veränderungen (etwa der Menopause) auseinanderzusetzen, sich um die eigenen hilfsbedürftigen Eltern zu kümmern (vgl. Havighurst, 1963, 31ff.).

Soll nun zu pädagogisch-praktischen Zwecken eine noch genauere Justierung vorgenommen werden, dann bietet sich eine Taxonomie von Entwicklungsaufgaben an, die nicht mehr nur ganze Altersperioden, sondern kürzere Zeitabschnitte punktueller Art von einschneidendem Charakter zu fassen sucht. Hier handelt es sich gleichsam um „Meilensteine" im Leben, die der einzelne antizipativ bereits durcharbeiten kann, wie beispielsweise die Vorbereitung auf den Eintritt in die Schule, das Berufsleben, die Heirat, die Geburt eines Kindes, die innere Einstellung auf den Ruhestand oder auch die Erwartung des Todes.

Will man darüber hinaus noch in den Bereich unterhalb derartiger Normierungen vorstoßen, wie sie mit der ontogenetischen Entwicklung und den sozio-kulturellen Gegebenheiten nahezu regelhaft („normativ") verbunden sind, so bietet das Konzept der *„Kritischen Lebensereignisse"* pädagogisch weiterführende Auskünfte an (vgl. Filipp 1990). Thematisiert werden hier nämlich *nicht-normative* Einschnitte im Lebenslauf einer Person wie Scheidung, Trennung, schwere Erkrankung, Operation, Tod eines nahestehenden Menschen, Arbeitslosigkeit, ökonomische Verluste, aber auch schon Ereignisse wie Abbruch der Schullaufbahn, Führerscheinverlust, Umzug etc. (vgl. Filipp 1991, 106. 112). Kritische Lebensereignisse markieren sonach tiefgreifende situative Eingriffe in das Leben eines Menschen, die sein bisheriges Selbstverständnis und seine Sicht vom Leben entscheidend verändern. Gewöhnlich verlangen sie deshalb, so treffend Montada (1995, 68),

> „Neuorientierungen und die Bewältigung von Verlusten und Anforderungen. Solche Ereignisse können Veränderungen sozialer Rollen, persönlicher Ziele und Wertungsprioritäten sowie Aufbau neuer Fähigkeiten, neuen Wissens, neuer Haltungen und neuer Sozialbeziehungen erfordern. *Ereignisse wie diese generieren meist multiple Probleme*, die entweder als Herausforderungen wahrgenommen werden und die Chance für positive Entwicklungen darstellen oder als Risiken für Fehlanpassung und Störungen wirken."

Es liegt auf der Hand, daß situative Einschnitte dieser Art meist Streß, Leid und Kummer nach sich ziehen und sich in Form von

Ängsten, Empörung und Haß oder auch in Gefühlen von Hilflosigkeit, Ohnmacht und Verunsicherung bis hin zum Verlust von Selbstwertgefühl manifestieren. Und erst recht im Falle einer Kumulation von kritischen Ereignissen vermögen diese die mentale und physische Gesundheit nachhaltig zu beeinträchtigen. Andererseits belegen die empirischen Befunde der letzten Jahre (vgl. Fischer/Reason 1988), daß die meisten Menschen auf längere Sicht durchaus in der Lage sind, alleine oder mit entsprechender sozialer Unterstützung die entstandenen Probleme zu bewältigen, ja, daß sie nach Meisterung der Lage aus der beängstigenden Situation mit einer gesteigerten Selbstwirksamkeitsüberzeugung gestärkt hervorgehen.

Um so mehr zeichnet sich vor diesem Hintergrund die spezifische *pädagogische* Aufgabe namentlich für den Bereich der Erwachsenenbildung ab, Menschen bei ihrer konkreten Anstrengung, die Belastung aufzuarbeiten, zu unterstützen, sei es durch soziale Hilfe in Form von Beratung oder sei es im Rahmen von Bildungsmaßnahmen, die angemessene Problemlösungsstrategien im einzelnen aufzeigen und durchbuchstabieren. Wichtiger noch als die Frage nach Ursachen und nach der Verantwortlichkeit für die eingetretenen Ereignisse dürfte hierbei dann die gemeinsame Suche nach neuem Sinn sein, indem positive Konsequenzen in den Blick genommen und Wertorientierungen neu erschlossen werden (vgl. Montada 1994). Sofern jedoch im neuen Kontext sich das gewachsene Selbst stets hilflos und verunsichert betrachtet und in der kritischen Situation das Selbstvertrauen erschüttert wurde bis hin zur Regression – „ich vermag ja doch nichts“ – ‚insofern müssen sich jetzt im Gegenzug alle Bildungsbemühungen darauf konzentrieren, Verunsicherte bei der Neugestaltung ihres *Selbstbildes* ebenso beherzt wie umsichtig zu begleiten, zu ermutigen und zu bestärken.

Ob hierbei nun Entscheidungsalternativen aufgezeigt, Wege einer konstruktiven Problemlösung durchgespielt, ob bisherige Lebensprioritäten hinterfragt und re-organisiert werden, indem man frühere Ziele an die neue Situation anpaßt, all dies eröffnet Optionen für die mögliche *Umgestaltung* eines *Selbst.* Und es rückt die *Wiedergewinnung* eines im Blick auf Zukunft tragfähigen *Selbstkonzeptes*, eben die Identitätsproblematik, erneut zentral in den Aufgabenbereich pädagogischen Denkens und pädagogischer Intervention, diesmal freilich im Hinblick auf Erwachsene. Ähnliches gilt auch bezüglich der zuvor angesprochenen *altersbezogenen* Bewältigungsanforderungen, nur daß für diese als normativ

geltenden Aufgabenbereiche eher *präventive* pädagogische Maßnahmen einer Vorbereitung von Erwachsenen auf neue Lebensumwelten angeraten erscheinen. Hier müßten ein vorbereitendes Wissen um die zu erwartenden Aufgabenbereiche sowie Kompetenz für entsprechende Bewältigungsstrategien aufgebaut werden. Und schließlich sollten sowohl das Selbstvertrauen als auch der Blick für die Wahl- und Verhaltensmöglichkeiten prospektiv gestärkt werden.
Hier wie dort wird Erwachsenenbildung in hochkomplexen Gesellschaften künftig die Aufgabe haben, Menschen in – nacheinander oder parallel zueinander – wechselnden Lebenskontexten bei ihrem Bemühen um die jeweilige *Neuformulierung ihres Selbstkonzeptes* bzw. um *Re-Organisation von Identität* zu unterstützen und zu bestärken.

Fazit

In seiner psychoanalytisch wie psychosozial ausgerichteten Entwicklungskonzeption erstellt *Erikson* eine Identitätstheorie, in der er das Freud-Schema von der kindlichen Libido-Entwicklung (mit den Komponenten Urvertrauen, Autonomie und Initiative) zum einen auf die *Lebensspanne* ausweitet und zum andern die innerpsychischen Entfaltungsprozesse in den übergreifenden Kontext der jeweiligen *Kultur* und Sozialstruktur rückt, an der ein Individuum teilhat. So gelangt er zu einem achtphasigen Modell, wonach die sich entwickelnde Persönlichkeit im Wechselspiel von inneren Wachstums- und soziokulturellen *Umweltanforderungen* ein zunehmend starkes, zuversichtliches Bewußtsein der *Gleichheit* und *Kontinuität* vor sich selbst und vor den Augen ihrerer Kulturgemeinschaft, d.h. ein Gefühl von *Ich-Identität,* aufzubauen vermag.

Selbstkonzepte im Sinne des *Symbolischen Interaktionismus* heben demgegenüber primär auf die Bedeutung von Außenweltfaktoren, namentlich auf den interindividuellen Austausch von Rollen und Erwartungen und Interpretationsleistungen seitens der miteinander umgehenden Subjekte ab. Angesichts der heutigen differenzierten und inhomogenen Gesellschaften kommt es deshalb zum dynamischen Verständnis eines Selbst, das im Sinne von *Identitäts-Balance* bzw. *mutueller Identität* sein jeweiliges Selbstkonzept stets neu auszutarieren hat.

In Bezug auf die Festigkeit bzw. das Fließen der Identitätsvorstellung nehmen im Vergleich hierzu die Coping und Selbstkonzept-Theorien mit ihrer Unterstellung eines Kern-Selbst und dazugehörigem Selbstkonzept (Wissen um sich selbst) eine mittlere Stellung ein. Dabei wird die Formung des Selbstkonzeptes verstanden als Ergebnis reflexiver Züge, Konstruktions- und Integrationsleistungen seitens der interagierenden Subjekte. Am Verständnis dessen zu arbeiten, der man ist oder sein will, wird als lebenslange Bemühung der sich entwickelnden Persönlichkeit begriffen. Der Vorgang lebenslanger Selbstdefinition aber vollzieht sich nur in der produktiven *Auseinandersetzung* mit den Lebensumwelten des Individuums. Die Arbeit an der Bewältigung der dort gegebenen Aufgabenstellungen darf deshalb auch als fortwährender Akt der *Bildung* einer Persönlichkeit aufgefaßt werden.

Wendet man dies nun auf verschiedene Phasen der Persönlichkeitsentwicklung an, so besagt es für eine Pädagogik der *frühen Kindheit*, daß hier die Identitätskomponenten des „Urvertrauens", der „Autonomie" und „Initiative" gelegt werden müssen.

Im Hinblick auf die Pädagogik der *Jugendphase* bedeutet es, daß der in einer Zwischenposition befindliche, tief verunsicherte Jugendliche seitens der Erwachsenen vielfältiger Unterstützung bei seinem Versuch der Selbstkonstruktion bedarf.

Im Blick auf das *Erwachsenenalter* schließlich sollten im Kontext einschneidender Lebensereignisse begleitende Impulse der Re-Organisation von Identität gewährleistet werden.

2. Der Mensch, das Wesen der Erziehung und Bildung

Zentrale Aspekte einer künftigen Pädagogischen Anthropologie

Gliederung:

Es kann heute keineswegs schon als ausgemacht gelten, daß es sich überhaupt lohnt, die Aussage, der *Mensch* sei das *Wesen der Erziehung, der Bildung*, ernsthaft wissenschaftlich zu reflektieren oder gar zum Thema bildungsphilosophischer Tagungen zu machen[1]. Zwar ist die *Kernaussage* der Pädagogischen Anthropologie, darüber dürften sich die Erziehungswissenschaftler weitgehend einig sein, von ande-

[1] Vortrag anläßlich der Herbsttagung der AG „Bildungsphilosophie“ der DGf.E vom 11.-13.10.1996 in Regensburg

rer Art als etwa die: ‚der Mensch, das Wesen, das morgens Zeitung liest' oder ‚das gerne ins Kino geht'. Anders nämlich als bei diesen eher zufälligen und beiläufigen Merkmalen gehen wir zumindest in den höher entwickelten Kulturen zunächst einmal davon aus, Erziehung und Bildung gehörten *zentral* zum *Menschsein.*

Entsprechend erscheint die Frage nach der *Bildungsfähigkeit*, der *Bildsamkeit* des Menschen, inmitten seines Heranwachsens und seiner Persönlichkeitsentfaltung in der Lebensspanne, ebenso sinnvoll und drängend wie die Frage nach seinen möglichen *Bildungsaufgaben* angesichts der Vielzahl der ihn gegenwärtig fordernden Lebensweltbezüge.

Gleichwohl gibt es genügend ernstzunehmende Gründe, gegenüber solcher pädagogisch-anthropologischer Fragestellung skeptisch zu sein. Waren es doch erhebliche Vorbehalte, die seit Anfang der siebziger Jahre gegen die Pädagogische Anthropologie zu Recht ins Feld geführt worden sind.

1. Zur Problemstellung

1.1 Vorbehalte gegen das pädagogisch-anthropologische Argumentieren

Diese Vorbehalte sind zweifellos von ganz unterschiedlicher Art und Schwere.

(1) Am leichtesten wiegen dürfte noch der Vorwurf der *Biederkeit* etwa einer pädagogischen Menschenkunde, wie sie sich im Anschluß an Hermann Nohls Initialschrift „Charakter und Schicksal" (1940, 2. Aufl.) etablierte und inhaltlich meist nicht mehr als eine Ansammlung recht schlichter Einsichten über den *„homo educabilis et educandus"* darbot. Oder auch der Vorwurf der *Sterilität* und Unergiebigkeit, etwa bezüglich der schier endlosen Debatte bei dem Versuch, die in Erziehungs- und Bildungsprozessen wirksamen Faktoren Erbe, Umwelt und individuelle Eigentätigkeit voneinander abzuheben und zu gewichten. Ein Blick auf die empirisch-analytisch angelegte, äußerst sorgfältige Arbeit von Paul Helbig (1988) zur Begabungsproblematik belegt die Berechtigung solcher Bedenken nur allzu deutlich. Ähnlich schwer zu bewerten ist schließlich auch der gegen Heinrich Roths Pädagogische Anthropologie (2 Bde., 1966-1971) erhobene Vorwurf,

es handele sich hierbei um eine Anhäufung von human- und sozialwissenschaftlichen Einzeldaten, die nicht so sehr den Eindruck einer gelungenen pädagogisch-anthropologischen Integration als vielmehr den eines losen Sammelsuriums von Versatzstücken einer pädagogischen Persönlichkeits- bzw. Handlungslehre vermittelten. Alldem ist denn auch seither intensiv und, wie es scheint, nicht ohne Erfolg entgegengesteuert worden.

(2) Erheblich gravierender ist da schon der Verdacht, die Pädagogische Anthropologie tendiere zum *Dogmatismus*, in dessen Gefolge dann schließlich gewachsene, ganz konkrete „Menschenbilder" unbefragt als *die* Ausprägungen des Menschseins ausgegeben würden (K.-H Dickopp 1977, 36). Damit ist ein *Essentialismus* angesprochen, der sich gegenüber der Vielfalt der Erscheinungsweisen und Möglichkeiten des Menschseins verschlossen hat und seine pädagogischen Postulate mit dem Anspruch verbindet, *das* ursprüngliche *Wesen* des Menschen, als Individuum und als Gattungswesen, zu verkünden. Prominentes Beispiel hierfür dürfte der klassische Bildungsbegriff sein, sofern er verknüpft ist mit der „Unbedingtheit des Glaubens" an die herstellbare Vollkommenheit des Menschen einerseits und andererseits mit dem unterstellten Wissen um den „wahren" und „ewigen" Zweck des Menschen, die *Gestalt der Menschlichkeit schlechthin* (Ruhloff 1996, 148f.).

(3) Aufs engste hiermit verwandt und nicht minder schwerwiegend ist schließlich die seit Max Horkheimer (1968) im Zuge gesellschaftlich-emanzipatorischer Intentionen geltend gemachte Kritik, die Pädagogische Anthropologie neige dazu, indem sie im Rekurs auf empirische Wissensbestände sog. humane Elementaria herausarbeite, den Menschen dinghaft zu verfestigen und somit in einen *Quasi-Naturalismus* abzugleiten. Im Ergebnis laufe dies auf Bewahrungsstrategien des bürgerlichen Menschen hinsichtlich der bestehenden gesellschaftlichen Wirklichkeit hinaus. Dieses Ansinnen jedoch, unter Rückbezug auf eine vermeintliche menschliche „Natur" die Machtinteressen spezifischer gesellschaftlicher Gruppierungen theoretisch zu untermauern, sei schlichtweg *Ideologie*. Vom Vorwurf der *Ideologieanfälligkeit* jedoch hat sich die Pädagogische Anthropologie so einfach nicht zu befreien vermocht, zumal angesichts der lange Zeit vorherrschenden Richtung der kritisch-emanzipatorischen Erziehungswissenschaft.

Selbstverständlich gibt es daneben auch noch gleichsam *philosophieinterne* Entwicklungen, die dazu führten, den anthropologischen Diskurs aufzugeben, sei dies im Gefolge der Fundamentalontologie Martin Heideggers und der von ihm vollzogenen Kehre – mit seiner pädagogischen Applikation etwa durch Theodor Ballauff – oder sei es in der französischen Philosophietradition insbesondere strukturalistischer bzw. neostrukturalistischer Herkunft, deren Niederschlag in der Pädagogik zunehmend greifbar wird (vgl. jüngst Lenzen 1996). Angesichts all dessen wird die eingangs aufgeworfene Frage eher noch verschärft, ob es denn überhaupt noch sinnvoll, ja möglich ist, die pädagogisch-anthropologische Thematik wissenschaftlich zu reflektieren.

1.2 Offenkundige Unverzichtbarkeit pädagogisch-anthropologischer Argumentation

Um so mehr mag es deshalb verwundern, daß pädagogisch-anthropologische Gesichtspunkte in der „Deutschen Gegenwartspädagogik" (Borrelli I, 1993; Borrelli/Ruhloff II, 1996) zunehmend wieder eine Rolle spielen, ob nun in Form von eher beiläufigen oder von tragenden Argumenten und Fragestellungen. Ständig fließen da *Grundannahmen und Kenntnisse über den Menschen* in die wissenschaftliche Reflexion ein. Und diese drängen dann, will man sie nicht tabuisieren, sachnotwendig zur Erörterung im Rahmen des erziehungswissenschaftlichen Diskurses.

So ist z. B. für die genannte Kritik an der Vollkommenheitsunterstellung des klassischen Bildungsbegriffs selbstverständlich eine gänzlich andere Anthropologie bestimmend, nämlich eine durch vielfältiges human- und sozialwissenschaftliches Wissen erhärtete Ernüchterung in der Sicht realer Menschen. Entsprechend verweist denn auch Jörg Ruhloff (1996, 151) in diesem Zusammenhang zu Recht auf die Begrenztheit des Vermögens der menschlichen Vernunft, die wir nicht

> „noch anders kennen als in ihrer Gebundenheit an unsere leibliche Organisation, in deren zeitlichen, räumlichen und materiellen Schranken uns die Materie der Deutungsversuche zugespielt wird."

Es ist dies eine genuin *anthropologische* Argumentation, die den Topos von der Fragwürdigkeit eines rationalistisch überhöhten Subjektstatus des Menschen aufgreift; einen Topos, den heute jede ernstzunehmende Erziehungs- und Bildungstheorie zum Ausgangspunkt nehmen muß. Erscheint doch die Vorstellung vom *Subjekt* als *souveräner Lichtgestalt*, die ihre Untertanen – Verhaltensweisen, Gedanken, Strebungen, Emotionen – rational zu überblicken und zu beherrschen vermag, als eine *„Illusion"*, die es aufzudecken gilt (vgl. maßgeblich hierzu Meyer-Drawe 1990). Andererseits stellt sich von daher erneut die anthropologische Frage, wie unter Anknüpfung an die traditionelle Dreigliederung der menschlichen Verfassung in Vernunft, Verstand und Sinnlichkeit eine Verbindung dieser Instanzen und ihrer Vollzüge heute zu denken und pädagogisch anzustreben sei (vgl. Ruhloff 1996, 155f.).

Die Beispiele für Bedeutung und Gewicht des pädagogisch-anthropologischen Argumentes in der Gegenwartspädagogik ließen sich fortsetzen. Dies gilt für die *„personal-transzendentale Pädagogik“* (Dickopp 1993), die sich ausdrücklich als eine „anthropologische“ begreift, ebenso wie für eine (transzendental-) *„kritische Bildungsphilosophie“* (Koch 1996), deren Problemstellungen in Überlegungen anthropologischer Art einmünden, und schließlich auch für eine phänomenologisch-lebensweltlich ausgerichtete *erziehungswissenschaftliche „Biographieforschung“*, die erklärtermaßen den Menschen im Schnittpunkt von individueller und sozio-kultureller Sinnverarbeitung in den Blick nimmt (vgl. Marotzki 1996).

Und um einen weiteren, des Konservativismus völlig unverdächtigen Zeugen für das pädagogisch-anthropologische Argument anzuführen, sei abschließend noch auf Klaus Mollenhauer, einen der Protagonisten einer emanzipatorisch-aufklärerischen Bildungstheorie, verwiesen. Nach der in seinen Arbeiten erkennbaren Wende, die er als „Veränderung in der wissenschaftlichen Aufmerksamkeit“ infolge eines „wieder erweiterten Bildungsbegriff(s)“ verstanden wissen will, erteilt er den Rat, sich nicht zufriedenzugeben mit einer „Vorstellung von Bildung, die nur die arbeitsmarktförmige Herstellung eines Kenntnis- und Fähigkeitsprofils im Auge hat“:

„Die Pädagogik tut deshalb gut daran, derartige Problemstellungen wieder zu erweitern, also einerseits sich an die Konzepte Herders, Humboldts, Simmels, Plessners (beispielsweise) zu erinnern und andererseits sich die Fragen der kognitiven Entwicklungstheorie und der psychoanalytischen Diskussion anzueignen. Was diese theoretische Arbeit für die Bildungspolitik bedeutet, ist noch nicht leicht auszumachen. Mir scheint aber, daß die Praxis vieler Alternativschulen u.ä. erste Anzeichen sind“ (zit. bei Kaufmann u.a. 1991, 86f.).

Im Zuge dieser Ausweitung und Vertiefung seiner Forschungstätigkeit spürte Mollenhauer bekanntlich „vergessene Zusammenhänge“ über Kultur und Erziehung (2. Aufl. 1985) auf und suchte die pädagogische Zunft mit „Korrekturen am Bildungsbegriff“ (1987) wachzurütteln. Was er da im Rekurs auf die sog. „neuen sozialen Bewegungen“ (gemeint war die Ökologiebewegung i. w .S.) und auf „‚Postmoderne‘ Argumentationen“ vehement vortrug (1987, 1), ein einziges *Plädoyer für mehr „Irrationalität“*, war wiederum orientiert an einer um das „Andere der Vernunft“ erweiterten Sichtweise des Menschen.

Im einzelnen empfiehlt er hier:
(1) die Sensibilität für den Leib wieder herzustellen,
(2) die bildende Wirkung lebendiger Tätigkeit bzw. produktive Handarbeit neu zu bedenken,
(3) die Eigenbedeutung der ‚Prozeßorientierung‘ (vs. Produktorientierung) bei Bildungsvorgängen zu berücksichtigen und
(4) die ‚Wahrhaftigkeit der Selbstdarstellung‘ von Menschen, ihre Authentizität, in den Blick zu nehmen.

Es sind dies für ihn vier neue pädagogische Problemkomplexe, die allesamt ins Zentrum der Pädagogischen Anthropologie verweisen und die Mollenhauer später in kulturtheoretische Analysen des „Bildenden“ an Lebensformen (1986) und in die Frage nach der ästhetischen Dimension von Erziehung und Bildung einmünden läßt (vgl. 1990, 1996).

> Fazit: Diese Überlegungen führen nun zweifellos in ein Dilemma. Denn einerseits gibt es erhebliche Vorbehalte gegen den anthropologischen Argumentationsduktus. Andererseits aber ist bei allen Erziehungs- und Bildungsprozessen so sehr der Mensch im Spiel, daß sich die pädagogisch-anthropologische Thematik zunehmend als ein gewichtiges bis womöglich unverzichtbares Argument im erziehungswissenschaftlichen Diskurs darstellt. Und noch im Fall der Ablehnung sind in einer Weise anthropologische Grundannahmen impliziert, daß die wissenschaftliche Redlichkeit deren Aufdeckung und öffentliche Verhandlung gebietet. Eine Lösung ist hier nur in Sicht, wenn eine Pädagogische Anthropologie entwickelt werden kann, die den eingangs genannten Vorbehalten Rechnung trägt.

Eben dies scheint mir in der Tat denkbar.
Wie müßten dann aber die Konturen einer solchen Pädagogische Anthropologie aussehen?

1.3 Grundweichenstellungen für eine künftige Pädagogische Anthropologie

(1) vs. Biederkeit, Sterilität und bloße Datenverarbeitung

Um hier weiterzukommen, ist es angeraten, sich zunächst die mit der anthropologischen Fragestellung ursprünglich verbundenen Intentionen in Erinnerung zu rufen. Wie nämlich Odo Marquard (1971, 363-366) in seinem philosophiegeschichtlichen Überblick zu Recht hervorhebt, etablierte sich die philosophische Anthropologie seit ihren Anfängen zwischen dem 16. und 18. Jahrhundert bei gleichzeitiger dezidierter Abkehr von der traditionell spekulativen Schulmetaphysik einerseits und der mathematischen Naturwissenschaft andererseits als *Lebensweltphilosophie* mit dem Ziel der „Weltkenntnis" (Kant). Und in diesem Interesse am *Leben des Menschen in seiner konkreten Welt* ist zugleich ihr „Symbiosenappetit" in bezug auf Einzelwissenschaften verankert. Im praktischen Bestreben um Selbstverständigung und Handlungsorientierung müßte deshalb jetzt entsprechend die Pädagogische Anthropologie als eine umfassende Theorie vom Menschen empirisch breit ansetzen. Sie müßte das uns heute zur Verfügung stehende reichhaltige erfahrungskritische Potential der *Human- und Sozialwissenschaften* zur Kenntnis nehmen – ohne Ausblendungen, Selektion oder Verdrängung – und in einer Weise fruchtbar werden lassen, daß dieses Erfahrungswissen vom Menschen der Lösung gegenwärtig belangvoller *Sinn-Thematiken* von besonderer pädagogisch-aktueller Relevanz zuarbeiten kann. Von Sterilität kann dann nicht mehr die Rede sein.

Soll hierbei jedoch ein Auseinanderbrechen der vielfältigen, z.T. disparaten und noch im Fluß befindlichen Forschungsergebnisse vermieden werden, so ist eine *philosophisch-anthropologische* Verklammerung des empirischen Wissens unabdingbar.

Entsprechend schreibt Helmut Fahrenbach in seinem informativen Artikel-Beitrag „Mensch" (1973, 893):

> Während nämlich die Erfahrungswissenschaften jeweils nur „bestimmte Aspekte menschlichen Daseins (etwa physiologischer, psychologischer, sozialer Art) unter spezifischen methodischen Voraussetzungen thematisieren und zum Gegenstand der Forschung machen, zielt die philosophische Frage – in der traditionellen Form: ‚Was ist der Mensch' – offenbar auf den Menschen ‚im Ganzen', d.h. auf die ‚Ganzheit' bzw. ‚Einheit' seines Seins".

Für die pädagogisch-anthropologische Frage nach dem Menschen als Wesen der Erziehung und Bildung gilt dies gleichermaßen. Insofern ist sie auch Teil der philosophisch-anthropologischen Fragestellung und zielt wie diese auf eine *„grundlegend-umfassende"*, *„einheitgebende"* und *„praktisch-sinnrelevante"* Erkenntnis des Menschen in der Vielfalt seiner konkreten Weltbezüge ab, wobei freilich der Begriff der Ganzheit bzw. Einheit im kantischen Verständnis lediglich als „regulative Idee" eines Zusammenhangs in der Mannigfaltigkeit der anthropologischen Aspekte aufzufassen ist (vgl. ebd. 893f.).

Vor diesem Hintergrund lassen sich somit in Anlehnung an Herbert Zdarzil (1980) der *Pädagogischen Anthropologie die Aufgaben* zuweisen,

(a) die verschiedenen Einzelwissenschaften übergreifende Theorien zu entwickeln, *also „empirische Theorien zweiter Stufe"*, sofern diese dem pädagogisch-praktischen Interesse an Handlungsorientierung inmitten vielfältiger und heterogener Lebenskontexte der Adressaten von Erziehungs-und Bildungsprozessen dienen (zu denken wäre an die pädagogische Aufarbeitung etwa der Sozialisationsforschung, der Bindungs- und Kognitionsforschung; einer Psychologie der Lebensspanne, der Interaktionstheorien, der Biographieforschung etc.).

(b) *anhand* der empirischen Befunde, „nicht aber *aus*" ihnen, „pädagogische-anthropologie Kategorien" zu gewinnen, d.h. „allgemeine Aussageformen des Erfahrungswissens" vom Menschen, Erziehung und Bildung betreffend (ebd. 269-272).

Die in ihrem Kernbereich (b) also philosophisch verfahrende Pädagogische Anthropologie ist mithin, was die Fülle der empirischen Wissensbestände betrifft, integrationsfähig und als *pädagogische Kategorialanalyse* zudem denkbarer Ort zur Erörterung unterschiedlicher erziehungswissenschaftlicher Standpunkte. In ihrem Lebensweltinteresse schließlich könnte sie einen Beitrag leisten im Sinne einer gewissen „Erdung" der Erziehungswissenschaft, die gegenwärtig zweifellos von einem Abdriften in „Phantasmagorien" unterschiedlicher Art bedroht ist. Denn zum einen tendiert insbesondere das gewaltige empirische Material jeweils nur aspektbezogenen sozialtechnologischen Handlungswissens dazu, eine von der Wirklichkeit abgehobene „hyperreale Scheinwirklichkeit" zu erzeugen. Diese, analog etwa zu der von Konstruktionsmaschinen bei Citroën erstellten Hyperrealität, „erfährt ihre einzigartige Legitimation dadurch, daß sie besser, ‚realer' ist als die Realität selbst" (Lenzen 1987, 51f.). Mit lebendigen Menschen in einer realen pädagogischen Praxis hat dies nicht mehr viel zu tun.

Zum anderen erweist sich jedoch auch das sarkastisch-heitere Abheben in die skurrile Welt kunstvoll arrangierter Mythencollagen (vgl. Lenzen 1985) für die Pädagogik als wenig hilfreich und zukunftsträchtig. Wie demgegenüber die neueren Arbeiten von Mollenhauer belegen, scheint das praktisch motivierte *pädagogisch-anthropologische Interesse* an konkreten Lebenswelten von Kindern, Jugendlichen und Erwachsenen vergleichsweise eine weitaus größere Nähe zu zentralen Problemen von Erziehung und Bildung zu gewährleisten.

(2) vs. Essentialismus, Dogmatismus, idealistische Verstiegenheit

Die philosophische Anthropologie unseres Jahrhunderts sieht sich außerstande, den zahlreichen Versuchen einer Wesensdefinition des Menschen jetzt eine neue, *die* allgemeingültige hinzuzufügen. Stattdessen zielt ihr Erkenntnisinteresse, ob nun in biologisch-philosophischer oder in existenzphilosophischer Variante, darauf ab, den *Bauplan*, d. h. die konstitutive *„Lebensform"* bzw. *„Seinsweise"* des Menschen zu erfassen, und zwar zwischen den beiden Polen „naturhafter Daseinsbestimmtheit" einerseits und schöpferischer „Selbstbestimmung" andererseits.

Methodisch lösbar erscheint dies jedoch nur auf dem Wege einer „strukturanalytischen und funktionalen Betrachtungsweise". Dies aber bedeutet: die gewonnenen anthropologischen Begriffe müssen als *„Strukturbegriffe"*, nicht als „Wesensbegriffe" konzipiert werden. Sie haben denn auch, mit Helmut Fahrenbach (1973, 894) formuliert, "keinen abschließend-theoretischen, sondern einen aufschließend-exponierenden Sinn" (vgl. auch ebd. 903-905). Als solche sind sie für jede weitere Erkenntnis wie für den wissenschaftlichen Diskurs prinzipiell offen.

Am grundlegendsten und umfassendsten setzt hier zweifellos die *bioanthropologische Position* an.

Als Begründer der modernen philosophischen Anthropologie, und zwar in bioanthropologischer Version, gilt gemeinhin Max Scheler, der als erster in seiner (1927 als Vortrag, 1928 als Buch erschienenen) Abhandlung über „Die Stellung des Menschen im Kosmos" den einzigartigen Status des Menschen innerhalb des Gesamtaufbaus der bio-psychischen Welt herausarbeitete. Angesichts der von ihm gleichwohl beibehaltenen traditionellen „Wesensanthropologie" sowie der damit verbundenen metaphysischen Implikationen einer Dualität von „Geist" und „Leben" ist sein Werk jedoch angemessener wohl als Abschluß einer metaphysischen Anthropologietradition des vorigen Jahrhunderts einzuschätzen. Eigentlicher Begründer der neuen, konsequent strukturanalytisch verfahrenden bio-philosophischen Anthropologie (so auch Fahrenbach 1973, 896) wäre dann *Helmuth Plessner* mit seiner Schrift „Die Stufen des Organischen und der Mensch" (1928). Diese Linie unter anderer Akzentuierung fortsetzend, thematisiert schließlich auch Arnold Gehlens Buch „Der Mensch. Seine Natur und Stellung in der Welt" (1940) das durch Kontrastierung am Tier gewonnene durchlaufende Aufbaugesetz des Menschen, den er bekanntlich als das „handelnde" (Lebe-)wesen begreift.

Gemeinsames Anliegen der biologisch-philosophisch konzipierten Anthropologien, dies sei gegen naturalistische Verdinglichung, aber auch gegen idealistische Überhöhung bemerkt, ist es nun, den naturhaften und den geistig-geschichtlichen Doppelaspekt menschlichen Seins aus *einer* Grundposition zu erfassen, und zwar ohne Nivellierung der zweidimensionalen Selbsterfahrung des Menschen. Entsprechend wird der Mensch als ein psychophysisches Individuum begriffen, dessen Teilgrößen als Momente eines interrelationalen Ganzen ab origine verbunden sind.

Charakteristisch hierfür ist ein *systemisches Denken*, wie es in der neueren Biologie und Humanökologie anzutreffen ist, wo unter Anwendung der Kybernetik, der Informationstheorie und der Molekularbiologie Begriffe wie „Information", „genetischer Code", „Programm" usw. benutzt werden, um verschiedenartige Lebewesen, einschließlich des Menschen, als je verschiedene Regelkreise sich selbst steuernder lebender Systeme von unterschiedlicher Komplexität zu begreifen (vgl. E. Morin 1973, 25-35). In Orientierung am Systemgedanken suchen entsprechend auch die genannten Anthropologien jenes einheitgebende *„Organisationsprinzip"* menschlichen Daseins zu bestimmen, unter dessen leitendem Strukturgesetz die Gesamtheit der in den Menschen eingegangenen materiellen, biologischen, vital-psychischen und intellektuellen Prozesse bzw. Zonen in einem diffizilen Wechselspiel ein Systemganzes bilden, das sich aus den Formprinzipien der Natur aufbaut und sich gleichwohl in den Vollzügen geistiger Sinngebung und vernunftgeleiteter Daseinsbewältigung von ihr abhebt (vgl. Habermas, 1973).

Mit einem Essentialismus oder einem Dogmatismus des anthropologischen Fragens hat dies nichts mehr zu tun. Zwar werden Auskünfte erteilt über die Grundverfassung des Menschseins, die conditio humana, *nicht* aber werden inhaltliche Bestimmungen eigentlichen Menschseins, der humanitas, vorgenommen.

(3) vs. Ideologiegefahr

Was nun schließlich den Vorwurf der Ideologieanfälligkeit angeht, so sind aus dem Blickwinkel der modernen philosophischen Anthropologie zwei einander komplementäre Verstehenszugänge zum Menschen voneinander abzuheben, nämlich die Natur- und die Kulturanthropologie.

a) *Naturanthropologie:* Sie bemüht sich darum, unter Bezugnahme auf die Position des Menschen im Systemganzen der Natur das ihn auszeichnende Aufbaugesetz seines Seins zu bestimmen. Nach einer Formulierung Kants (1798)[2] handelt es sich dabei um eine *„physiolo-*

---

[2] Kant 1798: „Anthropologie in pragmatischer Hinsicht" (Kants Werke, hg. v. E. Cassirer 8,3)

gische Anthropologie", die danach frage, „was Natur aus dem Menschen macht". Freilich lehnt er eine solche naturanthropologische Betrachtungsweise bekanntlich ab. Und auch aus heutiger Sicht ist sie *für sich genommen* völlig unzureichend, gehört doch die *Natur-Kultur-Verschränkung* menschlichen Denkens, Fühlens und Handelns zum Grundbestand gegenwärtigen Wissens vom Menschen.

„Die naturhafte Daseinsbestimmtheit des Menschen ist nicht ‚an sich', sondern stets in einem sich spezifisch bestimmenden Horizont kulturell vermittelter Verstehens- und Verhaltensmöglichkeiten ‚gegeben' und damit auf ‚Selbstbestimmung' hin strukturiert," so faßt denn auch Fahrenbach (1973, 903) diese Basisansicht heutiger philosophischer Anthropologie zusammen.

Von daher erweisen sich der *„Aufgabencharakter"* und das *„Realisationsproblem"* menschlicher Existenz als anthropologisch konstitutiv. Als ein einzigartiger Naturentwurf sieht sich der Mensch in eigener Konsequenz genötigt, „Welt zu entwerfen" und sich somit auf den Weg der Geschichte zu machen" (vgl. Dux 1970).

b) *Kulturanthropologie:* Entsprechend muß philosophische Anthropologie jetzt als *„pragmatische"* danach fragen, „was der Mensch als frei handelndes Wesen aus sich selber macht oder machen kann und soll" (Kant 1798). Hiermit angesprochen ist die Frage nach der Selbstverwirklichung und der Bestimmung des Menschen, die Frage nach seinem Seinkönnen und den Möglichkeiten zu humaner Selbstübersteigung im Medium von Kultur; aber auch die Frage nach den Entfaltungsmöglichkeiten des einzelnen im Rahmen vorgegebener und zur Gestaltung aufgegebener struktureller Daseinsbedingungen und Bewußtseinslagen (vgl. Loch 1980).

Mit dieser pragmatischen Ausrichtung betritt Pädagogische Anthropologie zwar bereits geschichtsphilosophischen Boden. Jedoch tut sie gut daran, nicht über zweifelhafte Spekulationen weiter in dieses Terrain vorzudringen, sondern sich stattdessen größte Zurückhaltung aufzuerlegen gegenüber jedem Versuch, Auskünfte über Verlauf und Sinn der Geschichte zu erteilen. Denn hierbei fließt soviel an subjektiven Deutungsmustern mit ein, verbunden mit präskriptiven Schlußfolgerungen bezüglich des menschlichen Realisationsproblems, ohne gleichzeitige Verknüpfung mit der Empirie – soviel an Ballast also, daß sich die Pädagogik als eine Theorie für Praxis, die sich im Alltagshandeln bewähren soll, nur unnötig belasten würde.

Begreift sich in diesem Sinne nun Pädagogische Anthropologie nicht *zentral* als Geschichtsphilosophie, so ist sie gleichwohl, indem sie Kultur und Geschichte erforscht, doch *auch* eine Philosophie der

Geschichte (vgl. Marquard 1971, 372). Mit dieser Fragestellung nimmt sie dann die Gestalt einer *Kulturanthropologie* an, erforscht sie menschliche Kulturen in ihrer lebensgestaltenden Kraft, untersucht den Pluralismus der Kulturformen bzw. der Kulturstile, fragt nach „transkulturellen Konstanten" und „kulturellen Varianten des Menschseins" (Marquard ebd. 373, mit Bezug auf Mühlmann; vgl. jüngst auch Dressel 1996); kurz, sie bezieht als Kulturtheorie die Gesamtheit der „Kulturwissenschaften" in ihre philosophische Reflexion mit ein. Daneben bleibt sie stets in engem Gespräch mit einer kritischen Theorie der Gesellschaft und Politik sowie mit der Ethik und schließlich auch mit der im Entstehen begriffenen historischen Anthropologie (vgl. Böhme 1985; Gebauer/Kamper u.a. 1989).

Fazit: All dies dürfte, zumindest prinzipiell, die Pädagogische Anthropologie vor Ideologieanfälligkeit bewahren, ebenso wie zuvor schon der Vorwurf des Dogmatismus und der einer sterilen Ansammlung und Auswertung rein empirischen Datenmaterials entkräftet wurde.

Was hingegen die philosophische Gesamtlage betrifft, so sind die Meinungen naturgemäß weiterhin geteilt. Während der französische Neostrukturalismus seine kritische Einstellung gegenüber einer jeden konstruktiv argumentierenden Anthropologie eher noch verschärft hat (vgl. jüngst in pädagogischer Version D. Lenzen 1996), lassen sich in Frankreich über Fachvertreter wie Merleau-Ponty und Levinas durchaus Brücken schlagen zu anthropologischen Problemstellungen. Und schon ein flüchtiger Blick in den Sammelband „Identität, Leiblichkeit, Normativität. Neue Horizonte anthropologischen Denkens" (1996), zeigt den Rückbezug auch seriöser Philosophen wieder auf das anthropologische Argument (vgl. ebd. insbesondere Siep, 274-298; vgl.auch ders. 1983).

Wo Gründe Theorien nicht widerlegen können, wird es letztlich deren „Gebrauchswert" sein, der über ihre Zukunft bestimmt. Offenkundig rückt in der philosophischen Gegenwart, infolge der erfahrenen Fragmentisierung des Subjekts, verstärkt wieder die Frage nach Individualität und Autorenschaft im postmodernen Text in den Vordergrund (vgl. A. Huyssen 1986, 37ff). Analog dazu kann es sich auch die heutige Erziehungswissenschaft nicht länger leisten, auf eine handlungs- und sinnrelevante pädagogisch-*anthropologische* Argumentation zu verzichten. Und, wie wir sahen, muß sie es auch nicht.

Im folgenden sollen deshalb Reichweite und Grenzen des pädagogisch-anthropologischen Arguments genauer ausgelotet werden.

2. Der zentrale Beitrag der Naturanthropologie aus erziehungs- und bildungsphilosophischer Sicht

2.1 Grundsätzliches

Welchen Beitrag leistet hier nun die naturanthropologische Fragestellung aus erziehungs- und bildungsphilosophischer Sicht?

Gedacht ist dabei nicht an noch so interessante Einzelbeiträge (z.B. zur Intelligenzforschung, Lehr-Lern-Forschung etc.), sondern vielmehr an die Frage nach dem *zentralen* Beitrag. Der liegt zweifellos (1) in der *anthropologischen Verankerung* des Gedankens der *Bildsamkeit* des Menschen (seiner Lernfähigkeit und Plastizität) sowie (2) in der Verankerung des Gedankens der *Bildung* als dem fundamentalen Realisationsproblem, der Selbst-Aufgegebenheit menschlichen Seins.

Ausgangspunkt dieser zentralen pädagogisch-anthropologischen Problematik ist die, wie wir sahen, *basale Einsicht* der philosophischen Anthropologie unseres Jahrhunderts, daß der Mensch bereits als Naturwesen, d.h. seiner naturalen Disposition und Herkunft nach, konstitutiv *auf Kultur hin* angelegt ist. Demzufolge sieht er sich in eigener Konsequenz genötigt, sein Dasein eigenständig zu *finden, zu gestalten* und zu *führen*, und dies meint, sich selbst auf Welt hin zu entwerfen.

(1) Was nun die *Bildsamkeit* des Menschen näherhin angeht, so impliziert die Grundverfassung menschlichen Daseins eine Komplementarität von Sozio-Kulturellem und Naturalem, und zwar unabdingbar, zum Zwecke sowohl der Daseinsfristung und -bereicherung als auch zur Daseinsorientierung.

Der Mensch „*von Natur ein Kulturwesen*“ – unter dieser von ihm geprägten anthropologischen Grundformel expliziert Arnold Gehlen die außerordentliche Lernoffenheit und Plastizität des Menschen als eines zur *Handlung befähigten* Lebewesens. Demgemäß werden im Gehlenschen Entwurf alle Funktionen und Leistungen des Menschen wie Gedanken, Sprache, Phantasie, Eigenart des Antriebslebens, Motorik und Organaustattung in ihrem inneren Strukturzusammenhang als spezifisch *menschliche* herausgestellt; und insofern läßt sich an ihnen, in Kontrastierung zum Tier, das „Nicht-Festgestelltsein“ (Nietzsche), eben die einzigartige *Offenheit und Lernfähigkeit* des Menschen aufzeigen.

Zur Illustration dieses anthropologischen Grundgedankens widmet Gehlen einen großen Teil seiner Untersuchung dem Nachweis, daß nicht erst die höheren Funktionen, sondern bereits die gesamte psycho-physische Organisation des Menschen auf Befähigung zur Handlung hin angelegt ist, daß sich also „das spezifisch Menschliche schon im Bereich des Bios aufbaut". Demgemäß analysiert Gehlen (1974, 86ff.) in akribischen Einzeluntersuchungen die von ihm so benannten menschlichen „Organprimitivismen", die in ihrer embryonal und archaisch anmutenden Unspezialisiertheit in Korrelation zur mangelnden Angepaßtheit des Menschen an seine natürliche Umwelt und in dem damit verbundenen Zwang zur tätigen und geplanten Umarbeitung der Realitäten ins Lebensdienliche zu sehen seien (vgl. ebd. 106). Er verweist auf den einzigartigen Körperbau des Menschen, seine aufrechte Haltung, die erstaunliche Beweglichkeit der Extremitäten und des Kopfes (vgl. ebd. 138), auf die Plastizität des menschlichen Sinnes- und Bewegungslebens (ebd.131ff.) die „nicht von vornherein angepaßt montiert", in ihrer Befähigung zu kommunikativem Umgang mit der Welt der Existenzweise eines weltoffenen Wesens zuzuordnen seien (ebd. 164). Weiterhin untersucht er die sensomotorischen Wurzeln der Sprache (ebd. 197ff.), die eigentümliche Struktur der menschlichen Wahrnehmungswelt (ebd. 131ff.) und des Phantasielebens (ebd. 316ff.). Vor allem zeigt er die Eigenart des menschlichen *Antriebslebens* auf (ebd. 327ff.), das, aufgrund eines „Hiatus" zwischen Antrieben und Handlung, im Unterschied zum instinktiven, blind-zielsicher gesteuerten Verhalten des Tieres *„plastisch"*, orientierbar und weltoffen sei.

Der Gehlensche Begriff der *„Plastizität"* bzw. Verschiebbarkeit meint in bezug auf das menschliche Antriebsleben einmal „ die Abwesenheit ursprünglich festgelegter, gesonderter Instinkte", sodann „die Entwicklungsfähigkeit der Antriebe", ihre „Weltoffenheit", ferner „ihre Ausgesetztheit zur Stellungnahme und die Fähigkeit, gehemmt, geführt, über- und untergeordnet zu werden", zudem ihre Fähigkeit zur „Höherentwicklung und Sublimierung", „so daß sich, unter Voraussetzung bestimmter Hemmungen, bedingte und gezüchtete Bedürfnisse einstellen". Und endlich bedeutet Plastizität auch „die Versehrbarkeit, Degenerations- und Ausartungsbereitschaft der Antriebe, ihre Fähigkeit zu ‚luxurieren'"(ebd. 351).

Im Resümee, darin sind sich die bioanthropologischen Ansätze einig, ist sonach der Mensch (selbst in den primitiven, der Natur scheinbar nächsten Kulturen) durch eine nicht-tierische, *plastische,* nahezu unbegrenzt *lernfähige* und *offene Daseinsform* gekennzeichnet, eben seine *Bildsamkeit,* die auch im Gang seiner ontogenetischen Entwicklung (von der unfertigen Kindheit bis hin zum reifen Erwachsenenalter) ein ungeheures Lernpotential freizusetzen vermag. Und diese Verfaßtheit wiederum ermöglicht es ihm bereits von Natur aus, in reflektierte Distanz zu sich selbst und zur Welt zu treten und „handelnd" einen begierdelosen, sachlichen Umgang mit der Welt zu pflegen. Umgekehrt betrachtet erwächst hieraus jedoch das Realisationsproblem menschlichen Daseins, sofern es sich bei diesen einzigartigen Funktionen lediglich um eine natural-basale Verfaßtheit und längst noch nicht um deren Verwirklichung handelt.

(2) Sein *Realisationsproblem* betreffend ist der Mensch, um existenzfähig zu sein, auf *eigentätige Umschaffung und Bewältigung* von Natur angewiesen. Dies gilt zunächst für seine *eigene* Selbstformung, nämlich die Formung seines Inneren, seines bio-physischen Antriebslebens und des sich hierauf aufbauenden geistig-seelischen Potentials. Und komplementär hierzu gilt dies auch für die Aus- und Umgestaltung der jeweils vorgegebenen *äußeren* natürlichen Umwelt.

Medium dieses Entfaltungs- und Gestaltungsprozesses ist die *Kultur* als der Inbegriff der vom Menschen ins Lebensdienliche umgearbeiteten Natur sowie der auf dieser Basis erst möglichen höheren Fertigkeiten, Künste und der gesamten sinnhaften Symbolwelt (vgl. Gehlen 1974, 38 f.). Bereits von Natur aus ist also der Mensch auf kulturelle Ausprägungen wie Technik, Ökonomie, Ästhetik, Religion usw. und also auf schöpferischen Entwurf im Bedingungskontext von Zeit, d.h. auf Geschichte hin angelegt. Im Vollzug dieses Schöpfertums erweist er sich als das *„weltoffene"*, das innere und äußere Umwelten auf „Welt" als den umfassenden Horizont seiner Sinnmöglichkeiten hin entwerfende Wesen. Genau hierin manifestiert sich der *„Aufgabencharakter"* menschlicher Existenz, ihr Selbst-Aufgegebensein, kraft dessen sie sich auf die Frage nach ihrem humanen Gelingen (im Medium von Kultur) verwiesen sieht. Und darin findet schließlich auch der Gedanke der „Erziehungsbedürftigkeit" des Menschen seine anthropologischen Verankerung, sofern dem Aufgabencharakter menschlichen Daseins eine in welcher Form auch immer intendierte Anleitung zu kulturellem Lernen mit Förderungsabsicht entsprechen sollte. Die vehement vorgetragenen Zweifel am Erfordernis von Erziehung (vgl. Brezinka 1981) muten demgegenüber recht gespreizt und wenig überzeugend an.

Fazit: Als das lernfähige und *bildsame* Kulturwesen ist somit der Mensch seiner naturalen Grundverfassung nach auf vernunftgeleiteten *Selbst- und Weltbezug*, eben auf *Bildung* hin angelegt.

2.2 Spezifizierung: Zur Konzeption Helmuth Plessners

Die wohl herausragendste und überzeugendste konzeptionelle Version dieser Grundansicht vom Menschen hat meiner Einschätzung nach *Helmuth Plessner* vorgelegt (vgl. Gesammelte Schriften = GS Bd. IV, 1981). Sie sei deshalb im folgenden kurz skizziert.

(1) Ansatz
Im Rahmen einer Naturphilosophie der „Stufen des Organischen" untersucht Plessner, ausgehend vom zentralen Begriff des Lebens, die verschiedenen Formen organismischen Lebens, und zwar in aufsteigender Linie bis hin zum spezifisch Menschlichen. Seine *Leitfrage* lautet: „Wie muß Leben gedacht werden, das so etwas wie Existenz da sein läßt oder birgt?" Denn „Leben birgt als *eine* seiner *Möglichkeiten Existenz*" (Plessner 1976, 187. 189). Sofern jedoch der *Begriff Leben* in formaler Bestimmung die Eigenständigkeit eines Körpers im Verhältnis zu seinem Milieu meint, muß ein lebender Körper nicht nur als Gestalt einer je konkretisierten Ganzheit, sondern vor allem auch als Körperding mit einer „Außen-Innen-Beziehung", d.h. als Mittelpunkt von Bezügen aufgefaßt werden (vgl. Plessner GS IV, 175f. 138). Versteht man dementsprechend die Ganzheit eines Organismus als umrandetes System mit einer zu seiner Umgebung „offenen" Begrenzung, dann beruht Leben „auf dem eigenartigen Verhältnis des Körpers zu seiner Grenze" (GS IV, 177) bzw. auf dem Gestelltsein gegen seine Umgebung. Eben diese Relation verleiht einem belebten Körper seinen spezifischen Positionscharakter, d.h. seine *„Positionalität"* (GS IV, 177-187). Nun ist aber das Verhältnis der verschiedenen Formen organismischen Lebens zu ihrer Grenze, ihre „Frontalität" zur Umwelt, höchst unterschiedlicher Art. Insofern markiert ihr jeweiliger *Positionscharakter* auch unterschiedliche Organisationsprinzipien im Bereich des Lebendigen.

Während der *pflanzliche Organisationstyp* mit seiner unmittelbaren Eingliederung in die Umgebung und seiner Flächenbildung vornehmlich nach außen hin eine *offene Form* organismischen Lebens repräsentiert (vgl. ebd. 246-291), verkörpert das *Tier* eine geschlossene Form und gehört dem *zentrischen* Typus der Organismen an. Seine Flächenbildung verläuft nach innen, der Austauschprozeß mit seinem Milieu über ein Zentrum (Verdauung, Gedächtnis, Intelligenz), dank dessen es sich vom Leib (im Sinne des „Körperhabens“) abhebt und gegenüber dem Lebenskreis mit Hilfe von „Merkfähigkeitsorganen“ eine Perspektive und ein Moment der Selbständigkeit gewinnt (vgl. ebd. 44). Das Tier lebt also aus dem Zentrum seiner Position, in seine Mitte hinein, aber es erlebt sich nicht *als* Zentrum seiner leiblichen Positionalität (vgl. ebd. 360). Deshalb auch bleibt es dem „Koexistenzkreis von Organismus und Umfeld“ mit Notwendigkeit immanent (vgl. ebd. 327f.).

Demgegenüber weist die Positionsform *menschlichen Seins* ein entscheidendes Novum auf: die in der zentristischen Positionsform des Tieres bereits angelegte Rückbezüglichkeit des biologischen Systems gelangt beim Menschen zum Durchbruch, und zwar im Modus *durchgreifender Reflexivität* (vgl. ebd. 161 f.). Sein Leben aus der Mitte wird nochmals in Beziehung zu ihm gesetzt, das Zentrum seiner Positionalität geht zu sich selbst auf Distanz. Damit wird freilich die zentrische Positionsform nicht negiert, vielmehr gewinnt sie *„volle Reflexivität“* und wird so zu einer neuen Lebensform organisiert.

Auch der Mensch ist in die Mitte seiner Existenz gestellt, lebt als leibliches Wesen im Hier und Jetzt des Verhältnisses seines leiblichen Daseins zum Umfeld, aber er „weiß diese Mitte“ und ist deshalb „über sie hinaus“; er kennt seine Umweltbindung und vermag sich deshalb von ihr zu distanzieren und sie zu gestalten (vgl. ebd. 364. 367). Er ist sich der Temporalität seiner Existenz bewußt geworden und hat sich darin selbst als „Ich“, als „der ‚hinter sich‘ liegende Fluchtpunkt der eigenen Innerlichkeit“, der „Zuschauer“ des Szenariums alles denkbaren Innen und Außen, der nicht mehr objektivierbare „Subjektpol“:

„Ist das Leben des Tieres zentrisch, so ist das Leben des Menschen, ohne die Zentrierung durchbrechen zu können, zugleich aus ihr heraus, *ex-zentrisch*“ (ebd. 364).

Folgerung 1: gegen naturalistische Engführung

Mit dieser Fundamentalkategorie der Exzentrizität hat Plessner eine Strukturformel für die eigentümliche Struktur der conditio humana gefunden, mit deren Hilfe sich nun auch aus genuin *pädagogischem* Frageinteresse sowohl die auffallende Bildsamkeit des Menschen als auch das Erfordernis seiner Bildung aus einer Grundposition heraus plausibel aufzeigen lassen. Als exzentrisches Lebewesen nämlich ist der Mensch über die bloße Natur hinaus auf *Kultur* als seine „Heimat“ verwiesen (vgl. GS IV, 384) und damit angewiesen auf ein Ensemble geistiger Symbole, ein System organisierender Informationen und Regeln, das nicht angeboren, sondern *gelehrt* und *gelernt* werden muß – in Akten umgehender Auseinandersetzung mit Welt und Selbst. Dabei werden dann im Plessnerschen Entwurf naturalistische Verkürzungen des Menschen ebenso wie seine idealistische Überhöhung in einem Zuge überwunden.

Was zunächst die Überwindung der *naturalistischen Engführung* betrifft, vgl. hierzu ergänzend ein kurzes Resümee der phylogenetisch-evolutiven Sicht Edgar Morins (1973) nach Mertens (1995, 111f.):

> „Vor und bei seiner Heraufkunft als *homo sapiens* vor etwa 80 000 Jahren ist der Mensch bereits socius, faber und loquens, gesellschaftliches, technisches und sprechendes Wesen. Die Neuheit, die er der Menschheit beschert, ist die Totenbestattung und die Malerei. In diesen scheinbaren Epiphänomenen gelangt jedoch das zum Durchbruch, was den Menschen im eigentlichen Sinne zum Menschen macht, das Bewußtsein, als Individuum zu existieren und zu sterben, die Selbstreflexion. Eben dieses Existential menschlichen Daseins setzt nun mit einem Mal spezifisch menschliche Vermögen frei: ein Bewußtsein der Zeit, die Trennung zwischen Subjekt und Objekt, eine erstarkte Sensibilität für die eigene Individualität ebenso wie ein hohes Maß an intersubjektiver affektiver Bindung, insgesamt das Erwachen des geistigen Lebens, die Erfahrung des Ausgeliefertseins und die Suche nach Daseins- und Sinnorientierung und schließlich die ästhetische Freude an Form, Farbe und Klang. Dementsprechend etabliert sich in Ästhetik, Mythos, Ritus und Magie eine eigene geistige Symbolwelt, eine noologische Sphäre von Vorstellungen und Ideen, eine Beziehung zum Imaginären, welche die Welt der Natur und der Objekte im Lichte einer zweiten, subjektgetragenen Wirklichkeit in eine existenziell bedeutsame Sinnwelt verwandelt. Im Horizont dieser Sinngebung werden jetzt alle Fertigkeiten, technischen Hervorbringungen und Praktiken, alle Antriebskräfte und Betätigungen bis in den elementarbiologischen Bereich hinein mit Normen, Werten, Symbolen, Mythen und Riten verknüpft. Hatte die sozio-kulturelle Evolution auf die Menschwerdung des Menschen hin fast all ihre Kräfte auf eine außerordentliche Steigerung der Mittel der Lebenssicherung und Daseinsfristung konzentriert, so zielt sie nun auf der Basis des Erreichten und von diesem gleichsam emanzipiert mit der Geburt des Menschen in einem weiteren evolutiven Schub auf eine im Horizont von Sinnentwurf und Daseinsorientierung erschlossene Menschenwelt ab“.

Im Lichte der Plessnerschen Strukturformel von der Exzentrizität besagt dies dann, daß der Mensch, will er sich selbst in der Welt zurechtfinden, über den lebenssichernden Wirklichkeitsbezug der Daseinsfristung hinaus einer *geistigen Symbolwelt* der *Orientierung* bedarf, sei es in Form sinnlich-ästhetischen, sittlichen oder religiös-kontemplativen Wirklichkeitsumganges. Offenkundig reicht der Maßstab biologischer Zweckmäßigkeit nicht aus, um das Sinnhafte menschlichen Denkens und Handelns, um einen das instrumentelle Agieren übersteigenden, umfassend kulturellen Selbst- und Weltbezug des Menschen anthropologisch plausibel zu machen und auszuloten (vgl. Habermas 1973, 101f.).

So ist es Plessner mit der Formel der Exzentrizität in der Tat gelungen, ein rein anthropo-*biologisches* Erklärungsmuster zu überschreiben und den *ontologischen* Ursprung geistbestimmter Existenzmöglichkeiten und kulturellen Naturbezuges aufzudecken. Dafür nämlich, daß sich der Mensch im Handeln, Denken, Träumen eine Welt der „Künstlichkeit" entwirft, daß er mit künstlichen Mitteln arbeitende Tätigkeiten, daß er Techniken entwickelt, sich zu Gebräuchen und Sitten unwiderstehlich hingezogen fühlt, eine die Natur überlagernde Sphäre des Geistigen, der sinnlich-ästhetischen und religiösen Symbole konstituiert, für all dies bieten biologische Erfordernisse der Daseinsfristung eine zwar notwendige, aber nicht zureichende Begründung. Es ist vielmehr die „konstitutive Gleichgewichtslosigkeit" menschlicher Positionalität, welche eine ureigene sinnhafte, noologische Sphäre der Kultur notwendig macht. Denn das Stehen im Fluchtpunkt hinter dem eigenen Zentrum erfordert einen Daseinsmodus des *Selbstvollzuges*, der Realisierung der eigenen Existenz:

> „Der Mensch lebt nur, indem er sein Leben führt, eben weil er nur ist, wenn er vollzieht – braucht er ein Komplement nichtnatürlicher, nichtgewachsener Art. Darum ist er von Natur, aus Gründen seiner Existenzform künstlich" (ebd. 384 f.).

Außerhalb seiner selbst und außerhalb seines natürlichen Umfeldes, also „auf Nichts gestellt", muß der Mensch heraus aus der unerträglichen Exzentrizität seines Wesens und mit Hilfe einer selbstgeschaffenen Welt der Kultur die Herstellung des ihm ontisch versagten Gleichgewichts, die Verwurzelung seiner Existenz realisieren.

Kultur im Horizont von Geschichte wird somit Manifestationsfeld schöpferischer Ausdrucksleistung, geistiger *Expressivität.* Sie, die „*Ausdrücklichkeit*" aller menschlichen Lebensäußerungen, das Bedürfnis zu sprachlicher Mitteilung und zur Gestaltung wie zur Darstellung im weitesten Sinne, die Notwendigkeit des Ausdrückens überhaupt, ist Grundzug einer Lebensform, die jeweils nur in sinnhaftem Selbstvollzug ins Gleichgewicht gelangt. Expressivität ist, menschlichem Schaffensdrang gleich, ursprünglich und verbindet sich mit ihm in kultureller Produktivität. Dem vermag die naturalistische Verkürzung des Geistes auf das unmittelbar Lebensdienliche nicht gerecht zu werden.

> Als Wesen des Selbstvollzuges und der Expressivität sieht sich der Mensch über alle Probleme der Daseinsfristung hinaus genötigt, sich im umfassenden Entwurf einer existentiell bedeutsamen *Sinnwelt* jeweils den Horizont der *Daseinsorientierung* zu erschließen, innerhalb dessen er zu sich selbst kommt und der ihm Heimat bietet (Plessner GS IV, 384. 392).

(3) Folgerung 2: gegen idealistisch-rationalistische Überhöhung

Und was die idealistisch-rationalistische Überhöhung des Menschen betrifft, so hebt die Plessnersche Formel der Exzentrizität demgegenüber auf die bleibend *dialektische* Struktur der Conditio humana ab. Zwar bestimmt die doppelte Rückbezüglichkeit des Menschen, sein Stehen im Fluchtpunkt hinter dem eigenen Zentrum, alle Zonen seines Seins, angefangen von den intellektuellen bis hin zu den vegetativen gleichermaßen; diese Zonen sind denn auch gänzlich anderer Art als die des Tieres. Dennoch aber wird hierdurch die naturhafte Daseinsbestimmtheit des Menschen nicht aufgehoben. Der Mensch ist kein engelgleiches Vernunftwesen. Er hat einen Körper, ist sich gegenständlich gegeben und sieht sich zugleich genötigt, Leib zu sein, zwischen Draußen und Drinnen zu vermitteln (Habermas 1973, 98). – Um sich seine Welt aufzubauen, bedarf er weit mehr als einer Betätigung der theoretischen Verstandesfunktion, nämlich des Zusammenspiels von Hand, Auge, Tastsinn und Sprache. In der Leibhaftigkeit eines geführten Körperdaseins schließlich begegnet er dem Mitmenschen, erfährt und lebt er seine Soziabilität.

Mißversteht man die durchgängige Rückbezüglichkeit menschlichen Seins, seine Reflexivität als das den Menschen Auszeichnende nicht rationalistisch, dann bedürfen alle menschlichen Regionen und Zonen, die leibnahen ebenso wie die seelischen und geistigen, auf je unterschiedliche Weise einer Gestaltung und Selbstformung. Und wenn schon Bildung neben dem Allgemeinen des Menschlichen stets auch die „Totalität" des Menschseins im Individuum zum Ausdruck bringen sollte, dann müßte die gegenwärtige Bildungstheorie nach ihrer rationalistischen Engführung im Zuge der Aufklärung neben der Akzentuierung der theoretischen Funktion des wissenschaftlichen Verstandesdenkens zentral wieder auf jene „zweite Komponente der geistigen Aktivität", das *ästhetische Vermögen* des Menschen abheben (vgl. Portmann 1973; Mertens 1995, 259-273; Mollenhauer 1990, u. 1996). Hiermit gemeint ist die geistige Verlebendigung und Durchformung der sinnlichen Wahrnehmung, und zwar auf der Basis eines Erlebens, dem sich dann eine primäre Welt der „Qualitäten", des Wert- und Sinnvollen, der „Bilder" und „Wahrheiten" auftut, welche die Grundlage bilden für alles humane Bewerten und Verhalten (vgl. Portmann 192 f., 197). Die eingehende Untersuchung auch einer Bildung der leiblichen Funktionen hat ebenfalls hier ihren anthropologischen Ort.

Diese beiden grundsätzlichen bildungstheoretischen Konsequenzen aus der Plessnerschen Anthropologie machen nun hinsichtlich der Reichweite und des Gewichtes des bioanthropologischen Argumentes folgendes deutlich: der Gedanke der Bildsamkeit ebenso wie jener der Selbst-Aufgegebenheit des Menschen zur Bildung, d. h. die zentralen Begriffe der Bildungstheorie werden aus naturanthropologischer Perspektive nicht nur im Menschsein formal verankert und verständlich gemacht, sondern sie erhalten überdies eine erste grundlegende *material-inhaltliche Konturierung*.

> Naturanthropologie kann einer Bildungstheorie zwar keine letzten Begründungen anbieten – dazu bedarf es einer normativen Ethik –, wohl aber kann sie mit ihrer Sicht des Menschen, was Ganzheitlichkeit und Strukturierung betrifft, als Folie fungieren, der eine jede Bildungstheorie und Bildungsvorstellung zugepaßt werden muß. Insofern kommt ihr gleichsam eine bleibende „Wächterfunktion" zu.

3. Der Beitrag der Kulturanthropologie

Jedoch bleibt all dies noch weitgehend im Grundsätzlichen befangen, sofern die Strukturierung von Existenz- und Verhaltensmöglichkeiten lediglich die Bandbreite anzugeben vermag, innerhalb derer Bildung sinnvoll zu denken und möglich ist.

Muß sich aber der Mensch zu dem, was er schon ist, vollends erst noch machen und als Individuum seine ureigene Form der Humanität als Bildung erst finden, so kann pädagogisch-anthropologische Reflexion bei der Herausarbeitung solch naturanthropologischer Grundstrukturen nicht stehenbleiben. Vielmehr stellt sich hier auch positiv die Frage nach den *geschichtlich-konkreten* Weisen bildender Selbstgestaltung und Entfaltung im Medium von Kultur, die Frage also, nochmals mit Kant gesagt, was denn der Mensch als „frei handelndes" Wesen „aus sich selber macht oder machen kann und soll". Anthropologie wird damit unter Einschluß der einschlägigen Human- und Sozialwissenschaften (= Kulturwissenschaften) zur *Kulturanthropologie*.
Unter dieser Fragestellung erforscht sie jetzt mit Blick auf die Vielfalt kultureller Ausdrucksgestalten die *bildende Kraft kultureller Lebensformen*, Determinanten also und zugleich Chancen für reflexiv gelebtes Menschsein.

3.1 Grundsätzliches zum Ansatz

Die kulturanthropologische Thematik legt es denn auch nahe, eine *humanökologische Sichtweise* einzunehmen[3]. Diese ist von der schlichten Einsicht getragen, daß die Selbstformung von Individuen nicht *an sich*, sondern stets nur in spezifischen, sozio-kulturell bestimmten Umwelten denkbar ist, im Rahmen *symbolisch vermittelter Interaktion* im Raum von Geschichte.

Oder existenzphilosophisch gewendet: es gehört „konstitutiv" zur menschlichen Existenz, daß sie als „In-der-Welt-Sein" (Heidegger) bzw. „In-Situation-Sein" (Sartre) bestimmt ist und „Selbstsein" sich folglich nur in der individuell und gesellschaftlich bedingten Konkretion der Lebenswelt und nicht außerhalb ihrer realisieren kann" (Fahrenbach 1973, 902).

Im Sinne solch humanökologischer Betrachtungsweise vollzieht sich Bildung immer nur in situativen menschlichen Lebenskontexten, wo interagierende Individuen als Teile eines überindividuellen Hand-

[3] vgl. hierzu den eigenen Beitrag in diesem Band

lungszusammenhanges in stetigem Austausch über Bedeutungs-, Wert- und Sinnmuster befinden, deren Gesamtheit (einschließlich der physisch-materiellen Gegebenheiten) sich zu *Alltagswelten* verdichtet, die ihrerseits eingelagert sind in übergreifende geschichtliche Zusammenhänge. Das Bemühen um die *kritisch-produktive Aneignung* solch situativer Lebenskontexte macht den *Bildungsprozeß* aus, ihr Verstehen und Ausloten, verbunden mit Förderungsabsicht, ist Sache der Erziehungswissenschaft; Kulturanthropologie wird zur argumentativen Plattform für einen diesbezüglich koordinierten pädagogischen Diskurs.

Nun läßt sich freilich nicht übersehen, daß die anstehende kulturelle Vielfalt wissenschaftlich erhebliche Schwierigkeiten bereitet. Schließlich gibt es nachgerade unendlich vielfältige Arten, Mensch zu sein, als Individuum sich selbst und Welt zu begreifen. Eher verstärkt wird dies noch durch das in den westlich geprägten Großgesellschaften der Gegenwart bestimmende offene Gesamtethos, das die *sittliche Freiheit des Subjekts* zum Prinzip auch des gesellschaftlichen Zusammenlebens macht. Denn obschon die Anerkennung der Freiheitsrechte jedes anderen auch gewisse Grenzsetzungen impliziert, tendiert dieses Ethos aufgrund seiner schier unerschöpflichen Fähigkeit zur Integration von Traditionen, Geschichten und gesellschaftlichen Binnenmoralen gleichwohl hin auf ein Höchstmaß an *pluralen Sinn- und Wertentwürfen* sowie an kulturellen Ausgestaltungen gelebten Menschseins (vgl. Kluxen 1978, 522).

Will man hier Komplexität reduzieren, so scheint es mir, nicht zuletzt auch in Anknüpfung an die Arbeiten von Urie Bronfenbrenner (1978; 1981), angeraten, der *humanökologischen Sichtweise* gemäß gleichsam *systemisch*[4] vorzugehen und zu untersuchen, in welcher Weise sich heranwachsende und erwachsene Individuen in reziproker Interaktion mit *jeweiligen* kontextuellen sozio-kulturellen Einfluß-

---

[4] Anders als in der (soziologischen) Systemtheorie etwa T. Parsons (1964) bzw. N. Luhmanns (1984) ist dieser Systembegriff an die *bio-ökologische* Denktradition angelehnt (vgl. E. P. Odum 1980, Bd. I) und thematisiert das Wechselspiel *Mensch/Umwelt(en)* in offenen Systemen. Gegenstand der Analyse sind denn auch nicht diesseits von Subjekten ablaufende Funktionszusammenhänge, sei es von Handlungen (Parsons), sei es von Kommunikation (Luhmann), sondern vielmehr, ganz nah an den Phänomenen orientiert, die reziproke Interaktion von realen Individuen (bzw. Gruppen von Individuen) in ihren jeweiligen sozio-kulturellen Milieus sowie in deren übergreifendem Zusammenhang.

größen befinden. So läßt sich dann das Leben dieser Individuen humanökologisch als ein Agieren in miteinander verschachtelten Systemzusammenhängen von unterschiedlicher Reichweite verstehen, wobei die jeweiligen systemischen Hauptbestandteile im Rekurs auf einschlägige empirische Befunde namhaft gemacht und in ihrem Zusammenspiel erfaßt werden können. Von *zentralem pädagogischem Interesse* sind zweifellos Systemgrößen im Nahbereich von Personen, wie sie sich aus Kleinstumwelten zu einer Anzahl durchaus überschaubarer kultureller Milieus verdichten und durch individuelle Verknüpfung, Aus- und Umgestaltung einen lebensgeschichtlichen Gesamtzusammenhang ergeben. Aber auch der Systemzusammenhang auf der Makroebene der Gesamtkultur bedarf aufgrund besonderer pädagogischer Relevanz der dezidierten Analyse, drückt er doch im Nahbereich der Person allem und jedem seinen Stempel auf (vgl. Oerter 1995, 89).

<u>Fazit:</u>
Humanökologisch betrachtet leben Individuen in ständiger aktiver Auseinandersetzung mit kulturellen Umwelten unterschiedlicher Reichweite, die mit ihren Sinn- und Wertmustern gleichsam einen Anforderungscharakter besitzen, sofern sie, in welcher Form auch immer, der persönlichen Durchdringung und Aneignung bedürfen.

Konsequenz:
Faßt man nun den Vorgang kritischer Aneignung als Prozeß der *Bildung* im Sinne der Erringung eines reflektierten Welt- und Selbstbezuges, so lassen sich zwischen Anforderung und Bewältigung situative Bildungsaufgaben ausmachen und formulieren.

Kulturanthropologie wäre damit in der Lage, über ein allgemeinstes Bildungsverständnis hinaus im Blick auf Personen, wie sie in systemisch aufsteigenden kulturellen Umwelten leben, material-inhaltlich zu umreißen, *was hier jeweils Bildung meint* bzw. *meinen und erfordern könnte,* wobei stets auch das Gelingen oder Mißlingen gelebten Menschseins auf dem Spiel steht. Kurz, Kulturanthropologie hätte einen unverzichtbaren Beitrag der Konkretisierung zu leisten, nämlich den, situativ-lebenskontextbezogene Bildungsaufgaben zu formulieren, ggf. auch Schicksale verhinderter Bildung aufzudecken und Anhaltspunkte für mögliche pädagogische Förderung und Begleitung zu gewinnen.

3.2 Spezifizierung 1: Bildungsaufgaben in der Lebensspanne

Diese Überlegungen verlieren nun den Eindruck der Blutleere, wenn sie im Rahmen einer *Pädagogik der Lebensspanne* konkret werden. Begreift man nämlich den tiefgreifenden Wandel in der ontogenetischen Entwicklung der Person, angefangen von der frühen Kindheit bis zum mittleren und späteren Erwachsenenalter, als einen Wechsel von unterschiedlichsten kulturellen Umwelten, dann erwachsen dem einzelnen dort *jeweils neue Bildungsaufgaben*, die es zu bewältigen, „Daseinsthematiken" (Thomae), die es zu verarbeiten gilt. Jeder Einschnitt, jeder neue Lebenskontext mit seinen neuen Problemen und Veränderungen – denken wir nur etwa an den Wechsel des Kleinkindes von der Familie in die neue Umwelt Schule und in die der Gleichaltrigengruppen, oder auch an den Eintritt ins Berufsleben, die Gründung einer Familie, bis hin zur gänzlich anders gelagerten Situation im höheren Alter –, jede damit verbundene Veränderung ist gleichsam eine Attacke auf das gewachsene Welt- und Selbstverständnis des Individuums.

Um sich auf dem neuen, fremden Territorium verstehen, bewegen und damit umgehen zu können, bedarf es jeweils neuer *reflexiver Vollzüge, Konstruktions- und Integrationsleistungen* seitens der agierenden Subjekte, insgesamt also je neuer *Orientierung*. Und dies bleibt auch im Erwachsenenalter ein Leben lang virulent, wenn es darum geht, eine nicht mehr tragfähige Welt für sich umzudefinieren bzw. das bisherige Selbstkonzept gegebenenfalls zu reorganisieren.

Es ist nun das besondere Verdienst von Robert J. Havighurst (1956), daß er als erster zu praktisch-pädagogischen Zwecken einen Katalog von derart einschneidenden *alterstypischen Lebensperioden* mit dazugehörigen *Bewältigungsanforderungen* aufgestellt hat, die in westlichen Gesellschaften als verbreitet oder im statistischen Sinne normal gelten, wobei seine systematische Anordnung die gesamte Lebensspanne umfaßt.

Soll eine noch genauere Justierung vorgenommen werden, dann bietet sich überdies eine Taxonomie von *Entwicklungsaufgaben* an, die nicht mehr nur ganze Altersperioden, sondern kürzere Zeitabschnitte punktueller Art von einschneidendem Charakter zu fassen sucht. Hier handelt es sich gleichsam um *„Meilensteine"* im Leben, die der einzelne auch jeweils antizipativ bereits durcharbeiten kann, wie beispielsweise die Vorbereitung auf den Eintritt in die Schule, das Berufsleben, die Heirat, die Geburt eines Kindes, die innere Einstellung auf den Ruhestand oder auch die Erwartung des Todes (vgl. Oerter 1995, 125).

> Nur in der produktiven Auseinandersetzung des Individuums mit diesen seinen in der Lebensspanne aufeinander folgenden kulturellen Lebensumwelten kommt es zunehmend zur Anreicherung und Ausformung der Selbst- und Weltkonstruktion, eben zur *Bildung der gereiften Persönlichkeit.*

Will man ferner noch in den Bereich unterhalb derartiger Normierungen vorstoßen, wie sie mit der ontogenetischen Entwicklung und den sozio-kulturellen Gegebenheiten nahezu regelhaft („normativ“) verbunden sind, so bietet das *Konzept der „Kritischen Lebensereignisse“* pädagogisch weiterführende Auskünfte an (vgl. Filipp 1990). Thematisiert werden hier nämlich *nicht-normative* Einschnitte im Lebenslauf einer Person wie Scheidung, Trennung, schwere Erkrankung, Operation, Tod eines nahestehenden Menschen, Arbeitslosigkeit, ökonomische Verluste etc. Kritische Lebensereignisse markieren sonach tiefgreifende situative Einschnitte im Leben eines Menschen, die sein bisheriges Selbstverständnis und seine Sicht vom Leben entscheidend verändern. Gewöhnlich verlangen sie deshalb auch eine Neuorientierung, die Suche nach neuem Sinn (Montada 1995, 68). Und sofern es gelingt, positive Konsequenzen in den Blick zu nehmen und Wertorientierungen neu zu erschließen, eröffnen sich dem Betroffenen in der Tat neue Perspektiven in Richtung auf ein tragfähiges Selbst- und Weltkonzept im Blick auf seine Zukunft. All dies wird aus humanökologischer Perspektive greifbar. Und es läßt sich lesen als eine Bildungsgeschichte von Individuen.

3.3 Spezifizierung 2: Zur makrosystemischen Signatur „modern – postmodern“

Rückt man nun darüber hinaus die Bildungsgeschichte der Individuen makrosystemisch in den übergreifenden sozio-kulturellen Systemzusammenhang, wie er gegenwärtig, in epochalem Ausmaß, mit der Signatur „modern – postmodern“ belegt wird, so erhalten die greifbar gewordenen „Umwelten“ in der Lebensgeschichte der Individuen nochmals eine eigene Einfärbung. Und es erweckt den Anschein, daß sich die *Bildungsanforderungen* an den einzelnen, was die Gewinnung eines reflektierten *Welt*verständnisses betrifft, damit weiterhin erheblich verschärfen. Es mag angesichts unterschiedlichster Denkformen, Sprachspiele und vermuteter Unvereinbarkeiten bisweilen doch nahezu hoffnungslos erscheinen, sich in der heutigen komplexen bis hyperkomplexen Welt zurechtzufinden. Hier hilft dann nurmehr ein Durchbuchstabieren im einzelnen, ein vorsichtig pendelndes *Sich-Bewegen zwischen* Teilaspekten und *heterogenen Sprachspielen*, die unverkrampfte Grenzüberschreitung und Kombinatorik im Blick auf gehaltvolle Traditionen auch „ungleichzeitiger" Art, so daß dabei der Modellcharakter wie die Durchlässigkeit der Modelle erfahrbar wird. Kurz, Leben in der „Postmoderne" erfordert ein originäres Denken der Verknüpfung, des Gleitens und der Vernetzung, soll sich für den einzelnen durch die Vielfalt der Verstehensmuster hindurch so etwas wie eine neuartige Sinnkomplexität von Wirklichkeit andeuten. Ein derartig *spannungsreiches Denken der Orientierung* erweist sich sonach aus kulturanthropologischer Sicht heute als eine *zentrale Bildungsaufgabe*.

Was hierbei nun die zweite Hauptkomponente von Bildung, das *Selbst*-Verständnis von Individuen angeht, so wird auch von daher eine neuartig strukturierte Bildungsaufgabe manifest. Denn zweifellos ist angesichts der angedeuteten epochal-kulturellen Lage davon auszugehen, daß gegenwärtig der einzelne als ein- und derselbe in unterschiedlichen bis einander widerstreitenden Umwelten zugleich sein Leben führen muß. Parzellierung von Lebenswelten, Heterogenität der Wertmuster, Brüche und Inkompatibilitäten – aufgrund dieser „postmodernen" Lebensverhältnisse hat es der einzelne mit einem Geflecht zahlloser, teilweise nur locker miteinander verknüpfter Teilstrukturen mit vielfältigen untereinander konkurrierenden oder gar einander widersprechenden Normen, Erwartungen und Interpretationen gelebten Menschseins zu tun. In diesem komplexen Netzwerk muß er sich auf vielfältige Weise persönlich zur Geltung bringen. Insofern ist das Individuum in einem lebenslangen Prozeß mit der Zusammensetzung des auf seine jeweilige persönliche Entwicklung zugeschnittenen gesellschaftlichen Puzzlespiels beschäftigt. Hier sieht es sich dann vor die Aufgabe gestellt, in Akten ständiger Balance sich selbst in den inhomogenen sozialen Prozeß einzubeziehen und sich dabei zugleich zu behaupten. Gelingt es dabei, divergierende Erwartungen und Interpretationen stellungnehmend in die eigene biographische Organisation zu integrieren, dann wird auf diese Weise das Selbst-Konzept erweitert, entfaltet und je neu etabliert.

Entsprechend müßte gegenwärtig denn auch die Konzeption von *Identitätsbildung* erheblich *dynamisiert* werden. Die Vorstellung von einer verfestigten, scharf konturierten, widerspruchsfreien *„autonomen“* Identität müßte abgelöst werden zugunsten der Konzeption einer *„mutuellen“* Identität (Oerter/Oerter 1993), die zwischen verschiedenartigen Umwelten zu jonglieren weiß, in keiner der gerade aktuellen Szenerien gänzlich aufgeht, wohl aber sich in ihnen darzustellen vermag; einer Konzeption von Identität also, die auch vermeintliche Unvereinbarkeiten in sich aufnimmt, sie dialektisch aufarbeitet und als Widersprüche auf einer höheren Komplexitätsstufe aufgehoben sein läßt.

Indessen wird auch in einer solchen Version von *„fließender“* Identitätsbildung nicht prinzipiell in Abrede gestellt, daß im Falle des Gelingens das Individuum die unterschiedlichen Teilgrößen im Entwurf eines biographischen Zusammenhanges zu einem dynamischen Ganzen verknüpft. Pädagogisch angeraten scheint in diesem Kontext vor allem eine neue *Beweglichkeit*, die vermehrt wieder die *Nahperspektive* eudaimonistisch-personnaher wie sozialer Orientierungen aufgreift. Auf der Grundlage von spielerischen Formen der Leiberfahrung, der Bewegung und der elementaren sinnlich-ästhetischen Begegnung müßten der individuelle und der soziale Nahraum von Alltagswelten und -kulturen „durchgearbeitet“ werden, mit dem Ziel der zunehmenden Herausbildung eines angereicherten Selbst im Sinn einer vielseitig gebildeten Persönlichkeit.

Fazit:
Die pädagogisch-anthropologische Frage ist gegenwärtig wieder neu entdeckt, ja, als unverzichtbar erkannt worden. Denn in alle unsere pädagogischen Einzelaussagen fließen, verdeckt oder offen, Ansichten über den Menschen als das Wesen der Erziehung und Bildung mit ein.

Indessen dürfen die ehemaligen Mängel, der Essentialismus, der Dogmatismus und die Ideologisierung seitens der pädagogisch-anthropologisch Forschung nicht wiederholt werden. Möglich ist dies nur auf dem Wege einer Verschränkung von *Natur-* und *Kulturanthropologie*.

Erstere thematisiert in strukturanalytischer Betrachtungsweise die anthropologische Verankerung des Gedankens der „Bildsamkeit“ des Menschen (seiner Lernfähigkeit und Plastizität) sowie den Gedanken seiner Selbst-Aufgegebenheit, wonach dem Menschen nur im Medium von Kultur Bildung zum gestalteten und geformten Dasein möglich ist.

Fragt Anthropologie aber danach, was der Mensch als frei handelndes Wesen aus sich machen kann und soll, so nimmt sie damit die Form der *Kulturanthropologie* an. In genuin-*pädagogischer* Absicht untersucht sie hier die *bildende Kraft konkreter kultureller Lebensformen.*

Leistbar ist dies nicht zuletzt im Rahmen *humanökologischer Sichtweise.* Danach leben Individuen in ständiger Auseinandersetzung mit kulturellen Umwelten unterschiedlicher Reichweite, die mit ihren Sinn- und Wertmustern einen Anforderungscharakter besitzen und insofern der persönlichen Durchdringung und Aneignung bedürfen. Entsprechend lassen sich hier je neue Bildungsaufgaben formulieren sowie pädagogische Maßnahmen zu ihrer Bewältigung konzipieren, und dies auf die gesamte Lebensspanne bezogen.

3. Auf dem Weg in die Postmoderne?

Pädagogische Anfragen und Perspektiven [1]

Gliederung:

[1] Als Aufsatz erschienen in: Vierteljahresschrift f. wiss. Päd., 67. Jg.,1 (1991), 23-44.

1. Äusseres Erscheinungsbild oder: „Das Tiefste am Menschen ist seine Kleidung“ [2]

Im Alltagsbereich begegnen wir auf Schritt und Tritt den facettenreichen Bewußtseins- und Verhaltensmustern, die seit einigen Jahren mit dem Etikett „postmodern“ versehen werden. Zur Illustration einige konkrete Hinweise, zunächst das äußere Erscheinungsbild betreffend. Fast fällt es uns schon nicht mehr auf, daß die Uniformität der Mode durchbrochen, ihr Diktat veraltet ist. Der Jugendliche mit den eingerissenen Jeans und den lässigen Turnschuhen trägt Weste und Krawatte, dazu eine smarte 50er-Jahre-Frisur. Er ist erfinderisch. Die *Kombination von scheinbar Disparatem* ist sein Bestreben. So ist er der gekonnte Darsteller auf der Bühne einer ausdifferenzierten Welt, die nicht mehr die einlinige Identifikation gestattet, sondern eine offene, oszillierende Identität verlangt. Angesagt ist der Künstler, der in tausenden Balanceakten auch mit den unterschiedlichsten Rollen zu jonglieren vermag, wobei er in keiner von ihnen ganz aufgeht. Kleidung erhält hier eine neue, bedeutsame Kommunikationsfunktion. Was da an modischen Accessoires, an heterogenen Stilformen scheinbar zufällig gemischt wird, ist in Wahrheit sorgfältig ausgewählt und zusammengestellt zu einem Festival der Selbstdarstellung, als ein Signal nach außen, das Identität erahnen läßt. Deshalb vor allem: unverwechselbar und originell muß es sein. Die Botschaft bin ich, sie liegt in meiner leibgebundenen Expressivität. Oder sollte sich hinter der „nach außen gestülpten Identitätskonstruktion“ nichts weiter verbergen? Das ironische Spiel stellt zur Schau und verbirgt zugleich. Von der Kleidung soll nicht mehr auf Lebensstil und sozialen Status geschlossen werden können: „Der Student mit der Punk-Frisur liefert eine Seminararbeit über Augustinus ab.“ (Schirlbauer 1990, 32) Das Spiel mit dem Schein nimmt den bekundeten Ernst sogleich zurück. Die Simulation schützt vor der platten Zuordnung, – Ich bin doch ein ganz anderer als der, den ihr in mir vermutet. Lustvolles Spiel mit Verschiedenartigem, expressive Darstellung von Disparatem wird zum Selbstgenuß und zum Stilmittel einer ästhe-

[2] So D. Baacke: „Das, was den Menschen ausmacht, liegt nicht ‚tief innen‘, in seiner Gesinnung, vielmehr: Das Tiefste am Menschen ist seine Kleidung.“ (Baacke 1985, 197)

tisch-sensiblen Individualität, die vor allem Authentizität für sich beansprucht.

Der postmoderne Jongleur wird indessen sein expressives Spiel nicht auf das äußere Erscheinungsbild beschränken wollen. Auch seine Stellungnahme zu Auffassungen, Problemen, Überzeugungen weist ein Oszillieren auf. Die Kommunikationsstruktur wird schillernd bis hin zur vermeintlichen Unverbindlichkeit. Es kommt zu einem eigenartigen Gleiten zwischen den Standpunkten, gerade auch solchen von unterschiedlicher, ja einander widersprechender Provenienz. Technisch-rationale und vorindustriell-mythische, konservative und gesellschaftskritisch-progressive, streng säkulare und mystisch-religiöse Aspekte ergeben ein vom Individuum lose geknüpftes Geflecht, zwischen dessen heterogenen Strängen hin- und hergependelt wird. Das Schlimmste wäre die Festlegung auf nur einen Aspekt, wäre der Dogmatismus. Einem etwaigen Hinweis auf Widersprüche und Unvereinbarkeiten folgt nur das „ich meine aber", „aus meiner Sicht". Man will dem lästigen Durchbuchstabieren ausweichen. *Man ist theoriemüde.* Eine Lösung, ein Vergleich ist doch nicht erreichbar. *Viele Standpunkte sind denkbar,* wenngleich unvereinbar. Die komplexe Wirklichkeit bleibt unüberschaubar und am wenigsten noch durch Theoriegebäude einzufangen. So reicht es dem Einzelnen, sich in einem aus individueller Erfahrung erwachsenen Konglomerat von Teilaspekten vorsichtig pendelnd bewegen zu können. Argumentativer Ernst wird deshalb mit ironischem Abwimmeln beantwortet. So etwa, wenn auf die Frage eines noch „modern" engagierten Sozialkundelehrers, warum er denn gerade diesen Politiker bevorzuge, der Abiturient antwortete, weil der „so gut grinsen kann, da muß ich immer lachen, so einer muß Stadtkanzler bleiben" (Baacke 1985, 200).

Ironische Distanz, Theoriemüdigkeit und Gleiten zwischen heterogenen Standpunkten, dies wird nun von einem weiteren Moment umgriffen: der *Gleichgültigkeit gegenüber dem Pathos engagierter Weltverbesserung.* Frank Olaf Radtke verdeutlicht dies anhand folgender Anekdote:

‚Nach einer nüchtern zwischen zwei Spitzenpolitikern im überfüllten Auditorium Maximum geführten Podiumsdiskussion, die der Rektor persönlich leitete und bei der es um die Friedensfrage ging, darum, wie die Sicherheit in Europa gewährleistet und eine Koexistenz der Systeme unterhalb der Schwelle atomarer Auseinandersetzungen erreicht werden könne, meldete sich, als die Diskussion für das Publikum eröffnet wurde und das in solchen Situationen übliche Schweigen über Gebühr andauerte, ein Student zu Wort. Wenn schon niemand eine Frage habe, so wolle er die Gelegenheit der Anwesenheit so vieler Menschen nutzen und bekanntgeben, er suche dringend einen gebrauchten Elektroherd" (Radtke 1985, 188).'

Die Anfrage des Studenten ist keineswegs zynisch gemeint, das wäre bereits zuviel. Sie bekundet schlichtweg postmodernes Desinteresse gegenüber Weltverbessungsabsichten. Dahinter mag sich, nicht zuletzt aufgrund von Enttäuschungserfahrungen, ein tiefsitzender Zweifel an der sozialtechnischen Machbarkeit der Welt verbergen. Übriggeblieben ist jedenfalls die Gleichgültigkeit gegenüber geplanten, weltumspannenden Fortschrittsstrategien, eine *Verweigerungshaltung gegenüber der Hoffnung auf emanzipativ-aufgeklärte Globalkonzepte* und gegenüber dem missionarischen Eifer ihrer Repräsentanten. Was zählt, ist der Nahbereich individuellen Interesses, eben der Elektroherd, den man dringend benötigt. *Die utopischen Energien sind „erschöpft"*, so Jürgen Habermas (vgl. Habermas 1985, 139ff).

Zeichnen sich mit diesen Hinweisen aus dem Alltag bereits erste Konturen jener allenthalben wirksamen geistig-kulturellen Strömung ab, die mittlerweile zur Grundverfassung unserer gegenwärtigen Kultur avanciert ist, so soll im folgenden versucht werden, das diffuse Phänomen der „Postmoderne" begrifflich näher zu fassen und zu strukturieren (I), neue Problemstellungen für die pädagogische Theorie und Praxis zu umreißen (II) und die Richtung für denkbare Lösungsansätze aufzuzeigen (III).

2. Zum Begriff – eine „neue Unübersichtlichkeit"?

Versucht man, das Bedeutungsfeld des Wortes „postmodern" zu markieren, so bietet sich noch am ehesten eine entstehungsgeschichtliche Annäherung an[3], wenngleich auch sie zwangsläufig collageartige Züge aufweist.

---

[3] Zu dieser genealogischen Analyse, insbesondere in Bezug auf Amerika, vgl. die ausgezeichnete Übersicht bei Huyssen 1986, 13ff.

2.1 Amerikanische Postmoderne – Bezugspunkt klassische Hochmoderne

Eigentlich virulent wurde die Bezeichnung „Postmoderne“ erst im *Amerika der endfünfziger und sechziger Jahre,* wo sie eine breite Absetzbewegung gegenüber jener klassisch-kulturellen Moderne zum Ausdruck brachte, die im Nachkriegsamerika als quasi-gültiger Kunstkanon fungierte und hierin zugleich als die überlegene Kultur des Westens aufgefaßt wurde. Man rückte zu Felde gegen solche elitäre „Institution Kunst“, wie sie sich in Museen, Galerien, Konzertstücken und Theater als Ausdruck der Segnungen hoher Kunst darbot, und an die Stelle dieser „hohen Kunst“ setzte man Formen von „Happenings“ und Pop, psychedelischer Plakatkunst, Alternativ- und Straßentheater. Derartige Rebellion zielte, durchaus dem Geist der europäischen Avantgardebewegungen vergleichbar, immer auch auf das hegemoniale Selbstverständnis des kulturellen Establishments und seiner Legimation ab. Daneben nahm die Diskussion jedoch grundsätzlichere literaturkritische Züge an.

Das modernistische Dogma im Sinne des Anspruches, über die jeweils „forschrittlichere“, d. h. die zeitadäquate Sensibilität und Kultur zu verfügen, wurde generell in Frage gestellt.

In diesem Sinne richteten sich Kritiker wie Leslie Fiedler und Susan Sontag gegen die ausschließliche Orientierung am Maßstab der klassischen Moderne und ihrer absoluten Trennung von Kunst und Massenkultur (vgl. Welsch 1987a, 14ff).

In seinem inzwischen berühmt gewordenen Aufsatz „Überquert die Grenze – Schließt den Graben“, den er 1969 bezeichnenderweise im „Playboy“ veröffentlichte (Fiedler 1969, 252ff), fordert deshalb Fiedler für die Literatur die Durchlässigkeit von Elite- und Massenkultur. Schon in den ersten Sätzen heißt es dort:

„Fast alle heutigen Leser und Schriftsteller sind sich – und zwar effektiv seit 1955 – der Tatsache bewußt, daß wir den Todeskampf der literarischen Moderne und die Geburtswehen der Post-Moderne durchleben. Die Spezies Literatur, die die Bezeichnung ‚modern‘ für sich beansprucht hat (mit der Anmaßung, sie repräsentiere äußerste Fortgeschrittenheit in Sensibilität und Form, und über sie hinaus sei ‚Neuheit‘ nicht mehr möglich) und deren Siegeszug kurz vor dem Ersten Weltkrieg begann und kurz nach dem Zweiten endete, ist *tot*, das heißt sie gehört der Geschichte an, nicht der Wirklichkeit. Für den Roman bedeutet dies, daß das Zeitalter von Proust, Joyce und Mann vorüber ist, ebenso sind in der Lyrik T.S. Elliot ud Paul Valery passé." (Fiedler 1984, 673)

Dem streng normativen Druck der Hochmoderne mit ihrem Anspruch ausschließlicher Gültigkeit wird mithin das Ende angesagt und stattdessen einer *unverkrampften Grenzüberschreitung und Kombinatorik* das Wort geredet, von der man sich neue produktive Verbindungen von unterschiedlichen Motiven und Erzählhaltungen erhofft, die ebenso intellektuell und belehrend wie romantisch und populär sind: „Die Kluft zu schließen bedeutet auch, die Grenze zu überschreiten zwischen dem Wunderbaren und dem Wahrscheinlichen, dem Wirklichen und dem Mythischen, der bürgerlichen Welt mit Baudoir und Buchhaltung und dem Königreich, das man lange als das der Märchen zu bezeichnen pflegte, aber das schließlich in den Geruch der verrückten Phantasterei kam." (ebd., 691) Postmoderne Literatur solle sich also nicht scheuen, den Menschen der modernen Maschinenwelt und des Computers in transformierter Form in das Reich des Wunders und der Phantasie zu führen.

Auf diese Weise *gibt Literatur ihre Linearität auf zugunsten einer breitgestreuten Dissemination künstlerischer Verfahren,* die in einer eigenartigen Verknüpfung Erzählstränge aus einer hochtechnisierten Welt mit Bildern und Motiven aus der Vormoderne und aus schlechthin nicht-modernen Kulturen verbinden. Der postmoderne Schriftsteller wird so zum „Doppelagenten", „gleichermaßen zu Hause in der Welt der Technologie und im Reich des Wunders" (ebd., 696), in der Welt der Erotik und der Kriminalistik. Erinnert sei hier nur an *Umberto Ecos „Der Name der Rose"*, ein Musterbeispiel eines postmodernen Romans, in dem der Held, eine Art James Bond im Mönchsgewand, ins Mittelalter versetzt ist. Hier wird in der Tat in gekonnter wechselseitiger Einwirkung (Interferenz) heterogener Motive eine doppelbödige Kombination von Mittelalter und Gegenwart, von mystischer Ekstase und kriminalistischer Analytik, von Belehrung und Vergnügen erreicht. *Bei alldem ist nicht Nivellierung, sondern Mehrsprachigkeit das erstrebte Ziel.*

Von daher ist der Einschätzung durch Wolfgang Welsch beizupflichten, daß die amerikanische Literaturdebatte mit Fiedlers Aufruf zur Grenzüberschreitung bereits das Hauptkennzeichen postmodernen Denkens herausgearbeitet hatte, das sich in die Formel fassen läßt:

„Postmodernes liegt dort vor, wo ein grundsätzlicher Pluralismus von Sprachen, Modellen, Verfahrensweisen praktiziert wird, und zwar nicht bloß in verschiedenen Werken nebeneinander, sondern in ein und demselben Werk, also interferentiell.“ (Welsch 1987a, 17)

In diesem Sinne setzt sich die Postmoderne dann vor allem im *Bereich der Architektur* durch, über die sie durch die Amerikaner Charles Jencks und Robert Venturi sowie den Briten James Stirling auch in Europa vollends bekannt wird. Der Bezugspunkt ist auch hier wieder eine klassische Moderne, nämlich die funktionale, klar und geometrisch übersichtlich geordnete Bauhaus-Architektur. Auch deren Monopolanspruch wird in Frage gestellt und mit ihm jene „vornehme Nadelstreifensprache von Glas und Stahl“ (ebd., 19), die sich in einer Art internationaler Uniformierung von New York bis Tokio in abstrakten Konstrukten aus mathematischen Formeln und hochtechnisierter Materialverarbeitung weltweit artikuliert, gleichsam ein Ausdruck der transzendentalen Allgemeinheit des Vernunftsubjekts mit seinen universalistischen Prinzipien. Auch dem Verbindlichkeitsanspruch dieser überpartikularen, abstrakten Universalsprache wird das Ende angesagt.

So fordert als erster Charles Jencks auch für die Architektur die Mehrsprachigkeit, und zwar im Namen der sozialen Kommunikation, denn Architektur soll ansprechen. In der Einleitung zu seinem Buch „Die Sprache der postmodernen Architektur“ heißt es deshalb: „Der Fehler der modernen Architektur war, daß sie sich an eine Elite richtete. Die Postmoderne versucht, den Anspruch des Elitären zu überwinden, nicht durch Aufgabe desselben, sondern durch Erweiterung der Sprache der Architektur in verschiedene Richtungen – zum Bodenständigen, zur Überlieferung und zum kommerziellen Jargon der Straße.“ (Jencks 1980, 8) Soll also Architektur ansprechen und die Chance haben verstanden zu werden, dann muß sie in Gesellschaften mit so pluralen Ethosformen und Geschmackskulturen wie den unsrigen zwei oder mehrere Bedeutungscodes kombinieren, wie z.B. elitäre und populäre, traditionelle und moderne, internationale und regionale. Ein Musterbeispiel für derartige „Mehrfachcodierung“ wäre in Deutschland etwa der von Stirling entworfene Neubau der Stuttgarter Staatsgalerie, in dem die unterschiedlichsten Architektursprachen zu Wort kommen: traditionelle und moderne, konstruktivistische und darstellende, Museales und Hypertechnisches, moderne Sachlichkeit und Popkultur (vgl. Stirling 1984; zum Ganzen auch Welsch 1987a, 18ff). *„Mehrfachcodierung“ bzw. zumindest „Doppelcodierung“* ist danach das Kennzeichen postmoderner Architektur (vgl. Jencks 1980, 6ff).

In die gleiche Richtung zielt auch der Architekturtheoretiker Heinrich Klotz, der in der Postmoderne eine *Befreiung aus semantischer Enge* erblickt, sofern hier die Herrschaft des Funktionalismus beendet und der „abbildende und darstellende Charakter" der Architektur , das Bauwerk als „erdichteter Ort", als „künstlerische Fiktion" wieder zum Vorschein gebracht wird (vgl. Klotz 1984, 134f). „Das Resultat sind dann nicht länger nur Funktionsbehälter und Konstruktionswunder, sondern Darstellungen von symbolhaften Gehalten und bildnerischen Themen: ästhetische Fiktionen, die nicht abstrakt ‚reine Formen' bleiben, sondern gegenständlich in Erscheinung treten" (ebd., 17). Also auch hier Mehrsprachigkeit als Charkteristikum, diesmal jedoch im Namen sinnhafter Bedeutungsvielfalt.

Der postmoderne Pluralismus dringt des weiteren über *Musik* und *Tanz, Plastik* und *Malerei*, aber auch über *Religiositätsformen* und *Weltdeutungsmuster* (New Age) bis hin zur *Mode* in ganzer Breite in Kultur und Leben ein und kristallisiert sich gleichsam zur kulturellen Signatur der Gegenwart heraus, ein Ausdruck unseres Zeitalters des Flugverkehrs und der Telekommunikation, in dem

> „Heterogenes, so abstandslos (wird), daß es allenthalben aufeindertrifft und die Gleichzeitigkeit des Ungleichzeitigen zur neuen universellen Natur wird" (Welsch 1987b, 116).

Indessen läßt sich nicht übersehen, daß solch *postmoderne Mehrsprachigkeit ständig Gefahr läuft, in Beliebigkeit umzuschlagen.* So zeigt sich in Versuchen postmoderner Architektur immer wieder die Tendenz zu Nivellierung, zu oberflächlichem Eklektizismus, zu bloßer Anhäufung historischer Zitate und zu Kulissenarchitektur. Das gleiche ließe sich nicht minder im Blick auf die Lebensstile zahlreicher neuer Bewegungen und Jugendreligionen wie auch auf die sich ebenso mystisch wie wissenschaftlich gebende Verstehensmixtur der New-Age-Bewegung feststellen (vgl. Türk 1988, 150ff). Hier handelt es sich augenscheinlich *nicht* um eine *veritable Postmoderne,* sondern um deren Billigformen nach Art eines Tohuwabohu. Nicht zuletzt auch einige mißlungene Werke in der Architektur machen ja deutlich, daß die Forderung nach Mehrsprachigkeit durch den Einsatz von Wortfetzen und historischen Versatzstücken gerade nicht eingelöst wird. Kriterium kann hier nur die gekonnte Darstellung spezifischer Sprachen und eine stimmige Kombinatorik sein, die mit Hilfe spannungsreicher Wechselwirkung exquisite Interferenzen und Doppelbödigkeiten erzeugt und damit Sinnkomplexität andeutet.

Meint mithin „Postmoderne“ gerade *nicht* ein *„Anything goes“*, so ist schließlich noch ein weiterer Vorwurf zu entkräften, nämlich der Verdacht, Postmoderne verstehe sich als *Anti-Moderne*, die sich samt und sonders gegen die Moderne richte. Daß dem *nicht* so ist, wird bereits anhand des Prinzips der Mehrsprachigkeit und des Pluralismus manifest, demzufolge sich die Postmoderne zur offenen Vielfalt der Modelle bekennt, die ebenso transformierte traditionelle wie „moderne“ Codes umfaßt. Mit dieser Offenheit aber läßt sie gerade den für den Modernismus charakteristischen Stil der Überholung hinter sich, der alles Klassische, Historische und Traditionelle hinwegfegt. Stattdessen votiert sie für einen moderaten Neuanfang.

> Wogegen sie sich also wendet, ist der Typ jener universalistischen Ideologie der internationalen Moderne, die modernistisch „das Novum zum Inbegriff des Seins“ erklärte (Welsch 1987b, 122) und in dogmatischem Absolutismus nur dieses allein für kulturell geboten und gültig hielt. Demgegenüber besagt „Postmoderne“, daß für die Jetztzeit eine Überschreitung der Kultur angezeigt ist, und zwar in die Breite des kulturell erfahrbaren Lebens der Menschen und die Tiefe ihrer geschichtlichen Traditionen hinein. Entsprechend sucht sie nach der Vermittlung von Kunst und Lebenswelt einerseits und nach der semantischen Pluralität ungleichzeitiger und heterogener Sinngehalte andererseits.

2.2 Französischer Neostrukturalismus – Bezugspunkt „Ästhetische Moderne“

Ganz anders stellt sich jedoch die Situation in Frankreich dar. Hier ist der Bezugspunkt nicht, wie in Amerika, eine klassisch gewordene internationale Hochmoderne, die als normativer Regelkanon verbindlich festlegt, was als kulturell gültig anzusehen ist und wovon sich dann „postmodernes“ Denken bewußt absetzt. Vielmehr meint „modernité“ als idealtypischer Begriff dort das, was im angelsächsischen Raum „modernism“ heißt und was Literaturwissenschaftler als die *„ästhetische Moderne“* bezeichnen, also ein mit Nietzsche und Mallarmé einsetzendes Phänomen *ästhetischer Kritik,* dessen energetisches Potential sich einer bewußt vorangetriebenen Zersetzung herkömmlicher Denk-, Schreib- und Repräsentationsweisen verdankt (vgl. Huyssen 1986, 27f).

Seit ihren Anfängen im Nihilismus Nietzsches richtet sich diese ästhetische Moderne zentral *gegen* das politisch-gesellschaftliche, das technisch-ökonomische und das wissenschaftliche „Modernisierungs"-Programm der neuzeitlichen „Moderne" und ihres Vernunft- und Fortschrittglaubens. Gemeint ist damit ein Programm, das in der gegenwärtigen Diskussion insbesondere Jürgen Habermas unter Berufung auf die Traditionen der Aufklärung als das *„Projekt der Moderne"* vehement verteidigt (vgl. Habermas 1981, 444ff; ders. 1983, 752ff; ders. 1985, 139ff). Es ist jenes gesellschaftliche Humanisierungs- und Emanzipationsprojekt, welches sich an einer fortschreitend aufgeklärten Ordnung der Welt kraft Vernunft orientiert und damit ein von naturalen gesellschaftlichen Zwängen befreites Subjekt anstrebt. Gegen diese Vorstellung und dieses Vorhaben einer „bürgerlichen" Gesellschaft und Philosophie waren die künstlerischen Bewegungen des Modernismus, des l´art pour l´art und der Avantgarde mit beißender Kritik, mit Demaskierung und Zersetzung von allem zu Felde gerückt.

Ihre Angriffspunkte waren die Vernunft, das Subjekt und seine vermeintliche Autonomie, der Realismus, die Repräsentation (von Wirklichkeit), der Sinn sowie die vermutete Gleichschaltung durch den Staat.

Dieser nihilistisch-ästhetizistische Strang der Moderne verschlang nun mit dem Pathos einer nie endenden Überbietung Traditionen über Traditionen. Allerdings wurde hierbei meist übersehen, daß dieser Ästhetizismus eine dezidierte Gegenkultur darstellte, die sich in Wahrheit aus jenem aufklärerischen Modernisierungsdenken mit seinem allzu naiven Rationalitäts- und Fortschrittsglauben sowie aus den sich hieran anschließenden Geschichtsphilosophien (Hegel/ Marx) speiste (vgl. Huyssen 1986, 31 ff.).

Der *Neostrukturalismus* ist nun bezeichnenderweise gerade keine „postmoderne" Absetzbewegung von dieser Tradition der ästhetischen Moderne, sondern ganz im Gegenteil setzt er diese, vermittelt durch eine selektive Lektüre Nietzsches, zugespitzt und radikalisiert fort, jetzt allerdings mit neuen Mitteln, nämlich auf der Grundlage einer quasi-metaphysischen Theorie von Textualität.

Hier schlägt der *„linguistic turn"* durch, wonach es außerhalb des Textes nichts gibt und das Leben des sprachlichen Sinns auf das anonyme Leben sprachlicher Codes reduziert oder auf ein unkontrollierbares Spiel von Differenzen zurückgeführt wird (vgl. Wellmer 1985, 81).

Mit Andreas Huyssen gesprochen bietet uns dieser Poststrukturalismus einen Modernismus „spielerischer Transgressionen", einen Modernismus, „der sich legitimiert in seiner rigoros ironischen Ablehnung von Repräsentation und Realität, von Subjektivität und Geschichte, einen Modernismus, der sich recht dogmatisch gibt in seiner Verurteilung von ‚presence' und dem damit einhergehenden Loblied auf Abwesenheiten und Entropien jeglicher Art, die ... nicht Angst, sondern ‚jouissance', ekstatisches Glück, hervorbringen" (Huyssen 1986, 34).

Worin liegen dann aber die „*post*modernen" Momente dieses Neostrukturalismus? Sicher nicht in seinem Affront gegen die gesellschaftliche Moderne Habermas´scher Prägung, wie dies Kristeva und Lyotard verstehen, übrigens die einzigen Neostrukturalisten, die den Begriff „Postmoderne" für sich reklamieren (vgl. Lyotard 1986; ders. 1988, 193ff; Kristeva 1980, 136ff). Denn dieser Affront bleibt weiterhin dem altbekannten Alternativpaar ästhetische Moderne versus gesellschaftliche Moderne verhaftet. Die modernistisch-angespannte Fortschritts- und Überholungsmentalität ist hier nach wie vor nicht zur Ruhe gekommen. „*Post*modernes" könnte man eher darin erblicken, daß der Neostrukturalismus eine Wiederkehr des Modernismus im Gewand einer ihn nachträglich reflektierenden und weiterführenden philosophischen Theorie darstellt, einer Theorie, die sich seiner Grenzen bewußt ist und die ohne Visionen, ohne politische Utopien und Weltverbesserungsabsichten konzipiert ist[4]. Ferner mutet es postmodern an, daß hier die modernistische Angst und Melancholie abgelöst ist durch die fröhliche Wissenschaft der „Lust am Text" (vgl. Barthes 1974), am Spiel, am schönen Schein, am ästhetischen Experiment.

Über eine Gewichtung läßt sich bekanntlich streiten.

Aber dennoch, der Neostrukturalismus scheint dem Modernismus näherzustehen als der Postmoderne.

Sowohl die vorgeführten Theorieväter (Nietzsche, Heidegger, Freud und Adorno, Mallarmé und Flaubert, Proust und Bataille), allesamt

4 Ähnlich spricht auch Jürgen Oelkers von „Wiederkehr", nur daß er die ästhetische „Moderne" bereits mit dem Begriff „Postmoderne" belegt (vgl. Oelkers 1987, 21ff)

klassische Modernisten, als auch die gemeinsamen Feindbilder (Realisation und Repräsentation, Kommunikation und Massenkultur, Autor, Werk und Subjektivität, System und Gleichschaltung) machen deutlich, daß hier eben eine Theorie der ästhetischen Moderne, nicht aber eine Theorie der Postmoderne geschrieben wird. Eine vorschnelle Gleichsetzung mit der Postmoderne, wie sie in den USA erfolgte, ist deshalb äußerst fragwürdig. Man arbeitet sich weiterhin an der „modernité“ bzw. am Modernismus ab. Das Tor zur „Post-Moderne“ ist noch nicht durchschritten. Eine andere Lesart würde dann auch das Habermas´sche Wort von der „Neuen Unübersichtlichkeit“ doch noch rechtfertigen und die Bezeichnung „Postmoderne“ zum beliebig austauschbaren Etikett abstempeln.

Ungeachtet dieser Einschätzung ist es erforderlich, unter der Leitfrage unseres Beitrages insbesondere auch auf die möglichen Auswirkungen des Neostrukturalismus auf die pädagogische Theorie und Praxis abzuheben. Denn auch hierzulande wird dieser weithin als die Philosophie der Postmoderne gehandelt. Und erste Rezeptionen innerhalb der Pädagogik weisen in die gleiche Richtung. Jedoch soll die Auseinandersetzung aus dem weiteren Verstehenshorizont jenes Denkens aufgenommen werden, das in unseren bisherigen Überlegungen mit der Bezeichnung „postmodern“ belegt wurde.

3. Zu den Auswirkungen des Neostrukturalismus auf die Pädagogik – die neue Nachdenklichkeit

3.1 Neostrukturalistische Vernunftkritik und aufgeklärter Bildungsgedanke

Doch zuvor noch eine kurze *Skizze zum Neostrukturalismus.* Seine recht unterschiedlichen Repräsentanten, die wie Derrida, Foucault, Deleuze, Baudrillard und, als der wohl prägnanteste philosophische Kopf unter ihnen, Jean-Francois Lyotard, allesamt einer linksorientierten und mittlerweile desillusionierten Pariser Intelligenz entstammen, kommen darin überein, den klassischen Strukturalismus Saussures mit seinem System-Modell der Sprache hinter sich zu lassen (vgl. Frank, M. 1984, 33ff). Als *Post*-Strukturalisten wenden sie sich entschieden gegen das strukturalistische Konzept von sprachlichen (und gesellschaftlichen) Systemen, gegen deren rationale Überschaubarkeit und Beherrschbarkeit, wobei ihr eigentliches Angriffsziel Gesellschaftsutopien und Totalitarismen jeder Couleur sind. Mit der System-Kritik auf engste verbunden ist ihre *Absage an eine einheitsstiftende, universelle Vernunft*. Rationalität im Sinne der Aufklärung wird jetzt als totalerklärende und machtausübende Instanz entlarvt, die von den Jakobinern über Hegel/Marx geradewegs in den sowjetischen Gulag führte (vgl. Huyssen 1986, 28; Türk 1988, 154) und so ihr eigentliches Gesicht enthüllte, nämlich Ausdruck des „Willens zur Macht" zu sein. Deshalb auch die Absage an den „Terror" der Theorie, an die Vorstellung möglicher Repräsentation von Wirklichkeit und Sinn, an die Idee der Wahrheit (vgl. Wellmer 1985, 52).

An die Stelle des universellen Singulars von totalisierender Vernunft und transparentem System tritt nun in dessen Umkehrung eine *extreme Pluralität*, nämlich die unverrechenbare *Diversität von Rationalitäsformen* und die irreduzible Mannigfaltigkeit und *Heterogenität von „Sprachspielen"*, letztere im Sinne des späten Wittgenstein als Lebens-, Wissens- und Handlungsformen begriffen (vgl. Wittgenstein 1969). Die Pluralität und Heterogenität wird indessen als starr und absolut gedacht, im Modus einer *strikten Inkommensurabität*. Zwischen den heterogenen „Diskursarten" und „Satzverwendungsregeln" gibt es also keinerlei Berührungspunkte, Entsprechungen oder Übergänge mehr. Und in Ermangelung einer verbindlichen Metasprache ist die agonale Regelvielfalt schlechterdings in keine Ordnung mehr zu bringen. Der „Widerstreit" (différend) ist vorprogrammiert (vgl. Lyotard 1987). Eine Parteinahme würde nur „Unrecht" (tort) zufügen. Aufgabe der Philosophie ist es deshalb, die Differenzen, die Sprünge und die Paralogien herauszuarbeiten (vgl. ders. 1986, 172), d.h. den „Widerstreit" zu „bezeugen". Verständigung, Versöhnung und Einheit wären demgegenüber Illusionen, die nur um den Preis des Terrors zu haben sind. Lyotard hierzu:

„Das 19. und das 20. Jahrhundert haben uns das ganze Ausmaß des Terrors erfahren lassen. Wir haben die Sehnsucht nach dem Ganzen und dem einen, nach der Versöhnung von Begriff und Sinnlichkeit, nach transparenter und kommunizierbarer Erfahrung teuer bezahlt. Hinter dem allgemeinen Verlangen nach Entspannung und Beruhigung vernehmen wir nur allzu deutlich das Raunen des Wunsches, den Terror ein weiteres Mal zu beginnen, das Phantasma der Umfassung der Wirklichkeit in die Tat umzusetzen. Die Antwort darauf lautet:

Krieg dem Ganzen, zeugen wir für das Nicht-Darstellbare, aktivieren wir die Widerstreite, retten wir die Ehre des Namens." (ders. 1988, 203)

Ist auf diese Weise die Einheit der Vernunft abgewiesen, so haben auch die „großen Erzählungen" von der Emanzipation der Menschheit (in der Aufklärung), von der Teleologie des Geistes (im Idealismus) und von der Hermeneutik des Sinns (im Historismus) „ihre Glaubwürdigkeit verloren" (ders. 1986, 112).

Und zugleich hiermit wird die Vorstellung von Geschichte als zeitlich-sinnhaftem Kontinuum gegenstandslos, werden Vergangenheit und Zukunft abgeschüttelt. Nach diesem „riesigen Prozeß des Sinnverlustes aber", der „zur Zerstörung aller Geschichten, Referenzen und Finalitäten" geführt hat, so dann Baudrillard, ist „Zukunft schon angenommen, ist alles schon angekommen", „ist nichts mehr zu erwarten" (Baudrillard 1983, 25; 103). Alle Gegensätze werden scheinbar, Realität und Simulakrum ununterscheidbar, die jeweilige punktuelle Gegenwart wird indifferent.

Es liegt auf der Hand, daß solche (post)modernistische Kritik die *Pädagogik bis ins Mark hinein treffen muß*. Und dies gilt nicht nur, wie häufig angenommen, für deren „moderne" Aufklärungstradition, sondern für die *abendländische Erziehungs- und Bildungsvorstellung* insgesamt. Denn seit dem in der griechischen Antike von den Sophisten über Sokrates und Plato überkommenen Paideia-Gedanken ist Pädagogik in Theorie und Praxis verbunden mit der Vorstellung von möglicher Humanität, nämlich dem Gutsein und der Bildung des Menschen als eines freien Polis-Bürgers, und zwar kraft einer inneren Formung seiner leib-seelisch-geistigen Funktionen durch vielseitigen Umgang mit sprachlich erschlossener Wirklichkeit. In der neuzeitlichen Moderne wird diese Vorstellung sowohl auf den Menschen als Menschen hin universalisiert als auch hinsichtlich der Autonomie des Subjekts pointiert. Erziehung als Praxis soll die Bedingungen bereitstellen für die Selbstformung des Menschen zu reflektiertem Selbst- und Weltbezug. Sie soll den Vorgang der Personwerdung und vielseitigen Welterschließung bzw. Weltbewältigung wachrufen, begleiten und fördern. Entsprechend soll Pädagogik als Theorie diesen edukativen Prozeß nachvollziehend wie vorausschauend reflektieren.

Was aber, wenn das Band zwischen Sprache und Wirklichkeit zerrissen ist und sich kein angebbarer Sinn mehr auftut; wenn das Allgemeine der Vernunft zerfallen, das Subjekt eine Chimäre und

Sittlichkeit eine Illusion ist; wenn die Erfahrung der Perspektivlosigkeit pädagogische Praxis fundamental blockiert?

Unter diesen Prämissen wäre die Aussagekraft pädagogischer Theorie schlechthin in Frage gestellt, (3.2) die Existenz eines Adressaten wie eines verbindlichen Ziels von Erziehung in Zweifel gezogen und (3.3) pädagogische Praxis nachgerade unmöglich geworden (3.4). Solch fundamentaler Infragestellung sieht sich das pädagogische Anliegen seitens des Poststrukturalismus in der Tat ausgesetzt.

3.2 Verunmöglichung pädagogischer Theorie

Es ist also durchaus folgerichtig, wenn Dieter Lenzen uns in Verbindung mit dem Rat, die „poststrukturalistischen Analyseergebnisse" ernstzunehmen, darüber aufklärt, daß „eine sinnvolle Beziehung von Zeichen", aus denen sich ja auch eine Erziehungstheorie konstituiere, auf eine Wirklichkeit „zunehmend unwahrscheinlich" geworden ist (Lenzen 1987, 41). (Post)modernistische Absage an „présence" und ihr Loblied der Abwesenheit (von Realität und Sinn) lassen grüßen. Pädagogisch gewendet besagt dies, die Unterstellung einer Referenz pädagogischer Theorie auf eine wie auch immer geartete Erziehungswirklichkeit oder erzieherische Praxis ist ein Trugschluß. Dieser gründet in der „Metapher" von der „Lesbarkeit der Welt", wie sie in der deutschen Aufklärung insbesondere bei Kant ihren entscheidenden Ausgangspunkt nimmt (vgl. ebd., 74f). Solche „Buchmetapher" aber steht für das merkwürdige Phänomen, daß sich das Geschriebene (die Theorie) an die Stelle der Wirklichkeit (Erfahrung) schob und in einem Prozeß zunehmender Verselbständigung die Realität auf Ideen reduzierte. Die endlose Rezeption dieser Ideen durch die pädagogische Theorie der Folgezeit sollte letztlich nur die Abwesenheit von Realität verschleiern (vgl. ebd., 47ff).

Nun hat aber das naive aufklärerische Konzept des Realen im Kontext poststrukturalistischer Analyse eine tiefgreifende Erschütterung erfahren: „Die Zeichen haben begonnen, nicht mehr nur die Abwesenheit des Realen zu bezeichnen, sondern sie verweisen auf keine Realität mehr, sie sind ihre eigenen Simulakra geworden, sie simulieren eine Wirklichkeit." (ebd., 50). *Die Wirklichkeit wird also durch Zeichen ersetzt*, ja sie wird, verschärft vor allem noch durch die technischen Medien, geradezu produziert. So kommt es zur gigantischen Verflüssigung von Wirklichkeit, zur „ästhetischen Halluzination der

Realität", eben zur (technisch erzeugten) „Hyperrealität"[5]. *Entsprechend bringt auch die pädagogische Theorie nur mehr „Trugbilder" und „Phantasmagorien" hervor*, deren weitere „Produktion" nur Spott verdiene (vgl. Lenzen 1987, 52; 42).

> Was ist aber zu tun, wenn Realitätsbezug und sinnstiftende Funktion der Theorie zerstört sind, wenn „für den Sinn keine Hoffnung mehr (ist)"? (ebd., 54) Dann, so Lenzen im Anschluß an Lyotard, gilt es, die Theorie mit Hilfe von „Pseudotheorien", von „Theorie-Fiktionen" zu zerstören und „den Modus der Argumentation", der auf Wahrheit abhebt, „durch den der Kreativität zu ersetzen" (ebd., 54f; vgl. auch Lyotard 1979, 92f).

Hier bleibt nur die Alternative, entweder die pädagogische Theorie in eine „Kunstform" zu verwandeln, die lediglich auf ein „Denkbares" anspielt" das nicht dargestellt werden kann" (Lenzen 1987, 55). Oder aber man plädiert wie Lenzen, um dem Nihilismus zu entgehen, für eine Erneuerung des Mythos und die *Transformation der Pädagogik in „eine große Mythologie der Erziehung"* (ebd., 58). Über das Resultat kann man sich in Lenzens Abhandlungen über „Die Mythologie der Kindheit" (Lenzen 1985) ein eigenes Urteil bilden.

3.3 Infragestellung von Adressat und verbindlichem Ziel der Erziehung

Ebenso wie aus poststrukturalistischer Sicht die Wissenschaft und mit ihr die pädagogische Theorie ihre Autorität verspielt hat und die Allgemeinheit der Vernunft in inkommensurable Rationalitätsformen zerfiel, so liegt dem zugrunde *das agonale Nebeneinander der Sprachspiele und Diskursarten wie auch der Zerfall von Kommunikation und möglicher Verständigung*. „Ein Denken unter Bedingungen irreduzibel disseminaler Verständigungsverhältnisse", dies ist die (Post)moderne Lyotardscher Provenienz (Frank, M. 1988, 35). Dem muß dann auch wie bereits im Strukturalismus der Gedanke eines mit sich identischen und weltkonstitutiven Subjekts zum Opfer fallen, sofern jetzt das Selbstbewußtsein als ein Sonderfall jener zusammenhanglos ausgestreuten Strukturen (ohne bleibende Gegenwart) erscheint (vgl. ders. 1984, 109; 307). Das vermeintlich bewußte Sub-

[5] So Lenzen im Anschluß an Baudrillard 1978, 11

jekt ist also in Wahrheit nur jeweiliges Produkt des unkontrollierbaren Spiels sprachlicher Differenzen und als solches Ergebnis einer fiktiven (imaginären) Selbstreflexion. Wurde auf diese Weise das Subjekt in den Maschen des strukturalen Netzes stranguliert, so ist „diese Fluchtburg eines rückständigen Denkens" auch aus der Philosophie zu vertreiben, damit „ein gänzlich anonymes Denken (wie es das der Mythologie war) ... wieder möglich sein wird" (ders., 245).

Diese poststrukturalistische Linie – Zerfall der Rationalität, der Kommunikation, der Subjektivität – hat in dieser Schärfe in die Pädagogik noch keinen Eingang gefunden. Gleichwohl läßt das Aufgreifen einzelner dieser poststrukturalistischen Komponenten vermuten, daß in Zukunft auch die pädagogische Theorie ungeachtet ihrer jetzt noch gezeigten Scheu von der Radikalität der Konsequenzen noch eingeholt wird.

Damit sind vor allem *zwei neuralgische Punkte* angesprochen.

Erstens: Hebt man wie in der skeptisch-transzendentalkritischen Pädagogik mit zunehmender Sympathie auf das Lyotardsche Differenzdenken ab (vgl. Fischer 1989, 403ff; Schirlbauer 1990, 39ff), so bleibt die Frage, wie sich angesichts einer *schlechthinnigen* Diversität von Rationalitätsformen und Sprachspielen der *Bildungsgedanke* noch halten läßt. Denn dieser setzt doch ein wie immer gedachtes Verknüpfendes, ein Einheits- und Ordnungsstiftendes der Vernunft voraus. Entsprechend wäre ein sprachliches Wesen, das in der Heterogenität der Diskursarten völlig aufgeht, das also keine Chance besitzt, sich kraft eines Allgemeinen von Vernunft vom Disparat-Partikularen *auch* jeweils abzuheben, schlechterdings nicht mehr „Subjekt" zu nennen.

Und zweitens: Zwar wird innerhalb des pädagogischen Diskurses das Subjekt nicht ontologisch, wohl aber wird es teleologisch in Frage gestellt. D.h. *die Selbstformung des Menschen zum sittlich autonomen, sinnkonstitutiven Subjekt* – bislang im pädagogischen Leitziel Begriff der Mündigkeit als Selbstbestimmung angesprochen und gemeinhin anerkannt – *wird jetzt als verbindliches Telos von Erziehung grundsätzlich in Zweifel gezogen* (vgl. Pongratz 1988, 295). So verweist Lenzen darauf, daß jede Epoche ihre „Mythen" in kulturadäquate Erzählungen kleidete, „von denen die aufklärerische nur eine unter anderen ist": nämlich „der Mythos von der zu ‚kultivierenden' Freiheit, derer sich der nicht Erzogene nicht zu bedienen wisse, es sei denn durch den Zwang der Erziehung" (Lenzen 1987, 58). In die gleiche Richtung zielt doch wohl auch Konrad Wünsches Resümee:

„Keine Hierarchie lege Identität fest ... Kontingenz statt Telos, die pädagogische Bewegung ist ins Gedächtnis verabschiedet." (Wünsche 1985, 447)

Wird jedoch durch Infragestellung eines verbindlichen Ziels von Erziehung das Verständnis von Subjektivität gleichsam nach vorne hin abgeschnitten, so wird sich dies auch nach rückwärts hin, auf die Vorstellung vom ontologischen Status des Menschen, auswirken müssen.

3.4 Blockade pädagogischer Praxis

Der möglichen Verunsicherung in der Theorie entspricht eine spürbare Verunsicherung der auf dem Bildungssektor Tätigen angesichts sich mehrender *Enttäuschungserfahrungen* im Rahmen der eigenen, *blockierten Praxis.* Ursache hierfür dürfte die Gemengelage jener recht diffusen Vorstellungen sein, die sich gleichsam als Niederschlag der unterschiedlichen geistigen Strömungen im „postmodernen" Alltagsbewußtsein herauskristallisiert haben. In dem von Dieter Baacke u.a. herausgegebenen Band „Am Ende – Postmodern?" finden sich hierfür eine Vielzahl von Belegen. Offenkundig schlägt gegenwärtig nicht gerade die Stunde des einmal mit Idealen angetretenen engagierten Pädagogen, zumal wenn dieser selbst mittlerweile ermüdet ist „vom Gleichklang disziplinärer Dispute, von einer nach den Anstrengungen der Bildungsreform und Gesellschaftsveränderung ihrerseits ermatteten Pädagogik" (Baacke 1985, 8).

So lautet denn auch der Grundtenor der Beiträge des genannten Buches: *An der in den Adressaten von Erziehung und Bildung zu beobachtenden allgemeinen Perspektivlosigkeit, an ihrer fehlenden Fähigkeit und Bereitschaft zum Engagement und zur Zukunftsorientierung droht erzieherische Praxis wie an einer Wand nahezu folgenlos abzuprallen.* Als Symptome hierfür werden genannt:

- Gleichgültigkeit gegenüber den Angeboten gesamtgesellschaftlicher Sinngebung und deren Legitimation;
- Immunität gegenüber „Progressivität", „pädagogisch hochgehaltenen Perspektiven persönlicher Identität und gesellschaftlicher Progressivität" (Frank, A. 1985, 104),
- zunehmende Verweigerungshaltung gegenüber Formen der Kritik, gegenüber Wahrheitsdoktrinen und Theorien, wie sie seitens pro-

fessioneller pädagogischer Sinnvermittler mit dem Anspruch auf Verbindlichkeit vorgetragen werden. Stattdessen aber

- distanzierter Wechsel zwischen pluralen Sinnangeboten und Zentrierung auf bedürfnisbezogene Nahperspektiven für das Leben im inmittelbaren Hier und Jetzt.

Daß hier insbesondere auch schulische Erziehungs- und Bildungsbemühungen betroffen sind, mag der folgende Auszug aus dem Beitrag von F. O. Radtke „Die schicken niemanden mehr ...“ abschließend verdeutlichen.

> „1981 wurde ein Schulstück uraufgeführt, das nicht von den Anfängen, sondern vom Ende der Pädagogik handelt – Nigel Williams „Der Klassenfeind“. Sein Titel klingt orthodoxer, als der Inhalt tatsächlich ist: Sechs Jugendliche in Punk-Uniform warten auf ihren neuen Lehrer. Sie hängen herum in ihrem Klassenzimmer, das der sterilen Funktionlität der Schulbaracken nachgebaut ist, die in den 70er Jahren für die geburtenstarken Jahrgänge und die Migrantenkinder eilends aufgestellt wurden. Alle Lehrerinnen und Lehrer, die sie bisher hatten, haben sie fertiggemacht – beide Lesarten dieses Satzes gelten. Nun schicken sie keinen mehr. Es ist ein Stück vom vorläufigen Ende (der Geschichte der Pädagogik über die Schäden, die sie bei ihrem Rückzug hinterläßt)“ (Radtke 1985, 174f).

So bleibt denn als Resultat festzuhalten: Eine durch Diffusität und Perspektivlosigkeit blockierte Praxis einerseits und eine poststrukturalistische Konzeption von Erziehung und Bildung ohne Adressaten, ohne Telos und ohne das Medium verbindlicher Sinngehalte andererseits, diese Verunsicherungsfaktoren dürften die Pädagogik künftig nachhaltig beschäftigen und zu einer neuen Nachdenklichkeit veranlassen.

4. Zur Perspektive – die neue Beweglichkeit

Sollen nun die anstehenden Verunsicherungsfaktoren ins Konstruktive gewendet werden, so ist dies nur auf dem Wege eines erneuten erziehungsphilosophischen Durchbuchstabierens pädagogischer Theorie möglich. Nur so könnte auch für die Praxis neue Orientierung gewonnen werden. Angesichts des breiten Spektrums (post)moderner Vorgaben stellt sich hier zunächst die grundsätzliche Frage, in welche Richtung denn überhaupt Pädagogik weiterdenken sollte, in Richtung auf einen ästhetisierten (Post)modernismus neostrukturalistischer Provenienz oder in die eines dem amerikanischen Typus folgenden postmodernen Denkens, wie es sich in Literatur, Kunst, Architektur und Alltagskultur bereits auf breiter Ebene andeutet. Unsere bisherigen Überlegungen weisen eindeutig auf letzteres hin. *Die Pädagogik muß sich mit dem Poststrukturalismus auseinandersetzen, freilich ohne auf ihn zu setzen.* Die Gründe hierfür sind jetzt noch zu spezifizieren.

4.1 Überwindung der modernistischen Überbietungsmentalität

Ausschlaggebendes Kriterium für eine pädagogische Weichenstellung sollte die Einlösung bzw. Nichteinlösung eben dessen sein, was mit der Bezeichnung „Postmoderne" gerade als zentrales Anliegen intendiert wird. Es ist, wie wir sahen, das Anliegen, das im Kern jene überspannte *modernistische Überbietungsmentalität der Moderne hinter sich lassen* will, die auf der Basis eines vermeintlichen ständigen Wissensfortschritts das jeweils Neue als das Gültige kodifiziert und dabei das eben noch Gewesene als veraltet disqualifiziert. Auf diese Weise beschleunigte sich ja bekanntlich das Tempo der Zersetzung von Traditionen, Lebensformen, Sinngehalten usw. bis zur Erschöpfung. Dies gilt für die blinde *Fortschrittsideologie* im Bezug auf eine quantitative Evolution des gesellschaftlich-industriellen Systems ebenso wie für die *szientistische Borniertheit* der dieses System leitenden wissenschaftlichen Rationalität. Und schließlich gilt dies auch für deren kulturellen Kontrapunkt, für den *ästhetischen Modernismus* kritizistischer Überholung. Dieser modernistischen Überbietungseinstellung mit ihrem überzogenen Rationalitätsanspruch, ihren säkularen Utopien und Geschichtsphilosophien wie ihren abgehobenen Kritizismen vermag postmodernes Denken nicht weiterhin zu vertrauen. Es setzt dem ein Ende und versteht sich insofern als post-modern, ohne jedoch damit zugleich wissenschaftliche Rationalität, technisch-ökonomische Funktionsabläufe, Kritik usw. als solche zu diskreditieren. In diesem Sinne, so könnte man in Umkehr der Habermas'schen Forderung überspitzt formulieren, sieht sich die Postmoderne eben nicht mehr berufen, das „Projekt der Moderne" zu vollenden – ein System ständiger Überholung wäre ja auch schon per definitionem unvollendbar.

In diesem Sinne müßte denn auch eine pädagogische Theorie, die sich auf den Weg in die Postmoderne begeben will, modernistisches Überholungsdenken mit seinen jeweiligen Ausschließlichkeitsansprüchen hinter sich lassen.

Gemessen an diesem zentralen Anliegen der Postmoderne weist nun der *Poststrukturalismus* als neuer philosophischer Kandidat, der die vordem dominante Kritische Theorie ablöste, nur wenige postmoderne Züge auf. Denn auch als eine fröhliche Wissenschaft der Lust am Schein, am Text, an Sprachspielen hat er das modernistische Paradigma gleichwohl keineswegs hinter sich gelassen. Im Gegenteil, er stellt eine typische Überbietungstheorie dar, dogmatisch fest verwurzelt in einer Art Textmetaphysik, die gleichsam als Hochsitz fungiert, von dem aus alles und jedes kritisiert und destruiert werden kann, ohne daß die zugrundegelegte quasi-metaphysische Sprachtheorie ihre eigenen Prämissen kritisch überprüfen würde. Von daher ergeben sich einmal mehr groteske Engführungen. So etwa, wenn uns Lyotard belehrt, daß alle Diskursarten gleichberechtigt nebeneinander stehen, daß es also keine universalistische Plattform rationaler Argumentation mehr gebe und wenn er andererseits diese Destruktion der argumentativen Rede auf ca. 300 Seiten im Modus eines verbindlichen argumentativen Diskurses (an eine universale Zuhörerschaft gewandt) vornimmt (vgl. Lyotard 1987). Hier wäre mit postmoderner Ironie die Frage zu stellen, ob denn der Philosoph versehentlich die Diskursart „Posse" oder „Seinen-Leser-übers-Ohr-hauen" gewählt habe (vgl. Frank, M. 1988, 34).

Dem Pathos dieser neuesten Lesart einer Rationalität, die alles noch besser zu beurteilen wähnt, entsprechen zum einen ein verbindliches Wissen um das geheime Telos der kulturellen Evolution, wonach Kunst apodiktisch auf Abstraktion, auf Nichtrepräsentation und Erhabenheit zuzulaufen habe. Zum anderen entspricht ihm eine neue Überbietung an Negativität, an Krititk und Destruktion. Die Maschinerie der Zerstörung von Traditionen, von Denkformen und Schreibweisen läuft wieder auf Hochtouren. Dazu die Abgehobenheit von jeglichem Realitätsbezug, die strikte Trennung von Kunst und Lebenswelt, die Zerschlagung jeglicher Kommunikation und gültigen Praxis unter Menschen – all dies demaskiert den Poststrukturalismus als eine gespreizte Theorie modernistischer Überbietung, gleichsam einen „Schwanengesang" (M. Foucault) der ästhetischen Moderne im Zustand ihrer Erschöpfung[6].

[6] So A. Huyssen (1986, 40) im Anschluß an die rückblickende Beurteilung von Michael Foucault in bezug auf die intellektuellen Strömungen im

Als eine Theorie für Praxis wäre er gänzlich unzulänglich. Für *pädagogische Theoriebildung* wäre er geradezu ein *„suizidales Programm“* (Oelkers 1987, 32).

Ähnlich kritisch rät auch Albrecht Wellmer zu Mißtrauen „gegen die Protagonisten eines neuen Zeitalters, das die Last des Platonischen Erbes von sich geworfen hätte, in dem die Rhetorik an die Stelle des Arguments, der Wille zur Macht an die Stelle des Willens zur Wahrheit, die Kunst der Worte an die Stelle der Theorie und die Ökonomie des Begehrens an die Stelle der Moral getreten wäre. Das, so möchte man sagen, haben wir doch schon weitgehend.“ (Wellmer 1985, 84)

Aber auch ungeachtet solcher sachlichen Bedenken bleibt vor allem festzuhalten, daß eine Pädagogik *auf dem Wege in die Postmoderne* der Gespreiztheit und angespannten Überbietungsmentalität modernistischen Denkens, wie sie zuletzt auch der Poststrukturalismus aufweist, den Abschied erklären muß. Dies verschafft ihr andererseits zugleich auch *neue Freiräume, die kreativ zu besetzen und zu gestalten sind.* Denn das Denken im Horizont der Postmoderne befreit aus semantischer Enge, es führt zur Erweiterung des Sprachlichen in verschiedene Richtungen.

An die Stelle des Einen und Ausschließlichen tritt *ein Pluralismus interferentieller Offenheit*, eine *spannungsreiche Wechselwirkung auch heterogener Bedeutungen und Sprachcodes*, die im mehrfachen und hintergründigen Aufeinander-Verweisen Sinnkomplexität eröffnen. Statt Zersetzung von Herkömmlichem also Offenheit für Traditionen, freilich in transformierter Gestalt. Auch die Moderne ist darin aufgehoben. Statt Uniformität *Durchlässigkeit der Modelle, Verknüpfung von Ungleichzeitigem, neue vernetzungsartige Denkformen* (vgl. Welsch 1987b, 130), die auf komplexe Horizonte hin offen sind. Kurz, mit all dem tut sich eine vielversprechende Perspektive auf, die auszuloten sich für die Pädagogik lohnen wird.

Und so ist denn auch auf diesem Hintergrund zu fragen, ob sich hinsichtlich der drei genannten gravierenden Verunsicherungsfaktoren denkbare Lösungsansätze abzeichnen.

Frankreich der 60er Jahre: „Die ganze übersteigerte Theoretisierung der Schrift, die wir in den sechziger Jahren erlebt haben, war wahrscheinlich nur der Schwanengesang“ (Foucault 1978, 46).

4.2 Korrektur des szientistischen Wissenschaftsverständnisses

Was nun den ersten Problemkomplex, die Abgeschnittenheit der Theorie von der Wirklichkeit betrifft, so ist zu fragen, ob die poststukturalistische Diskreditierung des wissenschaftlichen Genres nicht die Enttäuschung dessen widerspiegelt, der immer noch aus der Perspektive eines überzogenen rationalistischen Wissenschaftsverständnisses her argumentiert. Unterstellt man nämlich die Wissenschaft dem Anspruch durchgängiger Exaktheit und zwingender Objektivität, so wird dem in der Tat keine Theorie gerecht. Vom Standpunkt nachempiristischer Wissenschaftstheorie aus betrachtet erfordert dieses vermeintliche „Versagen" der Wissenschaft jedoch keineswegs deren Aburteilung zum quasi-anarchischen Spiel, wohl aber erfordert es eine nachhaltige *Korrektur des modernistischen (= szientistischen) Wissenschaftsverständnisses im Sinne der Selbstbescheidung einer nur endlichen Vernunft*. Unter dieser Prämisse aber stellt sich das Unternehmen der Wissenschaft als ein durchaus intelligibles und geordnetes Sprachspiel dar, in dessen Vollzug logisches Regeldenken und exaktes Wissen eingebettet bleiben in mit Erfahrung verknüpfter schöpferischer Imagination, Intuition, Wertschätzung, Erfolgsorientierung, in die eigentümliche Sehweise eines Denkens in Mustern von beispielhaftem Charakter (vgl. Kuhn 1976). Zwar gibt es keine letzten Fixpunkte, keinen obersten Beweis, keinen Zugang zum „Ding an sich". Die *Komplexität der Wirklichkeit übersteigt jedes denkbare Theoriennetz*. Unter den Bedingungen einer begrenzten Vernunft aber, die sich mit all ihren Bemühungen immer nur im Horizont einer spezifisch menschlichen „Welt" zu bewegen vermag, bleibt das Sprachspiel der Wissenschaft gleichwohl unverzichtbar, zur Daseinsorientierung und Weltbewältigung. Im Hinblick hierauf ist es denn auch bloßem Alltagswissen an Einsichtskraft, an Kohärenz und Stringenz der Aussagen weit überlegen. Und dies gilt auch für die kultur- und geisteswissenschaftlichen Disziplinen.

Auch pädagogische Theoriebildung sollte deshalb künftig auf dem Bodens des nach-szientischen Wissenschaftsbegriffs erfolgen. Dies bedeutet für sie zweifellos eine Chance. Viele der früheren Grabenkämpfe, hier der Vorwurf „unwissenschaftlich"-irrational, dort der Vorwurf „empirisch-verkürzend" usw., würden sich als Spiegelfechterei erweisen. Viele Glaubenskriege um ein sog. neues „Paradigma" in der Erziehungswissenschaft, das zudem noch alle paar Jahre wechselt, würden sich erübrigen.

Pädagogik im Zeichen der Postmoderne müßte entsprechend der Komplexität ihres Gegenstandes *beweglicher* werden und den wissenschaftlichen Zugang breiter anlegen. Sie müßte eine komplexe *Theorie der Mehrfachcodierung* entwickeln, die sich multipler interferentieller Methoden bedient. Der gegen sie gerichtete Vorwurf, nur mehr „Trugbilder" und „Phantasmagorien" zu produzieren, würde so entkräftet.

4.3 Der kenntnisreiche Sprachspieler als Bildungsziel

Was jedoch den Problemkomplex „Erziehung ohne Telos und ohne Adressaten" betrifft, so ist zunächst davon auszugehen, daß die poststrukturalistische Rede von Sprachspielen, Diskursarten und Satzverwendungsregeln offenkundig doch auch einen Sprachspieler voraussetzt. Dies gilt jedenfalls dann, wenn man den eigenartigen Sprachobjektismus vieler Neostrukturalisten nicht teilen kann, wonach die Sprache als vorgängiges „Ereignis" sich selbst spricht (vgl. Lyotard 1987, 10, 103, 106, 128; Welsch 1987a, 249ff). Gerade ein system-offenes Sprachverständnis neostrukturalistischer Vielfalt legt doch eine Konzeption nahe, die für die Mannigfaltigkeit der Übergänge die *„interpretierende Aktivität"* einer eigenen Instanz, eben eines Interpreten, erfordert (vgl. Frank, M. 1984, 125ff).

Zwar ist fortschreitende Differenz das Kennzeichen der Moderne, zwar lebt der moderne Mensch in und mit unterschiedlichsten Sprachspielen und Rationalitätsformen sowie in parzellierten Lebenswelten (vgl. Weber, M. 1973, 328ff). Dies bedeutet andererseits aber nicht, daß sich der Mensch nun gänzlich in dieser Zersplitterung verlieren müsse, so als ob da „niemand" mehr sei, der in dieser Diversität sein Leben führt. *Postmodernes Denken setzt die modernistische Litanei vom Tod des Subjekts nicht fort.* Angesichts drohender Zersplitterung des Subjekts muten solche Kritizismen gegenüber idealistischen und romantischen Fiktionen des 19. Jahrhunderts eher wie Windmühlenkämpfe an. Die Fragestellung ist unzeitgemäß, wohingegen die Frage „Wer schreibt" oder „Wer spricht denn da" gegenwärtig nicht mehr als irrelevant abzutun ist. Ausgehend von der erfahrenen Fragmentisierung des Subjekts drängt deshalb die Postmoderne wieder *die Frage nach Subjektivität, nach Individualität und Autorschaft* im postmodernen Text in den Vordergrund (vgl. zum Ganzen Huyssen 1986, 37ff).

Sofern also gerade in einer überkomplexen Welt Sprachspiele des Sprachspielers bedürfen, ist damit sowohl ein Adressat von Erziehung und Bildung präsummiert als auch ein Telos vorgezeichnet. In Transformation des pädagogischen Leitziels der „Mündigkeit" wäre jetzt das übergreifende Telos von Erziehung und Bildung der reflektierte Selbst- und Weltbezug jenes Sprachspielers, der um die Vielfalt der Spiele weiß, der mit einem Teil von ihnen vertraut ist und zwischen ihnen so zu gleiten versteht, daß dabei sowohl (fließendende) Identität und Authentizität als auch Kommunikation und Intersubjektivität gefunden und entfaltet werden können.

4.4 Flexibilisierung in der Praxis

Angesichts der Erfahrung einer blockierten Praxis ist schließlich zu fragen, ob und inwieweit die Adressaten von Erziehung und Bildung gegenwärtig durch erzieherisches Handeln noch erreichbar sind. Oder sollte die Frage in dieser Form bereits zu „modern" gestellt sein – der Pädagoge als der Weltverbesserer und große Macher? Wie dem auch sei, die Beschäftigung mit postmodernem Denken dürfte sicher auch dem in der Praxis tätigen Pädagogen neue Perspektiven eröffnen. Auch hierzu einige Andeutungen.

4.4.1 Rekurs auf die pädagogische Nahperspektive

Die Zeit der „großen Erzählungen" und der gesamtgesellschaftlichen Utopien wie auch des Engagements für sie ist zu Ende gegangen. Den ebenso missionarisch wie verbissen vorgetragenen Weltformeln und Fortschrittsdoktrinen wird weder Vertrauen noch Interesse mehr entgegengebracht. Zu oft entpuppten sie sich als neue Herrschaftsansprüche, zu sehr preßten sie die Lebenswelt in ein enges System, dem dann der einzelne mit seinen vitalen Bedürfnissen und Interessen häufig zum Opfer fiel. Es ist deshalb an der Zeit, daß die Pädagogik wieder mehr *die Nahperspektive eudaimonistisch-personnaher wie sozialer Orientierungen* aufgreift, Werte des erfüllten, gegenwärtigen Lebens (vgl. Hornstein 1983): die Hinwendung zum Selbst, zur persönlichen Entfaltung und Lebenssteigerung, die Betonung des intimen Sozialraumes und des emotionalen Aufgehobenseins und schließlich Erfahrungen der Unmittelbarkeit von Natur. In einer hyperkomplexen Welt ist das „Durcharbeiten" des indivuduellen und sozialen Nahraumes der Alltagswelten und Alltagskulturen von nicht geringer Bildungsrelevanz.

4.4.2 Spannungsreiches Denken der Kombination

Bildungsgehalte und Theorien sollten nicht ständig als verbindliche Wahrheitsdoktrinen mit dem Charakter der Ausschließlichkeit verstanden und ausgegeben werden. Die Einübung in ein Leben in parzellierten Welten und Rationalitätsformen läßt die vorschnelle Festlegung nicht zu. Schule und Erwachsenenbildung sollten deshalb mit gehaltvollen Traditionen und aufschlußreichen Sprachspielen heterogener und auch „ungleichzeitiger" Art in einer Weise vertraut machen, daß dabei der Modellcharakter wie die Durchlässigkeit der Modelle erfahrbar wird. So könnten sie zu einem *spannungsreichen Denken der Kombination, des Gleitens und der Vernetzung* verhelfen, das auf komplexere Sinnhorizonte hin offenbleibt. *Der erzieherische Stil ist hier Gelassenheit und distanzierte Ironie* (vgl. Baacke 1985, 190ff).

4.4.3 Öffnung auf das „Andere der Vernunft"

Die an den Idealen aufklärerischer Vernunft orientierten „Reformen" insbesondere im Bereich des schulischen Bildungswesens dürften, was Organisation und Bildungsgehalte betrifft, zu eindimensional angelegt sein, sei es, daß sie auf die rational-instrumentelle Weltbemeisterung ausgerichtet sind oder sei es, daß sie sich am „kritischen Bewußtsein" (z.B. der Gesellschaftsveränderung) orientieren. *„Das Andere der Vernunft"* (Böhme / Böhme 1983), genauer: das Andere einer verengten Rationalität wurde indessen verdrängt. Demgegenüber müßte Schule über *spielerische Formen der Leiberfahrung* wieder die vital-psychische Funktion in den Vordergrund rücken (vgl. Kamper / Wulf 1982). Sie müßte über die *Aufwertung des Emotionalen*, die Verinnerlichung erfahrener Subjektivität, die Weckung von Phantasie und Imagination, die Wiederentdeckung der Sinne und Wahrnehmung des Schönen *die ästhetische Funktion stärken* (vgl. Mertens 1989, 259ff; Duncker / Maurer / Schäfer 1990). Und schließlich müßte sie in größerem Umfang als bisher *manuell-berufsbezogene Tätigkeiten* integrieren. Übergreifendes Ziel dieser drei Gesichtspunkte müßte das Gelingen eines multiplen Selbstseins in pluralisierten Lebenswelten sein.

Fazit:
Es ist eher zweifelhaft, ob auf den französichen Neostrukturalismus mit seinen sprachphilosophischen Analysen die Bezeichnung „Postmoderne“ überhaupt zutrifft. Zu sehr ist dieser noch jener Überbietungsmentalität der „ästhetischen Moderne“ verhaftet, die seit Nietzsche in beißender Kritik gegen die Feindbilder der gesellschaftlichen Moderne, so etwa gegen das Vernunftsubjekt, die Repräsentation von Wirklichkeit und Sinn, gegen System und Gleichschaltung zu Felde rückt.
Gleichwohl, nicht nur philosophisches Denken, sondern auch die Pädagogik ist hierzulande dabei, die neostrukturalistische Denkrichtung als „postmodern“ zu bezeichnen und in sich aufzunehmen. Dabei liegt es auf der Hand, daß mit dieser Gefolgschaft Pädagogik bis ins Mark hinein getroffen wird: so der abendländische Erziehungs- und Bildungsgedanke von der Selbstformung des Menschen zum sinnkonstitutiven Subjekt wie auch die Vorstellung von der Möglichkeit pädagogischer Theorie und schließlich noch die Erwartung an erzieherische Praxis überhaupt
Pädagogik tut deshalb gut daran, sich mit dem Poststrukturalismus auseinanderzusetzen, freilich ohne auf ihn zu setzen.

Im Gegensatz hierzu kann Pädagogik von der aus Amerika stammenden *Postmoderne* nur lernen. Gemeint ist damit jenes Denken in pluralen Modellen, Bedeutungs- und Sinncodices, welches das modernistische Ausschließlichkeitsdenken hinter sich gelassen hat und stattdessen die Gleichzeitigkeit des Ungleichzeitigen propagiert.
Entsprechend müßte auch Pädagogik *beweglicher* werden und eine komplexe Theorie der Mehrfachcodierung entwickeln. Ihr Adressat wäre dann der Sprachspieler, der zwischen den Spielen zu gleiten und dabei Authentizität und (fließende) Identität zu entfalten versteht.
Und pädagogische Praxis müßte sich auf das „Andere“ einer verengten Rationalität hin öffnen. Neben spielerischen Formen der Leiberfahrung müßte sie die Aufwertung des Emotionalen, die Stärkung der ästhetischen Funktion und die Förderung der manuellberufsbezogenen Tätigkeiten anstreben.

4. Konturen einer humanökologischen Pädagogik

Gliederung:

I. Grundsätzliches

1. Begriff

Die (human)ökologische Ausrichtung in der Erziehungswissenschaft und zuvor bereits in Soziologie und Psychologie markiert wohl kaum schon ein neues Paradigma (im Sinne Th. S. Kuhns), verfügt sie doch nicht über einen eigenen, geschlossenen Theorieentwurf und eine dem zugeordnete bestimmte Methode (vgl. die ähnliche Einschätzung durch Th. Schulze 1983, 265). Eher handelt es sich um eine zwar heterogene, aber gleichwohl zunehmend einflußreiche Forschungsrichtung, innerhalb derer sich allmählich auch ein pädagogisch aussichtsreicher Ansatz formiert. Im Kern besteht er in einer neuartigen, *originären Perspektive* der Wirklichkeit. „*Ökologisch*“, dies meint in allgemeinster Bedeutung eine Betrachtungsweise, die sich mit den *Wechselbeziehungen zwischen lebenden **Organismen** und ihrer Umwelt* befaßt. Und diese Sichtweise läßt sich nicht nur auf Phänomene im Bereich des Bios, sondern erfolgversprechend auch auf das sozio-kulturelle Wirkungsgefüge der ***Mensch**-Umwelt-Interaktio*n in ihren verschiedenartigen Komplexionsstufen anwenden. Entsprechend formal lautet die prägnante Definition von Odum (1971/1980 Bd.I, S.XVI): „Im wissenschaftlichen Sprachgebrauch meint Ökologie ‚die Beziehungsganzheit von Lebenseinheit(en) und Umwelt.'"

2. Wissenschaftsgeschichtliche Tradition

2.1 Erster Strang: Herkunft aus der Biologie – Ausrichtung auf die Natur

Im Rahmen ihrer Herkunftsdisziplin, der *Biologie*, hatte Ernst Haeckel bereits 1870 im Anschluß an den Darwinschen Gedanken von der gegenseitigen Beeinflussung der Arten im Kampf ums Dasein die Ökologie als eigenen Wissenszweig begründet. Im Sinne dieser Tradition bezeichnet dann *„Ökologie"*, die „Lehre vom Haus", in dem die Lebewesen wohnen, als wissenschaftlicher Terminus unter besonderer Abhebung auf den Aspekt des Funktionalen gewöhnlich die „Lehre vom Haushalt der Natur". Und als solche untersucht sie das komplexe Wirkungsgefüge zwischen Organismen und Umwelt (vgl. Kühnelt 1970, 17; ähnlich Schwerdtfeger 1963, 11).

Methodisch kennzeichnend für die ökologische Betrachtungsweise ist demnach ein auf die Erfassung der Wechselbeziehungen *zwischen* Funktionseinheiten gerichtetes *„systemisches"* Denken, das über die Analyse von Einzelmechanismen und -strukturen hinaus zentral die Erkenntnis des Funktionszusammenhanges von *vernetzten Systemen* intendiert. Charakteristisch hierfür ist eine ganzheitlich-"holistische" Perspektive, die davon ausgeht, daß mit wachsender Komplexität vernetzter Gefüge im Vergleich zu deren Untereinheiten zusätzliche Eigenschaften auftreten, die aus jenen nicht ableitbar sind, deren Verständnis vielmehr der ganzheitlichen Erfassung ihres spezifischen Integrationsniveaus bedarf (vgl. Odum 1980, Bd.I., S.XIV ff.7; ferner: Verbeek 1976, 127; vgl. auch Vester 1980, 19f.). So stellt etwa bereits ein Teich ein hochkomplexes Beziehungsgefüge von unbelebten Substanzen, belebten Produzenten und Konsumenten dar, dessen charakeristische Strukturen und Funktionsabläufe erst durch seine Untersuchung als Systemganzes manifest werden (vgl. Odum 1980, Bd.I., 15-20. Zum „System"-Begriff vgl. Stugren 1972, 11). Demgemäß untersucht die Ökologie entsprechend der besonderen Architektur der organischen Welt eine hierarchische Folge integrierter Organisationsstufen, die über den Einzelorganismus hinausgehen (vgl. Odum/Reichholf 1980, 15). Als zentrales Objekt bio-ökologischer Forschung gilt jedoch, wie Hans Langer zu Recht hervorhebt, „der als ‚Ökosystem' beschriebene Systemtyp, dessen Struktur durch außermenschliche Lebenseinheiten, ihre Umweltbedingungen und den Funktionszusammenhang zwischen beiden charakterisiert ist" (Langer 1978, 134; vgl. zum ganzen auch Mertens 1995, 31f.).

Es waren wiederum namhafte Biologen, die seit Beginn der siebziger Jahre angesichts der aufkommenden globalen Krisenlage im Mensch-Umwelt-Zusammenhang vermehrt nach der Etablierung einer *angewandten* ökologischen Forschung riefen (vgl. Odum 1971/80; Ehrlich/Ehrlich/Holdren 1973/1975; vgl. auch hierzulande resümierend Buchwald 1978 sowie Langer 1978). Sie sollte im Großmaßstab Leitgesichtspunkte für ein Ökosystem-Management zu gewinnen suchen, um den konfligierenden Verbund aus den beiden offenen Systemen des Sozio-Kulturellen (Menschheit) als der dominanten Steuerungsgröße einerseits und der Natur anderseits in einen relativen Gleichgewichtszustand zu überführen.

Themenschwerpunkte hierbei sollten sein: (1) die Untersuchung der abschätzbaren Einwirkungen des gegenwärtigen Menschheitssystems auf die natürlichen Lebensgrundlagen; (2) Analyse und ggf. Korrektur von Verlauf und Struktur der modernen Zivilisation und (3) Erforschung der Rückwirkungen des zivilisatorischen (technisch-ökonomischen) Naturbezuges auf den Menschen und seine humane Ökologie selbst (vgl. Eulefeld 1981, 187-220; dazu auch Mertens 1995, 206ff.).

Mit dieser Forschungsorientierung im Schnittpunkt von Mensch und Natur, so erkannte man zu Recht, ist nun die Reichweite einer rein bio-ökologischen Betrachtungsweise bei weitem überstiegen.

Unter Abhebung auf die prinzipielle Differenz zwischen Sozio-Kulturellem und bloß Naturhaftem wurde denn auch von den genannten Biologen die differenzierende Bezeichnung *„Humanökologie"* eingeführt, die im folgenden, in Kontrastierung zu einer ausschließlich *bio*-ökologischen Forschung, im Blick auf die Phänomene der *Mensch*-Umwelt-Interaktion ebenfalls bevorzugt verwandt wird.[1] Entsprechend wurde von ihr, der angewandten Humanökologie der Zukunft, eine Ausweitung des bio-ökologischen Konzepts auf einschlägige anthropologische, ethische, geisteswissenschaftliche, psychologische, sozio-ökonomische und politologische Befunde hin gefordert (vgl. Odum 1971/80, Bd.I.,XXII., Bd.II, 675; ferner Buchwald 1978).

2.2 Zweiter Strang: Anwendung auf die Human- und Sozialwissenschaften – Orientierung an sozio-kulturellen menschlichen Umwelten

Nicht zuletzt solche Überlegungen und Prätentionen dürften mit den Anlaß für jene „ökologische Bewegung" in den siebziger Jahren gegeben haben, in deren Gefolge die genuin ökologische Betrachtungsweise: Interaktion *Organismus* – Umwelt mit einem Mal auf breiter Front auch von den Human- und Sozialwissenschaften auf das Wirkungsgefüge *Mensch* – Umwelt angewandt wurde.

Bis dahin gab es in diesen Disziplinen eher nur gelegentliche Arbeiten mit spezifisch ökologischer Orientierung. So waren es in den zwanziger Jahren zunächst vereinzelte Vertreter der *Soziologie*, die mit Hilfe dieses *„humanökologischen"* bzw. *„sozialökologischen"* Konzeptes Regelmäßigkeiten und auch Disparitäten der räumlich-regionalen Verbreitung sozialer Phänomene, verschiedenen Erscheinungsformen sozialer Devianz und deren Ursachen nachgingen. (Vgl. so etwa erstmals R.E. Park et al. (The city, Chicago 1925), oder H.W. Zorbaugh (The Gold Coast and the Slum, Chicago 1929)). Wie J. Friedrichs (1977, 28) belegt, wurden diese ersten Arbeiten in der Soziologie zunächst mit der Bezeichnung *„Human Ecology"* etikettiert, während sich in neuerer Zeit bis in unsere Gegenwart hinein im deutschsprachigen Raum weitgehend der Terminus *„Sozialökologie"* durchgesetzt hat (vgl. hierzu aus neuer Zeit etwa B. Hamm: Die Organisation der städtischen Umwelt. Ein Beitrag zur sozialökologischen Theorie der Stadt, Frauenfeld 1977; ders.(Hg.): Lebensraum Stadt, Beiträge zur Sozialökologie deutscher Städte, Frankfurt 1979; ähnlich auch J. Hoffmeier-Zlotnik, Gastarbeiter im Sanierungsgebiet, Hamburg 1977). Vgl. hierzu und zum folgenden vor allem den informativen Überblick bei H. Walter (Ökologische Ansätze in der Sozialisationsforschung, in: K.Hurrelmann/D.Ulich 1980).

Innerhalb der *Psychologie* führte 1944 erstmals Kurt Lewin im Rahmen seiner feldtheoretischen Überlegungen Begriff und Programm einer *„Psychologi-*

[1] In diesem Sinne wird im folgenden entweder ganz allgemein von der „Ökologie" der menschlichen Entwicklung bzw. Bildung gesprochen oder spezifizierend von „humanökologischen" und d.h. von „natur – und. „sozialökologischen" Phänomenen.

cal Ecology“ ein (vgl. ders. 1963). Sein Ansatz wurde aufgegriffen und vertieft durch R.G. Barker (Ecological psychology: Concepts and methods for studying the environment of human behavior, Stanford 1968), dessen leitendes Interesse sich auf überindividuelle interaktive Prozesse und die durch sie erreichbaren Gleichgewichtszustände richtete.

In der *Erziehungswissenschaft* schließlich hatten zwar Pädagogen wie etwa A. Busemann bereits 1927 (sowie als Hg. 1932) eine „Pädagogische Milieukunde“ konzipiert und dabei ansatzweise typische Milieuformen („dörfliche“, „städtische“, „proletarische“, „bürgerliche“) in ihrer pädagogischen Relevanz untersucht. Eine ökologische Tradition ließ sich damit aber noch keineswegs ausmachen. Und auch die Einzeluntersuchungen von G. Schreiner (Schule als sozialer Erfahrungsraum. Überlegungen und Untersuchungen zum Phänomen des Schulklima, Frankfurt a. M., 1973) sowie von D. Baacke (Der ökologische Ansatz in: ders. Die 13 -18jährigen, München 1979) und schließlich der von R. Fatke (Schulumwelt und Schülerverhalten. Adaptionsprozesse in der Schule, München 1977) entwickelte „transaktional-ökologische Ansatz“ bildeten gleichsam erst die Vorhut für eine ökologisch orientierte Pädagogik.

Zum eigentlichen *Durchbruch* indessen, der es dann rechtfertigt, von einem sich neu formierenden „Ansatz“ in den Human- und Sozialwissenschaften zu prechen, gelangte die an sozio-kulturellen Umwelten interessierte ökologische Forschung, wie gesagt, erst seit gut zwei Jahrzehnten. Impulsgebend hierfür war ein im Rahmen der Psychologie vehement einsetzendes spezifisch umweltbezogenes Erkenntnisinteresse, das seinen Niederschlag fand in der Etablierung einer eigenen *„ökologischen Psychologie“*.

Deren Anliegen war, wie Heinz Walter (1980, 289f.) betont, in einer ersten Phase dadurch bestimmt, fachgebundene Defizite bspw. einer „umweltgleichgültigen“ Laborforschung oder auch einer „simplifizierenden schichtspezifischen Sozialisationsforschung“ zu überwinden. In einer weiteren Konsolidierungsphase bemühten sich dann verschiedene Autoren wie z.B. L.H. Eckensberger/P.Burgard (1977), G. Kaminski (1978; 1979), aber auch P.A. Bell et al. (1978) darum, angesichts des bunten Gemischs der Umweltpsychologie Trends und Gemeinsamkeiten ökologisch-psychologischer Perspektiven aufzuzeigen und entsprechenden Forschungsprogrammen den Weg zu bereiten (zur ökologischen Psychologie vgl. insgesamt L. Kruse/C.F. Graumann/E.-D. Lantermann (Hg.) 1990).

Darüber hinaus sind vornehmlich auch Arbeiten mit spezifisch *sozialisationstheoretischer Intention* zu nennen, welche die lokale bzw. sozial-klimatische Ungleichheit menschlicher Entwicklungsvoraussetzungen im Hinblick auf gegebenenfalls erforderliche Intervention durch Umweltveränderungen untersuchen.

Vgl. hierzu insbesondere die erheblich weiterführenden, pädagogisch fruchtbaren Arbeiten von *U. Bronfenbrenner,* Ökologische Sozialisationsforschung, Stuttgart 1976; ders. Ansätze zu einer experimentellen Ökologie menschlicher Entwicklung, Hamburg 1978; ders., The ecology of human development, Cambridge 1979; (dtsch.: Die Ökologie der menschlichen Entwicklung, Stuttgart 1981); ferner: H. Walter/R.Oerter (Hg.), Ökologie und Entwicklung. Mensch-Umwelt-Modelle in entwicklungspsychologischer Sicht, Donauwörth 1979.

Zur ökologisch orientierten *Pädagogischen Psychologie* vgl. etwa H. Dreesmann 1986; K. Zott 1981. Und zur breit angelegten „Sozialisationsforschung" im Rahmen der *Pädagogischen Soziologie* vgl. K. Hurrelmann/D. Ulich (Hg.) 1980/1991. Zum Stand in der *Pädagogik* allgemein vgl. D. Baacke 1980, sowie E. Weber 1996.

Fragt man nun nach *Merkmalen* einer spezifisch ökologischen Perspektive, so lassen sich mit Eckensberger (1979, 264ff.) am Beispiel der Entwicklungspsychologie nennen: (1) der Ansatz am „daily life" („Objektorientierung" statt „analytische Orientierung"), (2) die Bevorzugung sog. „naturalistischer Methoden" (Realität statt Labor), (3) die normative Ausrichtung (Einstellung auf Sollwerte) statt Untersuchung „wertneutraler" Funktionszusammenhänge, (4) systemtheoretisch beeinflußter, holistischer statt analytischer Ansatz, (5) die Beachtung von „Nebeneffekten", (6) die Betonung kulturvergleichender Strategien und schließlich (7) die Interdisziplinarität der Forschung.

3. Ortsbestimmung für die Pädagogik

Selbstverständlich sind diese und ähnlich gelagerte Gesichtspunkte nicht als Kennzeichnungen für eine einzelne oder gar eine eigene neue Disziplin zu verstehen, sondern als eine zukunftsweisende Erweiterung traditioneller Ansätze in den Human- und Sozialwissenschaften insgesamt (so zurecht H. Dreesmann 1986, 450; zu den methodologischen Problemen vgl. etwa Walter 1980, 291ff., sowie Schulze 1983, 266ff). Gleichwohl scheint der sich so formierende ökologische Ansatz gerade für die Erziehungswissenschaft eine ihren fachinternen Intentionen sehr entgegenkommende Perspektive zu eröffnen, sofern er in originärer Weise die dynamische Wechselbeziehung von Kindern, Jugendlichen, Erwachsenen und ihren jeweiligen situativen Lebenskontexten in Augenschein nimmt.

In den letzten zweieinhalb Jahrzehnten wurde die ökologische Betrachtungsweise denn auch in der Pädagogik in vielfältigen Nuancierungen aufgegriffen und fruchtbar gemacht, und zwar im Rahmen der beiden skizzierten Hauptstränge ökologischen Denkens (vgl. 2.1 und 2.2), nämlich jener aus der *Biologie* stammenden humanökologischen Forschungsrichtung einerseits und der Applikation der ökologischen Perspektive auf den gesamten Bereich der *Human-* und *Sozialwissenschaften* andererseits. Erstere Fragestellung fand ihren Niederschlag in unterschiedlichen Konzepten *natur*-ökologisch orientierter Erziehung und Bildung, und zwar als pädagogische Antwort auf die globale ökologische Krisenlage (vgl. z.B. Beer/de Haan 1984 sowie de Haan 1995; Kahlert 1991; Mertens 1989 und 1996). Letztere *sozial*-ökologische Problemstellung wurde pädagogisch umgesetzt etwa in Konzepten zur „Lernumwelt", zur Sozialisationstheorie wie zur „kompensatorischen Erziehung" oder auch in transaktional-ökologischen Konzepten der pädagogischen Förderung, Beratung und Begleitung (vgl. etwa nur Dreesmann 1986; Weber 1996, 127-182. 280ff.). Auf den ersten Blick scheint es sich dabei also um zwei nahezu unzusammenhängende Forschungsstränge zu handeln: eine Thematisierung der Mensch-Umwelt-Interaktion

(1) unter dem Aspekt des *Natur*bezuges der modernen Zivilisation und
(2) unter dem Aspekt der *sozio-kulturellen* Umweltbezüge in all ihren lebensweltlichen Schattierungen und Abstufungen.

Aus ökologisch-systemischer Sicht jedoch stehen diese beiden Themenkomplexe in unmittelbarer Berührung miteinander. Dies wird auch sogleich manifest, wenn die ihnen inhärenten Problemstellungen voll ausgeschöpft werden; wenn also zum einen auf dem naturökologischen Forschungsfeld die Auswirkungen zivilisatorischen Eingreifens in Natur auch *auf den Menschen selbst* und *seine Umwelt* mitbedacht werden, und wenn zum andern bei der Frage nach den Bezügen von Individuen zu ihren unterschiedlichsten Lebensumwelten auch die *Natur*dimension miteinbezogen wird.

Zentrales Verbindungsstück zwischen den beiden Richtungen ist zweifellos die *moderne Zivilisation* als Forschungsobjekt, sofern sich zivilisatorischer Naturumgang unter den Prämissen der Moderne sowohl bio-ökologisch (auf die natürliche Umwelt) als auch sozial-ökologisch (auf soziale Umwelten) am nachhaltigsten auswirkt. Die beiden Forschungsfelder pädagogisch-ökologischen Denkens mit ihrer Akzentuierung sei es der Natur-, sei es der sozio-kulturellen Umweltbezüge, könnten somit füreinander durchlässig werden und sich gegenseitig durchdringen und bereichern.

Pädagogisch erscheint das jedenfalls durchaus wünschenswert, ist es im Sinne einer umfassenden menschlichen Bildung doch anzustreben, daß die agierenden Individuen in ihrem reflektierten Umgang mit natürlicher und sozialer Umwelt diese als zwei interdependente Dimensionen des *einen* „oikos" der menschlichen Lebenswelt erfahren und begreifen.

Vor diesem Hintergrund umfassen *menschliche* Ökosysteme mithin zunächst die biotischen und abiotischen Gegebenheiten der natürlichen Umwelt als des ursprünglichsten Lebens-, Erfahrungs- und Gestaltungsraumes für menschliches Agieren. Ferner gehören zu ihnen die in einer Kultur erstellten materiellen Gegenstände wie Häuser, Möbel, Kleidung, Gerätschaften, Werkzeuge etc. als die Artefakte umgearbeiteter Natur. Sodann zählen hierzu die in einer Kultur aufgeteilten Funktionen (Rollen, Aufgaben), die geltenden Regeln des Zusammenlebens (Normen, Vorschriften, Gebote) sowie kulturelle Einrichtungen, die für den gesellschaftlichen Zusammenhalt (Recht, Politik), Erhalt (Wirtschaft, Technik, Medizin) und für die menschliche Entwicklung (Familie, Schule) vorgesehen sind. Schließlich gehören zum menschlichen Ökosystem soziale Interaktionen von Individuen und Gruppen sowie das gesamte gesellschaftliche System mit seinen Organisationsformen und Strukturen. Diese alle wiederum sind Bestandteile der geistig-sinnhaften Symbolwelt einer Kultur und als solche miteinbezogen in eine räumlich-materielle Umwelt (vgl. hierzu und zum folgenden auch grundlegend R. Oerter 1995, 84-127).

Für die Pädagogik erscheint die Berücksichtigung all dieser ökologisch-systemischen Zusammenhänge im höchsten Maße angeraten. Vollzieht sich doch die Formung des Menschen zur Persönlichkeit, seine Bildung, stets nur in der jeweiligen produktiven Auseinandersetzung mit derartigen Umweltanforderungen materieller, gesellschaftlicher und kultureller Art. Die pädagogische Aufgabenbestimmung konkret anstehender Bildungsprozesse kann deshalb ohne die Berücksichtigung solch situativer Lebenskontexte nicht adäquat vorgenommen werden.

Im folgenden soll nun der Frage nach den Formen und Typen derartiger pädagogisch bedeutsamer Umwelten intensiver nachgegangen werden.

II. Mensch – Umwelt – Interaktionen im (unmittelbaren und mittelbaren) Nahbereich von Personen

Vergegenwärtigt man sich, an wievielen und unterschiedlichen Umweltkontexten ein durchschnittliches Individuum in unseren modernen Gesellschaften bereits innerhalb der kurzen Zeitspanne einer Woche, eines Monates, eines Jahres teilhat, und nimmt man die Vielfalt der durchaus möglichen individuellen Formen, Mensch zu sein, hinzu, dann stellt sich die Frage, ob der Versuch, pädagogisch bedeutsame *situative Umweltkontexte* auszumachen, nicht unweigerlich ins Uferlose hineinführt. Jedenfalls leuchtet es ein, daß diese individuell und kulturell bedingte Pluralität wissenschaftlich erhebliche Schwierigkeiten bereitet.

Will man hier Komplexität reduzieren, so scheint das indessen auf dem Wege einer humanökologischen Sichtweise denkbar, derzufolge im skizzierten Sinne *ökosystemisch*[2] untersucht wird, in welcher Weise heranwachsende und erwachsene Individuen in für sie *typischen* und deshalb *vergleichbaren Lebensumwelten* agieren. Es ist ein besonderes Verdienst von Urie Bronfenbrenner (1978; 1979/1981), in dem bis heute wohl umfangreichsten sozialisationstheoretischen Ansatz zur menschlichen Ökologie solch typologisierende Kategorien für menschliche Ökosystemeinheiten eingeführt und damit ein vernetztes Gefüge von Systemzusammenhängen unterschiedlicher Reichweite namhaft gemacht zu haben. Von daher können die jeweiligen systemischen Hauptbestandteile im Rückgriff auf einschlägige empirische Befunde erfaßt, in ihrem Zusammenspiel untersucht, aber auch einem interkulturellen bzw. historischen Vergleich zugänglich gemacht und auf Chancen oder Hindernisse individueller Selbstverwirklichung und Selbstentfaltung hin überprüft werden.

[2] Die bisherigen Überlegungen dürften deutlich gemacht haben, daß mit dem Begriff des menschlichen Ökosystems nicht Vorstellungen, sei es von anonymen gesellschaftlichen Handlungssystemen im Sinne von Parsons, sei es funktionalen Kommunikationssystemen nach Luhmann, gemeint sind, wonach ja das Individuum selbst, bereits als „Umwelt" verstanden, gleichsam „außen vor" bleibt. Im Unterschied hierzu richtet die ökosystemische Betrachtungsweise ihren Blick auf das dynamische Wirkungsgefüge von agierendem Subjekt und seiner jeweiligen Umwelt.

Es ist zwar noch keineswegs gesagt, inwieweit die von Bronfenbrenner selbst erhobenen methodologischen Ansprüche einlösbar sein werden (vgl. Walter 1980, 295f.; Weber 1996, 130). Und erst recht bedarf die von ihm vorgenommene Einteilung der verschiedenen Ökosystemgrößen sicherlich noch der Ergänzung (vgl. Oerter 1995, 89). Dennoch ist es für die Pädagogik vielversprechend, dem Duktus seines Forschungsvorhabens grundsätzlich zu folgen und *vergleichbare Umweltkontexte im Leben von Menschen* faßbar zu machen, sie auf Chancen und Hindernisse gelebten Menschseins zu untersuchen und in ihrem jeweiligen Zusammenwirken zu überdenken.

Hält man sich hierbei an den ökosystemisch vorgezeichneten Werdegang, so trifft es gegenwärtig in der Tat zumindest auf alle höher entwickelten Kulturen zu, daß Kinder und Jugendliche die *Phase ihres Aufwachsens* im Lebensraum Familie beginnen, um von dort nach einigen Jahren zusätzlich in die neue Umwelt Schule zu gelangen. Fast gleichzeitig damit gewinnt die Umwelt der Gleichaltrigen zunehmend an Bedeutung, und hieran schließt sich, meist noch im Jugendalter, der Eintritt in die Umwelt des Berufslebens unmittelbar an. Weitet man diese Perspektive auf die *Lebensspanne* von Menschen aus, so folgen weitere, gravierende Wechsel in andere Umweltkontexte, angefangen von der eigenen Familiengründung bis hin schließlich in den eher beengten Lebensraum des Alters. Mit jedem *Umweltwechsel* jedoch tun sich neue, durchaus aber auch begrenzte Handlungsspielräume auf, deren Wahrnehmung auf Seiten der betroffenen Individuen den Erwerb besonderer Kompetenzen erfordert. Sache der Erziehungswissenschaft ist es, diesen Vorgang als potentiellen Bildungsprozeß zu begreifen, auszuformulieren und in Förderungsabsicht zu begleiten.

1. Umweltgrössen entlang der Theorie Bronfenbrenners

In deutlicher Abgrenzung von einer weitgehend noch umweltgleichgültigen Forschung, insbesondere aber auch von einer Forschung, die sich allenfalls auf einen einzigen, unmittelbaren Lebensbereich von Versuchspersonen konzentriert, formulierte Bronfenbrenner (1979/ 1981) sein *konzeptionelles Anliegen*, hinsichtlich der agierenden Individuen die Umweltperspektive beträchlich zu erweitern.

Hierzu ein einleitender Text zu Defiziten bisheriger sozialpsychologischer Theorien, selbst wenn sie umweltbezogen argumentieren:

„Erstens übersehen sie im allgemeinen die Auswirkungen nichtsozialer Umweltaspekte, zu denen auch die Art der Tätigkeiten gehört, mit denen die Beteiligten befaßt sind; zweitens, und das ist gravierender, beschränken sie den Begriff der Umwelt auf einen einzigen, auf den augenblicklichen Lebensbereich um die Versuchsperson, der in diesem Buch als Mikrosystem bezeichnet wird. Nur selten wird das Verhalten der Person in mehreren Lebensbereichen registriert, nur selten wird berücksichtigt, daß und wie die Beziehungen zwischen den Lebensbereichen die Ereignisse in ihnen beeinflussen können. Noch weit seltener ist die Erkenntnis, daß Verhalten und Entwicklung in jedem beliebigen augenblicklichen Lebensbereich um die Person tiefgreifend von Umweltereignissen und Umweltbedingungen außerhalb dieses Lebensbereichs beeinflußt werden können. Solche äußeren Einflüsse können (z.B.) in entscheidender Weise mitbestimmen, welche Bedeutung die augenblickliche Situation für die Person annimmt. Wenn das theoretische Modell, nach dem Ergebnisse interpretiert werden, diese Möglichkeiten nicht vorsieht, können sich falsche Schlußfolgerungen ergeben, die unser wissenschaftliches Verständnis der Determinanten, der Prozesse und des Potentials menschlicher Entwicklung einengen und verzerren" (Bronfenbrenner 1981, 33f.).

Dem konzeptionellen Anliegen einer Kontexterweiterung entsprechend führt nun Bronfenbrenner vier Ökosystemeinheiten von unterschiedlicher Größenordnung ein, die er als *Mikro-, Meso-, Exo- und Makrosystem* bezeichnet. Diese Systemgrößen stellt er sich vor als eine „ineinandergeschachtelte Anordnung" von konzentrischen Strukturen, die einander umschließen (vgl. Bronfenbrenner 1981, 38). Entsprechend geht Entwicklung vonstatten in der Wechselwirkung zwischen der Person als reflexiv handelndem Individuum und diesen ihren Umweltkontexten, wobei die Einflüsse aus dem äußeren Umfeld in die unmittelbaren Lebensbereiche hineinwirken.

1.1 Setting

Geht man der Bronfenbrenner'schen Begrifflichkeit im einzelnen nach, so stößt man zunächst auf den von Schülern Lewins entwickelten Terminus des „(Behavior) Setting" (vgl. Barker 1968, 1ff.), der auch von Bronfenbrenner verwandt und in seine Konzeption voll integriert wurde, weil er seinen ökologischen Intentionen sehr entgegenkommt. Und als eine Art ökologischer Grundbaustein vermag er wie kein anderer Terminus das Szenische in allen menschlichen Lebenswelten zu repräsentieren.

Zur Illustration: Szenen aus einem Sommerwochenende der Studentin K.

Freitagnachmittag:	K. nimmt an der Jazz-Gymnastik im Sportzentrum teil. Sie erteilt Nachhilfe-Unterricht im Haus einer Englischschülerin. Mit Freunden besucht sie ein Kino.
Samstag:	K. kauft in der Stadt für das Wochenende ein. Sie räumt ihr Appartment auf. Sie unternimmt einen Spaziergang im Park. Sie trifft sich im Café mit einer Freundin. Sie nimmt an einer Grillfete am Fluß teil. Sie übernachtet bei ihrem Freund.
Sonntag:	K. wirkt als Flötistin beim Zwölfuhr-Konzert in einer Kirche mit. Sie besucht zum Mittagessen ihre Eltern. Sie trifft sich mit ihrem Freund in einer Kneipe. Zu Hause legt sie letzte Hand an das Referat für Montag.

Es ist in der Tat erstaunlich, mit wie vielen und wie verschiedenartigen *szenischen* Interaktionen es K. als eine normale Studentin in einem eher gewöhnlichen Zeitabschnitt zu tun bekommt. Und sicherlich wird es, zumindest auf längere Zeiträume betrachtet, unterhalb dieser von ihr erlebten Umweltkontexte auch noch zahlreiche kleinere Einheiten mit festem Ortsbezug geben. Als *szenische* Umweltausschnitte sind diese zwar nur Teilmomente von konkreten Lebensbereichen, wirken sich aber dennoch in nicht unerheblichem Maß auf das Leben der/des einzelnen aus. So mag man sich etwa noch Jahre später erinnern an einen Winkel im Park, der als geheimer Kindertreffpunkt fungierte, oder an eine Straßenecke, an ein bestimmtes Tanzlokal, ein Bistro oder die tägliche Trambahnfahrt, wo zwar nur vorübergehende, aber regelmäßig ablaufende Interaktionen mit ganz bestimmten Menschen stattfanden.

All dies läßt sich dem Begriff des *Setting* unterordnen: begrenzte Lebenseinheiten, in denen sich jeweils ein spezifisches Verhaltensmuster mit einem strukturgleichen („synomorphen") Umweltausschnitt verbindet (vgl. auch Schulze 1983, 273). Mit Bronfenbrenner (1977, 514) kann man deshalb den Terminus Setting definieren als einen „Ort mit spezifischen physikalischen Eigenschaften, in dem die Teilnehmer in bestimmter Weise in bestimmten Rollen und in bestimmten Zeitabschnitten aktiv sind. Die Faktoren Ort, Zeit, physikalische Eigenschaften, Aktivität, Teilnehmer und Rolle konstituieren die Elemente eines Settings."

Vgl. hierzu auch den Kommentar von R. Oerter (1995, 87):
„In solchen Settings ist das Individuum unmittelbar in Kontakt mit sozialen Partnern und zwar gemäß der Annahme der Synomorphie, indem es festgelegte Verhaltensmuster, die den Umgang mit Partnern und mit physikalischen Objekten gleichermaßen beschließen, erwirbt und ausführt."

Offenkundig verläuft das Leben zumindest von älteren Kindern, Jugendlichen und Erwachsenen in unseren hochkomplexen Gesellschaften als eine Abfolge solch unterschiedlichster *szenischer* Interaktionen (vgl. auch Goffman 1963). Und ohne Kenntnis der in raschem Wechsel befindlichen heterogenen Umweltkontexte, innerhalb derer eine Person heute in zahllosen Episoden die Bühne des Lebens betritt als einer, der/eine, die..., ohne sie kann man dem einzelnen und seiner Entfaltung wohl kaum noch gerecht werden. Im Konzept des Behavior Setting aber wird dies wissenschaftlich möglich.

1.2 Mikrosystem

Hiermit eng verwandt ist der von Bronfenbrenner in seiner „Ökologie der menschlichen Entwicklung" (1981)[3] eingeführte Begriff des *Mikrosystems*; dessen Definition lautet:

> „Ein Mikrosystem ist ein Muster von Tätigkeiten und Aktivitäten, Rollen und zwischenmenschlichen Beziehungen, die die in Entwicklung begriffene Person in einem gegebenen Lebensbereich („setting") mit den ihm eigentümlichen physischen und materiellen Merkmalen erlebt" (Ökologie 38).

1.2.1 Objektiver Settingaspekt

Und Bronfenbrenner fügt spezifizierend hinzu: „Ein *Lebensbereich* (= Setting, Vf.) ist ein Ort, an dem Menschen leicht direkte Interaktionen mit anderen aufnehmen können" (ebd.).

Zur Illustration: Es ist Samstagmorgen. Familie H. sitzt am Frühstückstisch.

Mutter:	Heute müssen wir in die Stadt fahren und Anziehsachen für die Frankreichreise kaufen.
Philipp (13 J.):	Oh nein, ich habe mich mit Fabian zum Tennisspielen verabredet.
Patrick (8 J):	Aber Philipp, du hast mir doch versprochen, mir heute mein Fahrrad zu reparieren.

[3] im folgenden zit. = Ökologie

Philipp:	Oh Gott, das schaffe ich nicht auch noch! Immer muß ich Kindermädchen spielen!
Vater:	Jetzt paß´mal auf! Wenn du dem Patrick das versprochen hast, dann mach´es bitte auch!
Philipp:	Aber ich soll heute nachmittag doch auch noch den Rasen mähen!

Ein typisches Beispiel für das Mikrosystem Familie, wo im Szenarium eines offensichtlich gutbürgerlichen Milieus (Haus, Garten, Reisen, Tennisspielen) Sohn Philipp es wieder einmal genervt ablehnt, die Rolle des älteren Bruders zu übernehmen. Seiner *objektiven Seite* nach ist mithin das Mikrosystem an ein konkret greifbares und analysierbares Setting (Familie, Schule, Berufswelt) mit den genannten Eigenschaften einer Passung von Umfeld (physikalischem und sozialem Milieu) und Verhaltensmustern (kollektiv bestimmt) gebunden. Seiner *subjektiven Seite* nach jedoch besagt Mikrosystem – und hierin wird der objektive Settingaspekt gleichsam wieder unterschritten – daß da eine bestimmte Person in die Einflußfaktoren eines Setting als ihres unmittelbaren Lebensbereiches einbezogen ist, und daß diese Person in ständiger Wechselwirkung mit den dortigen Umweltfaktoren lebt und sie allesamt individuell *erlebt*.

1.2.2 Subjektiver Lebensraumaspekt

Ganz zu Recht sind sonach für Bronfenbrenner nicht nur die objektiven Merkmale der menschlichen Umwelten wissenschaftlich von Belang, sondern auch die Art und Weise, wie diese Umweltfaktoren von den betroffenen Personen wahrgenommen werden, denn: „am wirksamsten und überwiegend wird der Verlauf des psychischen Wachstums von jenen Aspekten einer gegebenen Situation gelenkt, die für die Person *Bedeutung* haben“ (Ökologie 39).

Es waren insbesondere *Kurt Lewins* Konstrukte des *„Lebensraumes“* und des *„psychologischen Feldes“* (1931, 1935, 1951), auf die sich Bronfenbrenner mit seiner phänomenologischen Auffassung von Umwelt stützt. Danach ist für das wissenschaftliche Verständnis von Entwicklung und Verhalten die Umwelt, wie sie in der psychischen Organisation der Person erscheint, also die *subjektiv wahrgenommene Realität*, von größerer Relevanz als die sog. objektive Wirklichkeit. Lewin war auf diese Einsicht anläßlich seiner Erfahrungen während des Ersten Weltkrieges gestoßen. Eine “Kriegslandschaft“ (1917) verändert tatsächlich die Eigenschaften der natürlichen Landschaft in dramatischer Weise. Sonst lieblich anmutende Hügel und Wälder werden mit einem Mal, im furchterregenden Szenario des Krieges, als bedrohliche Wirklichkeit wahrgenommen.

Erst die Kenntnis der *phänomenalen Umwelt* eines Menschen, das Wissen um die Bedeutung, die eine Situation für ihn hat, macht sonach sein Verhalten und seine weitere Entwicklung verständlich. Und umgekehrt gilt es von daher empirisch zu ergründen, welche Komponenten in einer Situation am meisten die Aufmerksamkeit auf sich ziehen und somit die Umweltkonstruktion einer Person konstitutiv beeinflussen. Nach Lewin sind dies vor allem Aufgaben/Unternehmungen von Menschen und die sich hieraus ergebenden wechselseitigen Verbindungen im Rahmen von Gruppen. Bronfenbrenner fügt dem in seiner Konzeption des Mikrosystems noch die tragende Bedeutung der Rolle (ein „Satz von Verhaltensweisen und Erwartungen") für die Umweltwahrnehmung hinzu. Entsprechend lautet jetzt seine Zusatzdefinition:

„*Tätigkeit* (oder *Aktivität*), *Rolle* und *zwischenmenschliche Beziehung* sind die *Elemente* (oder *Bausteine)* des Mikrosystems" (Ökologie 38).

Als solche sind sie die Hauptkomponenten zur Ergründung der phänomenalen Umwelt einer Person wie auch zur Erfassung der Bedeutung, die eine Situation für sie besitzt.

1.2.3 Mikrosystem als Synthese

Insofern greift Bronfenbrenner bereits in seinem grundlegendsten Systembegriff das wissenschaftliche Kernproblem eines um allgemeingültige Aussagen bestrebten humanökologischen Ansatzes auf, nämlich die anthropologische Grundgegebenheit, daß menschliche Individuen, anders als rein naturhafte Organismen, ihre Wirklichkeit selbst konstruieren. – Bleiben unter dieser Voraussetzung dann nurmehr unendlich viele und folglich unvergleichbare individuelle Welten? Keineswegs. Gehört es doch zum Basisbestand modernen soziologischen Wissens, daß Individuen in aller Regel innerhalb von Prozessen *interpersonellen Austausches* und *sozialer Tradierung* Wirklichkeit konstruieren und auf diesem Weg tatsächlich zu gleichgerichtetem Denken, Werten und Verhalten gelangen.

„Es besteht also die Möglichkeit, Gruppen von Individuen zu identifizieren, die in ihrer Wirklichkeitskonstruktion hohe Übereinstimmung aufweisen; bzw. entsprechende Hypothesen zu formulieren und nach ‚harten' Verursachungen für diese Wirklichkeitskonstruktion zu suchen. Sozialwissenschaftler taten und tun dies permanent. Sie fanden sie in verfügbaren materiellen Ressourcen, konkreten Erfahrungen am Arbeitsplatz, Organisationsstrukturen (z.B. des Schulsystems), etc. auf der Umwelt-Seite, in ‚allgemein menschlichen' Mustern der sozialen Interaktion, der Informationsverarbeitung ... etc. auf der Person-Seite. Im Rahmen des Sozialisationsgeschehens scheint ein weiteres zentrales ‚objektives Datum' mit den verschiedenen kognitiven Niveaus der Heranwachsenden – wie vor allem von Piaget beschrieben – gegeben" (Walter 1980, 294).

Mit seinem humanökologisch-systemischen Forschungsansatz verfolgt Bronfenbrenner bezüglich des Zusammenspiels von objektiver Umwelt (Setting) und phänomenaler Welt des individuellen Bewußtseins (konstituiert und faßbar durch Tätigkeiten, Rollen, Beziehungsmuster) offenkundig eine mittlere Position. Nicht zuletzt deshalb auch scheint sie pädagogisch ertragreich zu sein, weil sie aus guten empirischen Gründen eine Zuordnung von subjektiven und objektiven Strukturen unterstellt (vgl. hierzu auch Oerter 1979).

1.3 Mesosystem

Die nächstgrößere Systemeinheit bezeichnet Bronfenbrenner als „Mesosystem". In seinen Worten:

> Ein Mesosystem „umfaßt die Wechselbeziehungen zwischen den Lebensbereichen, an denen die sich entwickelnde Person aktiv beteiligt ist (für ein Kind etwa die Beziehungen zwischen Elternhaus, Schule und Kameradengruppe in der Nachbarschaft; für einen Erwachsenen zwischen Familie, Arbeit und Bekanntenkreis)."

Man kann also das Mesosystem auch als ein „System von Mikrosystemen" verstehen, gleichsam ein soziales Netzwerk erster Ordnung, das sich unmittelbar um die handelnde Person bildet und erweitert, sooft sie in einen neuen Lebensbereich eintritt (Ökologie 41). Wenngleich es als ein übergreifendes System unterschiedliche Lebensbereiche überspannt und in sie hineinwirkt, bleibt es dennoch auf einem überschaubaren mittleren Niveau im Nahbereich der Person angesiedelt. Hier bietet es die Chance zum geistig-emotionalen und aktionalen Reifungsprozeß in dem Sinne, daß die sich entwickelnde Person jetzt „erweiterte, differenziertere und verläßlichere Vorstellungen" über ihre Lebensumwelten gewinnen kann (Ökologie 44.200). Dies setzt jedoch voraus, daß hinreichende Verknüpfungen zwischen den Lebensbereichen hergestellt werden.

Zur Illustration:
Ein aufgeregter Patrick wird am ersten Schultag von seiner Mutter zum Gymnasium begleitet. Die Mutter beruhigt ihn, daß er einen Teil der Lehrer und der schulischen Abläufe ja doch schon aus den Erzählungen von Philipp kenne. Beim Betreten der Aula begegnen sie einem Freund des Vaters aus dem Gesangsverein, der hier Englischlehrer ist und beide herzlich begrüßt. Beim Aufrufen der Namen ist die neue Klassenlehrerin erfreut, in Patrick einen Bruder von Philipp vor sich zu haben. Frau H. kehrt mit dem Gefühl nach Hause zurück, daß ihr kleiner Sohn in der neuen Umgebung gut aufgehoben ist. Und sie fragt sich, ob sie sich diesmal nicht doch die Zeit nehmen und einen Platz im Elternbeirat anstreben soll.

Offensichtlich eine nahezu ideale *Verknüpfung zwischen den Lebensbereichen* Schule und Elternhaus. Der „ökologische Übergang“ ist gelungen (unter Begleitung der Mutter). Eltern und Kinder besitzen bereits hinreichende Kenntnisse, was im neuen Umfeld auf sie zukommt. Es gibt mehrere „kontextübergreifende Dyaden“ (der Bruder als langjähriger Schüler dieses Gymnasiums; Vater singt mit einem Lehrer im selben Chor; eventuell trifft P. auch noch Schulkameraden aus seiner bisherigen Schule). Überdies bestehen zwischen Elternhaus und Schule vergleichbare Rollenanforderungen, ein ständiger Kommunikationsfluß und die Bereitschaft zum besonderen Engagement. Kommt hierzu noch ein Klima gegenseitigen Vertrauens, der positiven Betätigung und Orientierung, so ist davon auszugehen, daß in diesem (meso)systemischen Kontext das „entwicklungsfördernde Potential“ erheblich gesteigert werden kann (Ökologie 199-208).

Was da im Blick auf das soziale Netzwerk, gemessen an hiesigen Gegebenheiten, als ungewöhnlich günstig erscheint, das ist im soziokulturellen Kontext der amerikanischen Verhältnisse, die Bronfenbrenner unmittelbar vor Augen hat, in der Regel alltägliche Realität. Zweifellos ist es dort die Kultur der *Eigenverantwortlichkeit*, die einen jeden, Eltern und Heranwachsende, für die jeweiligen Lebensbereiche als seine Angelegenheit eintreten läßt, angefangen von der Preschool über Kindergarten, Elementar- und Highschool bis hin zum College, aber auch Kirchen, Vereinigungen und Organisationen betreffend. Das Resultat dieser vielfältigen Aktivitäten ist dann ein erstaunlich tragfähiges soziales Netzwerk mittlerer Größenordnung, innerhalb dessen Kinder im erweiterten Kontext sowohl vielfältig anregender als auch zugleich relativ homogener Umweltanforderungen agieren und sich entsprechend entfalten können.

Im Sinne einer höheren Wirksamkeit zahlloser praktisch-pädagogischer Maßnahmen ist deshalb dringend zu überlegen, wie analog auch hierzulande ähnlich entwicklungsfördernde Bedingungen auf der Mesosystemebene herbeigeführt werden könnten. Das folgende Negativbeispiel aus dem Leben der großen Tanztherapeutin *Trudi Schoop* soll noch einmal die pädagogische Relevanz dieser meist weit unterschätzten Systemgröße nachträglich veranschaulichen.

Trudi Schoop wurde am 9. Oktober 1903 in Zürich geboren. Sie ist eine der ersten Vertreterinnen des *Ausdruckstanzes* und gilt heute als eine der „Mütter der *Tanztherapie*".

Schoop wuchs in Zürich in einem äußerst glücklichem Zuhause auf, zusammen mit einer Schwester und zwei Brüdern. Ihre Eltern waren sehr verschieden, ergänzten sich jedoch in positiver Weise und gaben der Familie ein harmonisches Ambiente. Der Vater war eher konventionell und ein Ästhet. Die Mutter dagegen war nach Schoop von einem „unersättlichem Freiheitsdrang" besessen, fern von bürgerlichen Konventionen. Das Haus, in dem die Familie wohnte, beherbergte häufig Gäste, und es wurde offen und häufig diskutiert. Der Garten diente den Kindern im Sommer als Ort der ungehinderten körperlichen Betätigung.

Die *Unbeschwertheit* dieser ersten Jahre wurde mit einem Mal *jäh unterbrochen*, als Trudi Schoop *in die Schule kam*. Hier fiel es ihr besonders schwer, sich mit der strengen Disziplin im Rahmen der damaligen puritanischen Züricher Gesellschaft abzufinden. Begegnete ihr doch die Schule als ein vom Intellekt geprägtes System, dem man sich unterordnen und wo man stundenlang still sitzen mußte und „wo der beste Schüler derjenige war, dem es gelang, Kopf und Körper zu trennen ...".

So ist es erklärlich, daß in Schoops glückliche Kindheit unfaßliche Ängste einbrachen, welche sie besetzt hielten und die sie durch Zwangshandlungen zu beschwichtigen suchte, bis sie schließlich in psychotische Zustände abglitt. Was ihr dann half, war die Musik. Stundenlang schloß sie sich im Musikzimmer der Eltern ein und bewegte sich zur Musik des Grammophons: sie improvisierte und tanzte sich buchstäblich ihre Ängste vom Leib.

Mit siebzehn Jahren gab sie ihren ersten öffentlichen Tanzabend am Züricher Schauspielhaus, ohne jegliche Ausbildung. Nach Schoops Aussagen hatte der Tanz auf sie eine heilende Wirkung. Indem sie die Ängste darstellte, konnte sie diese mit Hilfe des körperlichen Ausdrucks kommunizieren. Später in Kalifornien beschloß sie dann, mit psychiatrisch hospitalisierten Klienten zu arbeiten. Mit großem Mut begann sie einen neuen Weg zu gehen, wobei sie den Tanz, den körperlichen Ausdruck als therapeutisches Mittel benutzte, um chronisch psychisch Kranken eine Möglichkeit zu geben, ihre Krankheit gleichsam aufzufangen, wie sie es in ihrer Kindheit erlebt hatte.(Lit.: T. Schoop 1981)

Das Hoffnungsvolle an diesem Lebensbeispiel dürfte wohl darin bestehen, daß die Phase des völlig mißlungenen kindlichen Mesosystems später in Form von ästhetisch-bildenden Aktivitäten von ihr selbst wettgemacht werden konnte.

1.4 Exosystem

Einen eigenen Systemtyp hat Bronfenbrenner all jenen Einflüssen vorbehalten, die aus der Perspektive des handelnden Individuums *von außerhalb* seines eigenen Umfeldes kommen und auf die es deshalb auch keinen direkten Einfluß nehmen kann. Seine Definition für dieses sogenannte Exosystem lautet:

> „Unter Exosystem verstehen wir einen Lebensbereich oder mehrere Lebensbereiche, an denen die sich entwickelnde Person nicht selbst beteiligt ist, in denen aber Ereignisse stattfinden, die beeinflussen, was in ihrem Lebensbereich geschieht, oder die davon beeinflußt werden" (Ökologie 42).

Zur Illustration:
Herr H. reagiert beim Abendessen gereizt auf Philipps Erzählungen vom Fußballtrainung. Er verläßt wütend den Eßtisch und schreit: „Du interessierst dich ja überhaupt nicht mehr für meine Sachen!" Patrick löffelt eingeschüchtert seine Suppe. Frau H. versucht zu beschwichtigen: „Kommt Kinder, ihr wißt doch, daß in Papas Betrieb jetzt auch leitende Mitarbeiter entlassen werden; und das zehrt nun mal an den Nerven."

In diesem Falle ist es die drohende Arbeitslosigkeit des Vaters, die störend in das Mikrosystem Familie hineinwirkt. Andere Beispiele für das Exosystem eines Kindes sind etwa die Schule bzw. die Gleichaltrigengruppe des älteren Bruders oder der Bekanntenkreis der Eltern. Derartige *Außenweltfaktoren* können die Handlungsspielräume im eigenen Lebensbereich in erheblichem Maße beeinflussen (vgl. Ökologie 224ff.). Dies gilt bereits für das „von außen" ins Haus kommende Fernsehprogramm, das, als Teil des Exosystems des Kindes, in vielen Fällen mit geballter Macht die Interaktionsstruktur in der Familie verändert. Oder es ist der Einfluß von Lärmbelästigung in der Wohnung, deren Lage, etwa an einer Schnellstraße, in einem bestimmten Stadtteil etc., oder auch die berufliche Situation der Eltern, namentlich des Vaters, welche die Entwicklung unter Umständen stark beeinträchtigt. Stets gehört zu diesen *Außenweltfaktoren* aus der Sicht des betroffenen Kindes etwas Undurchschaubares, Unumstößliches, dem man ausgeliefert ist, das man kaum überblickt, geschweige denn verändern kann.

Allgemein gesprochen sind es also vielfältige gesellschaftliche Institutionen und gesellschaftliche Rahmenbedingungen lokaler und überregionaler Art, die in ihrer Summe für die in der Familie Heranwachsenden das Exosystem bilden, letztlich ihr Zugang zu den *"Lebensbereichen der Macht*", in denen formell oder informell Hilfsmittel zugeteilt und gesellschaftlich relevante Entscheidungen getroffen werden. Entsprechend plausibel und für Wissenschaft und Sozialpolitik bedenkenswert lautet denn auch die hieraus gefolgerte Hypothese Bronfenbrenners:

„Das entwicklungsfördernde Potential eines Lebensbereichs wird in dem Ausmaß gesteigert, in dem den Beteiligten direkte und indirekte Verbindungen zu Lebensbereichen der Macht offenstehen, die es ihnen erlauben, Unterstützungen und Entscheidungsfindungen den Bedürfnissen der sich entwickelnden Person und den Bestrebungen ihrer Vertreter entsprechend zu beeinflussen" (Ökologie 240).

1.5 Vorgriff (auf das Makrosystem) und Ausblick

Obwohl in unserem Zusammenhang zunächst der Nahbereich der Umwelten des Individuums von Interesse ist und die übergreifenden Umweltzusammenhänge einem späteren Kapitel vorbehalten bleiben, kommt man doch nicht umhin, an dieser Stelle schon auf die Makroebene vorzugreifen, weil sie in alle darunter liegenden Umweltsysteme hineinregiert.

1.5.1 Erste Kennzeichnung des Makrosystems

Entsprechend geht auch Bronfenbrenner davon aus, daß erst unter dem Einfluß des Makrosystems die Umwelten im Nahbereich ihre spezifischen, in sich homogenen Konturen erhalten. Er definiert:

> „Der Begriff des Makrosystems bezieht sich auf die grundsätzliche formale und inhaltliche Ähnlichkeit der Systeme niedrigerer Ordnung (Mikro-, Meso- und Exo-), die in der Subkultur oder der ganzen Kultur bestehen könnten, einschließlich der ihnen zugrundeliegenden Weltanschauungen und Ideologien" (Ökologie 42).

Zur Illustration:
Familie H. sitzt mit einem Geschäftspartner von Herrn H. aus den Arabischen Emiraten beim Mittagessen. Mit wachsendem Erstaunen hören vor allem die beiden Jungen dem Gast zu, als er von seiner siebzehnjährigen Tochter und deren strikt auf den häuslichen Bereich beschränkten Alltagsleben erzählt. Als Philipp auf sein Nachfragen hin erfährt, daß Mädchen dort niemals ohne einen Begleiter aus der Familie ausgehen dürfen, verschlägt es ihm fast die Sprache. Ob das denn richtig sein kann? Und wieso die das überhaupt mit sich machen lassen?

Das Makrosystem als eigene Gesamtkultur erscheint von daher als das Normale, Selbstverständliche. Allem und jedem verleiht es eine bestimmte vertraute Physiognomie. So ähneln sich in einer gegebenen Kultur Einrichtungen wie etwa ein Cafe, ein Postamt, ein Park etc. in Aussehen und Funktionsweise in verblüffender Weise ebenso wie Bräuche, die Art zu denken, zu fühlen und sich auszudrücken. Es ist, als wäre dies nach je einem *„Satz von Konstuktionsmustern“* entstanden (Ökologie 42).

Das Gleiche gilt, interkulturell gesehen, für die Formverschiedenheit auch auf der Mesosystemebene. Und erst beim Aufeinandertreffen des Andersartigen, sei es auf Reisen, sei es im Rahmen der heutigen multikulturellen Gesellschaft, zeigt sich das kulturell Eigene in seiner relativen Homogenität. Es sind hier jeweils höchst unterschiedliche kulturelle Lebensstile, Denkstile, Ethosformen am Werk, die ihrerseits von eigenen Weltanschauungen und Ideologien getragen sind.

Nach Bronfenbrenners begrifflicher Klassifizierung kann sich das Makrosystem jedoch auch auf die Ebene von *Subkulturen* beziehen und sich hier in durchgängigen Differenzierungsmustern *innerhalb* einer Gesellschaft manifestieren. Man denke dabei nur an die divergierenden Umwelten etwa von wohlhabenden oder von armen Bevölkerungsgruppen:

> „Die Konstruktionsanweisungen der Systeme für sozio-ökonomische, ethnische, religiöse und andere Subkulturgruppen sind verschieden, sind das Ergebnis verschiedener Weltanschauungen und Lebensstile, die ihrerseits wieder dazu beitragen, die für die einzelnen Gruppen typischen Umwelten zu bewahren“ (ebd. 42).

Ob nun auf der Ebene der Gesamtkultur oder der Subkultur, das Makrosystem hebt nicht mehr auf konkrete Lebensumwelten, sondern auf „Prototypen“ von Umwelten ab (vgl. auch Schulze 1983, 275). Die dementsprechend abstrakten Formen wie etwa das jeweils umfassende sozio-ökonomische, juristische oder auch politische Subsystem werden von den Heranwachsenden nur mehr in Gestalt von gesetzlichen Regelungen, Ressourcenverteilung oder Ideologien erfahren.

1.5.2 Kurzes Resümee

Mit dieser Konzeption der Ökologie menschlicher Entwicklung ist es Bronfenbrenner in der Tat gelungen, eine reichhaltige Palette ineinander verschachtelter menschlicher Umwelten von verschiedener Größenordnung herauszuarbeiten, mit denen sich Individuen in je unterschiedlicher Weise und Intensität in ständiger wechselseitiger Interaktion befinden. Für den sich formierenden ökologischen Ansatz bedeutet dies, gemessen an Vorgängermodellen, die meist auf den Mikrobereich beschränkt blieben, eine unvergleichliche *Ausweitung* und *Differenzierung*. Ungeachtet der erwähnten Vorbehalte bezüglich der von Bronfenbrenner vorgenommenen Systemeinteilung im einzelnen sowie der Frage nach der methodischen Einlösbarkeit ist mit seinem Konzept dennoch ein Forschungsrahmen vorgegeben, innerhalb dessen die Erziehungswissenschaft, ähnlich wie auch Entwicklungspsychologie und Sozialisationstheorie, weiterarbeiten können.

Zentrale Botschaft dabei ist die kaum zu überschätzende *Bedeutung des Faktors Umwelt* für die Entwicklung und Bildung des Menschen zur reifen Persönlichkeit. Zollt man dem im Rahmen der Erziehungswissenschaft Beachtung, so gilt es künftig, die vernetzten Umweltbezüge, mit denen es Kinder, Jugendliche und Erwachsene zu tun haben, in all ihren pädagogischen Belangen und Implikationen zu erforschen.

Unter dieser Prämisse bedürfen dann jene erziehungswissenschaftlichen Denkmodelle, die in direktem Zugriff auf den „Zögling“ gewöhnlich nur die unmittelbare pädagogische Beziehungsstruktur thematisieren, der Revision bzw. einer Ausweitung, welche die Umweltkontexte in Rechnung stellt. So müßte zum einen jedwede *geplante* und *organisierte pädagogische Interaktion* selbst auf ihren möglichen *situativen Kontext* hin befragt werden. Entsprechend bestünde pädagogische Intervention dann vornehmlich darin, optimale Lernumwelten zu arrangieren. Zum andern dürften die *Adressaten* von Erziehungs- und Bildungsprozessen nurmehr vor dem Hintergrund ihrer *persönlichen Lebensumwelten* gesehen und auf deren Bewältigung hin gefördert werden.

Insgesamt müßten dabei, Bronfenbrenner resümierend, folgende *Leitgesichtspunkte entwicklungsfördernder Umwelten* intendiert werden:

- im Blick auf den *Mikrobereich* ein materieller und sozialer Lebenskontext, der zu fortschreitend komplexeren Tätigkeiten, wechselseitigen Interaktionsmustern und zwischenmenschlichen („primären dyadischen“) Beziehungen motiviert;
- im Blick auf die *Mesosystemebene* hinreichend direkte und indirekte Verbindungen zwischen unterschiedlichen Lebensbereichen, denen zufolge ein soziales Netzwerk entsteht, welches ge-

genseitiges Vertrauen, positive Orientierung und vielseitige Rollenübernahme fördert;
- hinsichtlich des *Exosystems* soziale Netzwerke, welche die unmittelbaren Lebensbereiche der Beteiligten mit Lebensbereichen der Macht verbinden, so daß individuelle Bedürfnisse angemessene Berücksichtigung finden;
- hinsichtlich des *Makrosystems* gesamtkulturelle Konstruktionsanweisungen bzw. subkulturelle Muster, die dem einzelnen eine zunehmende Einflußnahme auf den entfernteren Teilbereich in seiner Umwelt einräumen.

In Abwandlung des bekannten Satzes von Freud „Wo *Es* war, soll *Ich* werden" bringt Bronfenbrenner den Gesamtduktus dieser Kriterien für eine förderliche Umwelt auf die Formel: "*Wo Exo- war, soll Meso- werden*" (Ökologie, 266). Die in Entwicklung begriffene Person, so der Leitgedanke, sollte die Chance erhalten, in einem ebenso vielfältigen wie zwischenmenschlich anregenden Netzwerk von Umwelten als Individuum handeln und sich frei entfalten zu können. Eben dies ist nun aber auch die Basis für das Gelingen aller Bildungsprozesse, das Gelingen der Bildung zur reifen Persönlichkeit.

2. Umweltbezug und Bildung

2.1 Zum Bildungsbegriff allgemein

Die pädagogische Fundamentalkategorie der *Bildung* stellt zweifellos primär eine *Kategorie des Subjekts* dar. „*Bildung*", die selbsttätige Formgebung des Individuums zu seinem personalen Selbstsein, meint jenen lebenslangen Prozeß, in dessen Verlauf sich der Mensch zur reifen Persönlichkeit eines innerlich freien, sittlich-kulturellen Wesens von unverwechselbarer Individualität heranbildet und ausformt (vgl. Gadamer 1978, 56; Menze 1983, 350f). Im Resultat ist Bildung dann vernunftgemäße Daseinsform im umfassenden Sinn, nämlich in der geistigen Ganzheit einer Existenzweise, in der theoretisches Erkennen, praktisches Handeln und sinnlich-ästhetisches Urteilen aufeinander verwiesen sind (vgl. Koch 1996). Bildung zielt sonach auf das reflexive und verantwortete Dasein des Menschen ab.

Aber damit kann man es nicht bewenden lassen. Andernfalls müßte die Bildungsvorstellung entarten, wo sie nur selbstgenügsam in sich befangen bleibt (vgl. Pleines 1971, 7; Horkheimer 1978, 25;

Weber 1976). Es würde sich nämlich die berechtigte Frage stellen: „reflexiv“ – ja, aber in Bezug auf was? „Verantwortlich“ – aber gegenüber wem? Zum Sinngehalt von Bildung gehört mithin konstitutiv der Objekt-, der Weltbezug. Insofern weist sie über die engen Schranken des Individuums weit hinaus auf den Umgang des Menschen mit seinesgleichen im interpersonalen Bezug, auf den tätigen Umgang auch mit den Dingen.

Als Kategorie des Subjekts ist der Bildungsbegriff sonach zugleich eine *Kategorie des Weltbezuges*. Er bezeichnet die Möglichkeit zum Selbstsein der Person, dies jedoch im Daseinsraum einer konkreten Lebenswelt. Von daher läßt sich Bildung als der Prozeß bestimmen, durch den der Mensch seine „geschichtlich-gesellschaftliche Gestalt“ gewinnt (Groothoff 1978, 108), indem er auf dem Realisationsfeld gesellschaftlicher Praxis, im gegebenen Rahmen ihrer individuellen und sozialen Bedingungen, in sich ein Denken, Fühlen und Handeln ausbildet, das ihn zur Wahrnehmung und Bewältigung human-gesellschaftlicher Aufgaben im Rahmen seiner Lebenswelt befähigt.

So betrachtet stellt Bildung dann eine *Relationskategorie* dar. Sie *vermittelt zwischen Subjekt* und *Welt*, weshalb denn auch die überstarke Betonung der Subjektivität des Individuums seitens der neuhumanistisch geprägten Humboldtepoche einer nachträglichen Korrektur im Sinne einer Ausweitung des Bildungsbegriffs bedurfte. Für die personale Existenzweise und ihre selbsttätige, innere Formgebung ist das In-der-Welt-Sein schlechthin konstitutiv. Zwar bildet, entfaltet, verwirklicht sich der Mensch in und für sich selbst als Individualität; als ein Selbstsein *in Welt*, aber vermag er dies nur *von Welt her und auf Welt hin*. „Welt“, verstanden als kulturell interpretierter Möglichkeitshorizont, ist dabei nicht bloßes Medium, sondern ihrerseits zutiefst formgebendes Element innerhalb dieses Vorganges der Selbstbildung. Und nur diese Wechselbeziehung von Subjekt und Lebenswelt vermag einen *dialektischen Prozeß* in Gang zu setzen, demzufolge der Mensch im bewältigenden und sinnerschließenden Umgang Wirklichkeit sich angleicht, wie ihrerseits die immer differenzierter begriffene Wirklichkeit mit ihrem Eigensein und Eigenanspruch die Verstehens- und Verhaltensmuster des Subjekts erst hervorbringt und tiefgreifend umwandelt.

Bildung als Relationskategorie meint also den fortschreitenden Auf- und Ausbau einer *hermeneutischen Entsprechung* zwischen *Mensch und Welt* im Verstehenshorizont von Kultur mit dem Ertrag der inneren Durchformung des Subjekts, kraft derer sich dieses nunmehr in seiner geschichtlich-konkreten Lebenswelt verstehen, zurechtfinden und verhalten lernt. „Erschlossensein einer ...Wirklichkeit für einen Menschen“ und „Erschlossensein dieses Menschen für diese seine Wirklichkeit“ (W. Klafki 1965, 43), Durchgestaltung des Menschen und Formierung seiner Weltbezüge, Personwerdung und Weltorientierung bzw. Weltbewältigung – im Bildungskonzept gelangt dieser Doppelbezug zur Koinzidenz.

2.2 Humanökologische Akzentuierung

Faßt man in dieser Weise die allgemeine Bildungsidee mit ihren beiden Strukturkomponenten begrifflich als *vernunftgeleiteten Welt- und Selbstbezug* des Menschen (Mertens 1995a, 184ff.) bzw. als „reflexive Erfahrung“ (Schäfer 1996, 166) oder auch als „problematisierenden Vernunftgebrauch“ (Ruhloff 1996), so kann man vor diesem Hintergrund nicht schwer auch eine humanökologische Akzentuierung vornehmen. Wie sich Personsein nur in situativen Umweltkontexten als den Teilen einer individuellen und gesellschaftlich bedingten konkreten Lebenswelt realisieren läßt, so kann sich der Mensch als selbständige Person *heranbilden* und zur vollen Gestalt reifen Menschseins immer nur in der *Interaktion* mit spezifischen, materiell, kulturell und sozial bestimmten *Umwelten ausformen*. Diese lassen sich ihrerseits mit Bronfenbrenner als ein Netzwerk von konzentrisch sich ausweitenden, untereinander verbundenen Strukturen verstehen. Als äußere Entwicklungs- und Sozialisationsfaktoren markieren sie den *Bedingungsrahmen* für mögliche *Bildungsprozesse*.

Konkret gesprochen sind solche Umwelten z.B. die Familie, in der wir aufwachsen; der Stil, in dem unsere Eltern mit uns umgehen; ihre Einflußnahme und Kontakte nach außen; der Platz in der Geschwisterreihe, den wir einnehmen; unsere Spiel- und Handlungsmöglichkeiten. Später sind es Arten und Klima der Schulen, die wir besuchen; die Kameraden und Freunde, mit denen wir uns umgeben, und die dort gemachten Erfahrungen.

„Damit wird deutlich, daß all diese Erfahrungsfelder nicht für alle Menschen zu allen Zeiten gleich, sondern abhängig sind von der Gesellschaft, in der wir aufwachsen, vom sozialen Milieu, daß sie also in verschiedenen Gesellschaften und Kulturen sehr unterschiedlich sind und daß sie dem historischen Wandel unterliegen, also auch in verschiedenen Epochen unserer eigenen Gesellschaft verschieden waren. Die letzte Behauptung kann jeder leicht nachprüfen, wenn er sich fragt, worin er sich von seinen Eltern bzw. von seinen Großeltern unterscheidet“ (aus: Geulen 1994, 101).

All diese Umweltbezüge sind reale Bedingungen, an denen sich Bildungsprozesse *entzünden* können, sofern sie nur über ein hinreichend anregendes Milieu für die sich bildende Person verfügen. – Wie aber kann man sich solche Bildungsprozesse näherhin vorstellen? Wie gehen sie vonstatten?

Offenkundig immer nur im *tätigen Umgang* mit Personen und Dingen in situativen Umweltkontexten, und d.h. im Horizont soziokulturell erschlossener und ausgehandelter Bedeutungszusammenhänge. So begegnet bereits das kleine Kind tagtäglich vielfältigen Objekten mit *Anregungscharakter*, die es gleichsam auffordern, mit ihnen zu hantieren und sie auszuprobieren – ein Vorgang der Begegnung mit „Welt", der sich tausendfach fortsetzt ein Leben lang. Bei all dem können Umwelten mit ihrem Informationswert, ihrem Symbolgehalt und ihrer ästhetischen Qualität ein reichhaltiges Anregungspotential bereitstellen (vgl. Schulze 1983, 271). Und das in diesen Umwelten lebende Subjekt reagiert nicht als black box, die einfach passiv Daten von außen sammelt; vielmehr ist dieses Subjekt von frühester Kindheit an dabei, Erfahrungen zu speichern, zu verknüpfen und sie für den allmählichen Aufbau eines begrifflich strukturierten Bildes von der Welt einzusetzen. Zwar hängt vieles davon ab, so zu Recht Dieter Geulen (1994, 100), „welche Erfahrungen wir in unserer jeweiligen Umwelt überhaupt machen, d.h. welche Erfahrungsmöglichkeiten unsere jeweilige Umwelt uns bietet". Im gegebenen Rahmen jedoch sind wir als Subjekte in ständiger Aktion, in *tätigem Umgang* darum bemüht, stets neue Erfahrungen zu erwerben, Objekte durchzubuchstabieren, das Gelernte zu organisieren, kurz, an einer zunehmend umfassenden *Wirklichkeitskonstruktion* zu arbeiten – ein Bildungsvorgang, den man mit Piaget (1974; 1977) als Prozeß der wechselseitigen „Assimilation" von Subjekt und Welt begreifen kann.

Entsprechend interpretieren denn auch die neueren entwicklungspsychologischen Konzeptionen (vgl. Oerter/Montada 1995) ähnlich wie die neuere Sozialisationsforschung (vgl. Hurrelmann 1983) den Mensch-Umweltbezug als ein Verhältnis wechselseitiger Interaktion, demzufolge das reflexiv agierende Subjekt in der *produktiven Auseinandersetzung* mit der äußeren Realität seinen jeweiligen Umweltkontexten *handelnd* und *gestaltend* gegenübertritt, gegebenenfalls auch kritisch, und eben so seine eigene, innere Gestalt *herausbildet.* Das gilt nicht nur für den Umgang mit der kulturell bestimmten „Sachwelt", sondern genauso auch für alle Formen der Interaktion und Kommunikation, durch die ein interpersoneller Austausch und ein gemeinsames Aushandeln von Erwartungen und Symbolsystemen zunehmend eine eigene, mit anderen abgestimmte persönlich konturierte Bedeutungswelt erstehen läßt, gleichsam einen Kosmos von Sinnmustern, die in den offenen Horizont einer Lebenswelt einfließen. Pädagogische Leitvorstellung ist hier eine vielfältig geformte, selbständig gewordene, eben *gebildete* Person, und das bedeutet eine Person, die jeweils aktualisiert zu reflexivem Welt- und Selbstbezug fähig ist.

Hält man sich vor Augen, daß solche Bildung – das reflexive Sich-Verorten der Person in Welt – in einem Vakuum ohne jeden Umweltbezug per definitionem also nicht möglich ist – und bedenkt man ferner, daß die jeweilige *Umweltqualität* mit ihrem stimulierenden bzw. blockierenden Potential über die *Bildungsspielräume* von Personen in erheblichem Umfange mitentscheidet, so unterstreicht dies einmal mehr die Notwendigkeit einer humanökologischen (Um)Orientierung auch in der Erziehungswissenschaft. Künftig erscheint es deshalb nicht mehr zureichend, vorwiegend isolierte innerpsychische Vorgänge des Individuums zu analysieren oder den pädagogischen Bezug (Erzieher/Zögling) für sich genommen zu thematisieren. Vielmehr sind darüber hinaus und weit mehr als bislang praktiziert auch die Umweltkontexte der sich bildenden Personen zu thematisieren, auf ihre Qualität als *Lernumwelten* zu erforschen und entsprechend *bildungsfördernde Umwelten* anzustreben. Letzteres müßte unmittelbar beim Arrangement von pädagogischen Settings, welcher Art auch immer, geschehen, ferner auch bei ggf. erforderlichen kompensatorischen pädagogischen Maßnahmen (vgl. hierzu Weber 1996, 137ff.), und schließlich bei jenen eigens durchgeführten Bildungsmaßnahmen, die begleitend und ermutigend darauf hinwirken, daß Individuen ihre Umweltsituationen wenigstens nachträglich und teilweise noch verbessern. Mittelbar müßte die bildungsfördernde Umwelt auch ein Thema von Forschung, Bildungs- und Sozialpolitik sein.

Fazit: Ein humanökologisch akzentuierter Bildungsansatz hebt sonach auf stimulierende Umwelten ab, die als umfassendes Netzwerk von sozial positiven Kontakten und Spielräumen die sich bildende Person auf dem Wege vielfältiger Rollenübernahme und Aktivität dazu motiviert, ihre Vorstellungen von sich selbst und ihrer Lebenswelt in einer Weise zu erweitern und zu differenzieren, daß sie nun auch selbst gestaltend eingreifen und sich diese Welt zu eigen machen kann.

Besondere Bedeutung kommt hier zweifellos den ökologischen Übergängen zu, eröffnen sie oft doch ganz neue, unerwartete Wendungen und Möglichkeiten im Leben eines Menschen. Im folgenden soll deshalb die humanökologische Bildungsthematik noch aus der Perspektive der Lebensspanne beleuchtet werden. Dies impliziert dann die Frage nach altersperiodisch bedingten spezifischen Bildungsaufgaben und Bildungsmaßnahmen.

3. Bildung in der Perspektive der Lebensspanne

3.1 Bildungsaufgaben im Kontext von Entwicklungsaufgaben

Menschen entwickeln sich weiter, verändern und bilden sich in der Wechselwirkung mit sich wandelnden Umwelten (vgl. Faltermaier u.a. 1992, 31f. u. hierzu Riegel 1978, 77f.). Dies äußert sich nicht nur, wie beschrieben, im Neben- und Ineinander von verschachtelten Umwelten unterschiedlicher Reichweite. Die Veränderung von Mensch und Umwelt ereignet sich im Leben eines Menschen insbesondere auch in der *zeitlichen Aufeinanderfolge* verschiedenartigster Umweltkontexte im Laufe der *Lebensspanne*, was selbstverständlich immer auch mit räumlich-materiellen Aspekten zu tun hat (Wohnort, Wohnung, Einrichtung etc.).

Dabei endet die persönliche Entwicklung und Bildung nun keineswegs, wie früher oft unterstellt, mit Abschluß der Schule und dem Eintritt ins Berufsleben, also mit jener Lebensphase, in der Heranwachsende sich zu *selbständigen*, eigenverantwortlich handelnden Personen *herangebildet* haben. Zwar darf von diesem Lebensabschnitt an wohl Mündigkeit vorausgesetzt und also Erziehung als beendet angesehen werden. Aber der menschliche Bildungsprozeß, d. h. die eigentätige *Ausformung* des Menschen *zur reifen Persönlichkeit*, erreicht, wenn man ihn aufs Ganze des Lebens hin betrachtet, doch erst jetzt seine eigentliche Hochphase. Es tun sich weiterhin neue und völlig unbekannte Lebensumwelten auf, die es zu durchmessen und wieder zu verlassen gilt, angefangen von der Gründung einer Familie bzw. einer partnerschaftlichen Lebensgemeinschaft, ggf. der Geburt und der Erziehung eigener Kinder im frühen Erwachsenenalter über den Ausbau der beruflichen Karriere und des sozialen Netzes im mittleren Erwachsenenalter bis hin zum eher beengten Lebensraum im Alter.

Sich weiter zu entwickeln und bildend auszuformen, dies bleibt dem Menschen ein Leben lang aufgegeben.

Begreift man nun die Sequenz von Lebensperioden als Lebensumwelten, die das betroffene Individuum mit stets neuartigen Einschnitten und Problemen konfrontieren, dann ergibt sich eine zeitliche Abfolge von situativen Lebenskontexten mit spezifischem Anforderungscharakter. Es war *R. J. Havighurst* (1948/1982), der für solch spezifische Aufgabenstellung die Bezeichnung „*Entwicklungsaufgabe*" (developmental task) einführte, worunter er eine

„*Aufgabe*" versteht, „die sich in einer bestimmten Lebensperiode des Individuums stellt. Ihre erfolgreiche Bewältigung führt zu Glück und Erfolg, während Versagen das Individuum unglücklich macht, auf Ablehnung durch die Gesellschaft stößt und zu Schwierigkeiten bei der Bewältigung späterer Aufgaben führt" (ders. 1982, 2).

Der Autor konzeptualisiert damit näherhin drei Komponenten, welche Entwicklungsaufgaben konstituieren, nämlich (1) *biologische*, innerhalb des Organismus gelegene Veränderungen (physische Reife), (2) *sozio-kulturelle* Normen (Erwartungen, Rollenzuweisungen in der Gesellschaft) und (3) *individuelle* psychische Zielsetzungen (Präferenzen, Werte seitens des Individuums).

Insofern erhält seine Konzeption denn auch eine *humanökologisch* akzentuierte *Bildungsrelevanz*. Individuelle Weiterentwicklung ist nicht mehr nur Resultat organismischer Prozesse, sondern findet in der *Dialektik* von individuellen Reifeprozessen *und* sozio-kulturellen Außenweltfaktoren statt, wobei die in ihrer Umwelt agierende Person ihre ganz persönlichen Optionen trifft. Hier sieht sie sich jeweils in einen spezifischen Handlungszusammenhang mit Aufgabencharakter gerückt, der sie zur Auseinandersetzung auffordert und zur situativen Bewältigung drängt. Genau damit aber werden individuelle Eigenaktivität, Lernkapazitäten, Problemlösungsstrategien freigesetzt und entsprechend wird Weiterentwicklung, wird *Bildung* stimuliert (vgl. auch Schulze 1983, 276).

Von Havighurst (1956) selbst und seinen Mitarbeitern wurden in pädagogischer Absicht erstmals denn auch *Auflistungen* von Entwicklungsaufgaben für die verschiedenen Lebensperioden vorgenommen. Eine Grobübersicht bis zum späten Erwachsenenalter bietet etwa der folgende Katalog (aus: Olbrich 1982, 112):

Entwicklungsperiode	**Entwicklungsaufgaben**
Frühe Kindheit (0-2 Jahre)	1. Anhänglichkeit (social attachment) 2. Objektpermanenz 3. Sensumotorische Intelligenz und schlichte Kausalität 4. Motorische Funktionen
Kindheit (2-4 Jahre)	1. Selbstkontrolle (vor allem motorisch) 2. Sprachentwicklung 3. Phantasie und Spiel 4. Verfeinerung motorischer Funktionen
Schulübergang und frühes Schulalter (5-7 Jahre)	1. Geschlechtsrollenidentifikation 2. Einfache moralische Unterscheidungen treffen 3. Konkrete Operationen 4. Spiel in Gruppen
Mittleres Schulalter (6-12 Jahre)	1. Soziale Kooperation 2. Selbstbewußtsein (fleißig, tüchtig) 3. Erwerb der Kulturtechniken (Lesen, Schreiben etc.) 4. Spielen und arbeiten im Team
Adoleszenz (13-17 Jahre)	1. Körperliche Reifung 2. Formale Operationen 3. Gemeinschaft mit Gleichaltrigen 4. Heterosexuelle Beziehungen
Jugend (18-22 Jahre)	1. Autonomie von den Eltern 2. Identität in der Geschlechtsrolle 3. Internalisiertes moralisches Bewußtsein 4. Berufswahl
Frühes Erwachsenenalter (23-30 Jahre)	1. Heirat 2. Geburt von Kindern 3. Arbeit/Beruf 4. Lebensstil finden
Mittleres Erwachsenenalter (31-50 Jahre)	1. Heim/Haushalt führen 2. Kinder aufziehen 3. berufliche Karriere
Spätes Erwachsenenalter (51 und älter)	1. Energien auf neue Rollen lenken 2. Azeptieren des eigenen Lebens 3. Eine Haltung zum Sterben entwickeln

Dieser Grobklassifikation entsprechend werden für jede Lebensperiode bestimmte *Einzelaufgabenbereiche* zugeordnet, so etwa für das *mittlere Erwachsenenalter* die Aufgaben, den heranwachsenden Kindern zu helfen, Verantwortung im beruflichen und sozialen Umfeld zu übernehmen, Freizeitaktivitäten zu entwickeln, die Beziehung zum Ehepartner zu festigen, sich mit körperlichen Veränderungen (etwa der Menopause) auseinanderzusetzen, sich um die eigenen hilfsbedürftigen Eltern zu kümmern (vgl. Havighurst 1963, 31ff., und hierzu Oerter 1995, 122f.). Oder in der Phase der *„jungen Alten"* sind solche Entwicklungsaufgaben z.B.:

„die Bewältigung des Verlustes der Berufsrolle, die Meisterung von Gesundheitsproblemen, der Verlust von Partnern und Freunden, die Akzeptierung der eigenen Lebensgeschichte, die Akzeptierung einer Minderung physischer und geistiger Fähigkeiten wie auch die Akzeptanz der Endlichkeit des eigenen Lebens (Montada 1995, 66).

Für das frühe, mittlere und späte *Erwachsenenalter* vgl. auch Faltermeier u.a. 1992, 45 ff., 73ff., 150ff., 170ff.; für *Kindheit* und *Jugend* vgl. Oerter/Montada 1995, Kap. 5 u. 6; für *Senioren* und Hochbetagte vgl. Weber 1988, 44ff. sowie Mayring/Saup (Hg.) 1990.

> Stets sind mit den altersperiodisch *wechselnden Lebensumwelten Aufgaben* verbunden, deren *Bewältigung Entwicklung* sowohl *erfordert* als *auch fördert*. Und zugleich damit eröffnen sich jeweils *Räume* möglicher *Bildung*, die gleichsam auf eine *„Aneignung"* durch die in ihnen agierenden Personen drängen.

Angelpunkt ist hier zweifellos die *Handlung* (vgl. Silbereisen 1986, 43; zum Ganzen auch Weber 1996, 116ff.), die das Individuum mit dem Erwartungshorizont seiner näheren und entfernteren Umwelt verbindet. Die Frage „Was soll ich jetzt tun?" regt unmittelbar zur subjektiven Interpretation des eigenen situativen Lebens- und Bedeutungszusammenhanges an, zum Austausch mit anderen Personen über die von ihnen geltend gemachten Wertungs-, Sinn- und Handlungsmuster. Diese Frage drängt zur reflexiven Stellungnahme, zu Wertung und Entscheidung unter Bezug auf die eigene, bislang erworbene Entwicklungsorientierung und durch Vorwegnahme auch zukünftiger Ereignisse. Nicht selten ergeben sich für die eingeforderte Person Möglichkeiten einer Neuselektion bzw. einer zielstrebigen Modifikation der zuvor bestimmenden Umweltbezüge oder es werden im produktiven Überdenken unvorhergesehene Lösungen gefunden und vorgenommen. Jedenfalls aber ereignet sich im Zug der Bewältigung solcher Lebensaufgaben zumeist eine partielle Umorganisation von bzw. ein Zugewinn an Handlungskompetenzen, Einstellungen und Selbstkonzeptmustern, die man aufs Ganze gesehen als Vorgang *substantieller Bildung* begreifen kann. Dem existentiell engagierten Individuum erschließt sich im Gefolge solch reflexiver Stellungnahme und über die Entfaltung neuer Kompetenzen eine teilweise erweiterte, neue Sicht von Welt. Und in Korrelation hierzu lernt es, sich selbst jetzt als einen anderen wahrzunehmen und zu verstehen und damit dem eigenen Leben eine neue kreative Wendung zu verleihen. Das Allgemeine der Bildung, der reflexive Welt- und Selbstbezug des Menschen, erhält mithin in diesen lebensperiodisch bedingten situativen Umweltkontexten seine jeweils aktuelle, aus dem Allgemeinen selbst nicht mehr ableitbare individuelle Gestalt.

3.2 Kritische Würdigung

Die *Konsequenzen* für die Pädagogik liegen auf der Hand. Will sich Erziehungswissenschaft künftig nicht auf den abstrakten Rahmen einer allgemeinen Bildungstheorie beschränken, um dort meist doch schon Bekanntes zu repetieren, sondern will sie darüber hinaus auch auf das *situativ und individuell Konkrete von Bildung abheben*[4], so muß sie in humanökologischer Forschungsorientierung

- unter Bezug auch auf die je aktuelle altersperiodische Lebensumwelt von Individuen *Bildungsaufgaben* ausmachen und formulieren und
- entsprechend präventive bzw. intervenierende *Bildungsmaßnahmen* entwickeln, welche die betroffenen Individuen bei der Bewältigung dieser Aufgaben informierend, beratend und begleitend unterstützen.

Die Konzeption der Entwicklungsaufgabe in der Perspektive der Lebensspanne bietet hierfür ein äußerst hilfreiches Strukturierungsraster an.

Gegenüber Havighursts Konzeption wurden nun u.a. *kritische Vorbehalte* dahingehend angemeldet, daß

- die Auflistung von Entwicklungsaufgaben dem geschichtlichen Wandel und der gesellschaftlichen Gruppendifferenzierung nicht gerecht werde und daß

---

[4] Die geforderte Konkretisierung des Bildungsverständnisses im Blick auf die Lebensspanne entspräche dann den Bemühungen der arbeits- und berufsbezogenen Bildung in unserem Jahrhundert, einem Anschluß an die allgemeine Bildungstheorie zu gewinnen (vgl. Dikau 1985).

- die Kategorie der Entwicklungsaufgabe den Standards empirischer Theorien nicht annähernd Rechnung trage (vgl. Ulich 1987, 77f.).

Der erste Vorbehalt ist sicherlich zu entkräften. Bereits Havighurst und seine Mitarbeiter hatten lediglich kulturrelative Aufgabenstellungen vor Augen; denn Entwicklungsaufgaben sind für sie nicht anthropologisch universelle, sondern sozio-kulturell normierte Größen, die in der amerikanischen Normalbiographie, und dies bedeutet auch in den westlich geprägten Gesellschaften der Gegenwart, als verbreitet oder im statistischen Sinne als normal gelten (vgl. Montada 1995, 66f.). Als Aufgaben jedoch, die sich nur in einer *gegebenen* Kultur stellen, sind sie für geschichtlichen Wandel und innergesellschaftliche Gruppendifferenzierung generell offen.

Im zweiten Vorbehalt ist in der Tat ein Manko des Begriffs der Entwicklungsaufgabe angesprochen, nämlich daß es sich hierbei um ein, gemessen an empirischen Theorieansprüchen, „vergleichsweise theoriefernes Konzept" handelt (Pekrun 1994, 17). Indessen konnte dem inzwischen bereits teilweise abgeholfen werden (vgl. etwa Waters u. Sroufe 1983, sowie Oerter 1986; 1995, 120ff.).

Im deutschsprachigen Raum entwickelte namentlich Rolf Oerter ein eigenes Strukturmodell; darin begreift er die Entwicklungsaufgabe als Vermittlungsinstanz zwischen der *subjektiven* Struktur (den erreichten Handlungskompentenzen des Individuums) und der *objektiven* Struktur (den begrenzten Handlungsspielräumen im Rahmen sozio-kultureller, mit bestimmten Lebensperioden verknüpfter Erwartungen). Die Diskrepanz zwischen subjektiver und objektiver Struktur läßt dem Individuum die Veränderung des jetzigen Zustandes wünschenswert erscheinen (vgl. Oerter 1995, 122). Gleichwohl bleiben die selbstgesetzten Ziele *„isomorph"* zu den sozio-kulturellen Rahmenbedingungen. Die zentralen Komponenten des Konzepts der Entwicklungsaufgabe sind somit für empirische Forschung zugänglich gemacht.

Unter Anknüpfung an Havighurst kam es in der Folgezeit dann im Hinblick auf Entwicklungsaufgaben zu zahlreichen weiteren Taxonomisierungsversuchen mit zum Teil noch verfeinerten Klassifizierungsrastern. So schlägt z.B. Oerter (1986/1995) eine Aufteilung hinsichtlich des zeitlichen Umfanges von Entwicklungsaufgaben vor, wonach auch *„Meilensteine"* im Lebenslauf (wie etwa Erstelternschaft, antizipierter Ruhestand, Erwartung des Todes u.a.) bis hin zu sehr kurzen Zeitabschnitten (Bewältigung von besonderen Ereignissen wie Operation, längere Abwesenheit des Ehepartners, Urlaubsvorbereitung) Berücksichtigung finden. In diesen Bereich unterhalb der normativen altersperiodischen Aufgaben gehören zweifellos nicht zuletzt auch jene nicht-normativen, situativen Einschnitte bzw. kritischen Phasen im Lebenslauf einer Person, wie sie im Konzept der „Kritischen Lebensereignisse“ (Filipp 1990, Montada, Filipp u. Lerner 1992) aufgearbeitet wurden. Sofern die dort angesprochenen Ereignisse (z.B. Scheidung, Arbeitslosigkeit, schwere Erkrankung, Tod nahestehender Personen u.a.) tiefgreifende Veränderungen im Lebensmuster und Selbstkonzept von Personen indizieren, die einer Neuorientierung und Bewältigung bedürfen, sind gerade sie von besonderer humanökologischer Bildungsrelevanz.

Wie auch immer die weitere Forschung das methodische Instrumentarium im einzelnen noch verfeinern mag, aus pädagogischer Sicht bleibt es eine große Leistung Havighursts, daß er dem Entwicklungs- und damit implizit auch dem Bildungsgedanken eine humanökologische Ausrichtung verliehen hat.

Bilden vermag sich das Individuum jeweils nur in konkreten Umweltbezügen innerhalb der Lebensspanne, wobei es in der reflexiven Auseinandersetzung mit wechselnden äußeren Umweltanforderungen allmählich seine reife innere Gestalt gewinnt. Vonstatten geht dieser Reifungsprozeß jedoch im Rahmen von formulierbaren und relativ vorhersehbaren *Bildungsaufgaben*, denen entsprechende Bildungsmaßnahmen rechtzeitig zugepaßt werden können oder, im Falle pädagogischer Intervention, werden müssen. Das Individuum bleibt dabei als handelnder Akteur – in gegebenen Umweltkontexten – Mitgestalter auch seiner persönlichen Lebensgeschichte.

Hier ergeben sich zum einen pädagogisch vielversprechende Zugänge zur modernen sozialisationtheoretischen Sicht des Individuums als einem produktiv realitätsverarbeitenden Subjekt im Sinne Hurrelmanns. Und zum andern eröffnen sich von da aus auch perspekivenreiche Verbindungen zur sich formierenden *„Erziehungswissenschaftlichen Biographieforschung*“ (Marotzki 1996).

Bildung in der Perspektive der Lebensspanne läßt sich dann begreifen als ein mit zunehmenden Kompetenzen sich erweiternder individueller Selbstgestaltungsprozeß, innerhalb dessen das Individuum in der Auseinandersetzung mit spezifischen „Daseinsthematiken“ (Thomae 1988) und deren Verknüpfung zu einem lebensgeschichtlichen Ganzen sich selbst, ein Leben lang, in Welt je neu verortet.

Um jedoch diesen Selbstgestaltungsprozeß von Individuen heute auch nur annähernd zu verstehen, ist es unverzichtbar, ihn in umfassendem *Makrosystem der Gesamtkultur zu verorten*, was dem folgenden 3. Teil unserer Überlegungen vorbehalten bleibt.

III. Einwirkungen aus dem Makrobereich der Gesamtkultur

1. Zum Ansatz

1.1 Kultur als umfassendes Symbolsystem

Die Kultur, in der ein Mensch lebt, bezieht sich, wie schon bei Bronfenbrenner gesehen, nicht nur auf Aussehen und Funktionsweise der alltäglichen Einrichtungen wie Cafés, Postämter etc., sondern, weit grundsätzlicher, auf die formale und inhaltliche Ähnlichkeit der Arten von Lebensbereichen, in welche die Menschen in den Phasen ihres Lebens eintreten, auf die Ähnlichkeit auch der dort üblichen Tätigkeiten, Rollen und zwischenmenschlichen Beziehungen, sowie auf die Beschaffenheit der Verbindungen zwischen den Lebensbereichen. Kultur als übergreifendes Wirksystem liefert sonach den ihr Zugehörigen die *Grundmuster* für ihre Organisation und ihr Verhalten samt den diese Muster tragenden Wert- und Sinnorientierungen, Weltanschauungen und Lebensstilen. In ihrer durchgängigen Strukturierungskraft ist Kultur für die in ihr lebenden Menschen notwendige Ergänzung zur bloßen Natur.

Die grundlegende Bedeutung der Kultur für menschliche Entwicklung, Entfaltung und Selbstverwirklichung wird denn auch vollends manifest angesichts des anthropologischen Grundtatbestandes, daß der Mensch, wie wohl in Natur einbezogen, als ein reflexives, ein handelndes, ein weltoffenes Wesen der natürlichen Direktheit der anderen Lebewesen enthoben bleibt und zu allen denkbaren Umwelten auf Distanz lebt[5]. Des Menschen „Heimat" ist sonach die „vermittelte Unmittelbarkeit" der Kultur, die, gleichsam eine zweite Natur, Indikator menschlichen Selbstvollzuges und schöpferischen Ausdruckswillens ist (vgl. Plessner GS IV, 384).

In einem allgemeinsten Sinn bezeichnet hier *Kultur* ein System organisierender Information und Regeln, das nicht angeboren, sondern

---

[5] vgl. auch den Beitrag zur Pädagogischen Anthropologie in diesem Band

gelehrt und gelernt wird (vgl. Morin 1973, 97ff.). Es ist dies eine eigene *geistige Symbolwelt*, eine noologische Sphäre von Vorstellungen und Ideen, welche die Welt der Natur und der Objekte im Licht einer zweiten, subjektgetragenen Wirklichkeit in eine existentiell bedeutsame Sinnwelt verwandelt. Im Horizont dieser Sinngebung werden alle Fertigkeiten und Praktiken, alle Antriebskräfte und Betätigungen bis in den elementar-biologischen Bereich hinein mit Normen, Werten, Symbolen, Mythen und Riten, aber auch mit verschiedenen Formen von Rationalität verknüpft (vgl. ebd. 157). Und auch, das erwächst aus der noologischen Sphäre der Kultur, was der *Daseinssicherung* und der Nutzbarmachung dient, also die Gesamtheit der ins Lebensdienliche umgewandelten Natur, einschließlich der hierbei eingesetzten Sach- und Denktechniken (vgl. Gehlen 1974, 38ff.).

Als solch umgreifendes Symbolsystem verleiht Kultur allem und jedem im Nahbereich von Personen eine gewisse homogene Struktur und Physiognomie, drückt sie allem und jedem ihren Stempel auf.

> Mit einem Wort von Michel Foucault (1971, 22) gesagt:
> „Die fundamentalen Codes einer Kultur, die ihre Sprache, ihre Wahrnehmungsschemata, ihren Austausch, ihre Techniken, ihre Werte, die Hierarchie ihrer Praktiken beherrschen, fixieren gleich zu Anfang für jeden Menschen die empirischen Ordnungen, mit denen er zu tun haben und in denen er sich wiederfinden wird.“

Ganz zu Recht rekurrieren deshalb neuerdings die Sozialisationsforschung und die Entwicklungspsychologie (vgl. Oerter 1995, 89) sowie vermehrt auch wieder die gegenwärtige Erziehungswissenschaft auf den für die menschliche Persönlichkeitsbildung zentralen Begriff der *Kultur* (vgl. Weber 1996; Marotzki 1996).

1.2 Zivilisation als kulturelles Makrosystem der Daseinssicherung

Nun läßt sich diesem begrifflichen Verständnis entsprechend aus dem umfassenden Systemganzen der Kultur durchaus das *Zivilisationssystem* herausschälen und gesondert untersuchen, nämlich jene Makrosystemgröße, die primär der *Daseinsfristung* und *Daseinssicherung* des Menschen dient (vgl. A. Weber 1959). Gedacht ist hierbei an den jeweiligen Stand von Technik und Ökonomie, von Ernährung und Medizin und sozio-kultureller Tradierung, den Stand der gesellschaftlich-politischen Organisation sowie die mit all dem korrespondierende Lebensart. Die Gesamtheit dieser auf *Lebensdienlichkeit* ausgerichteten Einzelgrößen bildet als Zivilisationssystem *zum Zweck der Daseinsbewältigung* und der *Nutzbarmachung* gleichsam den elementaren kulturellen Unterbau für die hierauf aufbauenden (höheren) kulturellen Ausdrucksgestalten der Daseins- und Sinnorientierung, mit denen sie sich wechselseitig durchdringt.

Die folgende Analyse jener Makrostrukturen, welche die Persönlichkeitsbildung des Individuums bis in seine Nahumwelten hinein von Grund auf beeinflussen, soll nun zentral auf das *Zivilisationssystem*, näherhin auf die *technisch-ökonomische Organisationsform* der *westlich geprägten Weltgesellschaft der Gegenwart* und ihre Auswirkungen abheben. Und das deshalb, weil dieses Zivilisationssystem als elementare Teilgröße von Kultur

(1) über eine Kraft kulturellen Wandels ohnegleichen verfügt;
(2) die natürlichen und die sozialen Umwelten des Menschen gleichermaßen verändert (wodurch auch die bioökologische und die sozialökologische Fragestellung verbunden werden) und
(3) tendenziell eine weltweite Homogenität der Zivilisationsform herbeiführt, aufgrund derer sich Kulturen aller Art umstrukturieren und einander anzunähern scheinen, so daß sich erstmals im Verlauf der Geschichte Welt und Menschheit als eine zusammenhängende Einheit abzuzeichnen beginnen. Vor diesem Hintergrund erweckt es den Anschein, als würde die ganze Durchschlagskraft des Makrosystems Zivilisation bei den sonst gängigen Untersuchungen der individuellen Nahumwelten eher unterschätzt bis ausgeblendet. Im Sinne des humanökologischen Grundgedankens eines vernetzten Gefüges von Umwelten unterschiedlicher Reichweite jedenfalls erscheint es dringend geraten, die Verschränkung der Mikro- und Mesoebene gerade auch mit dieser wohl ausschlaggebenden Größe im Makrobereich der Gesamtkultur in den Blick zu nehmen.

2. Die moderne industrielle Zivilisation als bestimmende Einflussgrösse

2.1 Epochalgeschichtliche Situierung

Ungeachtet des Gestaltenreichtums der Kulturgeschichte, in deren Verlauf die Menschheit in wechselnden geschichtlichen Lagen durch sozio-kulturelle Ausdifferenzierung je neu und andersartig Natur transformierte und sich einverleibte, lassen sich dennoch, was die übergreifenden Zivilisationsformen angeht, *zwei entscheidende epochale Zäsuren ausmachen*:

- die neolithische Revolution, in der die Menschheit mit Ackerbau und Viehzucht, Hausbau und Haushaltung zu einer seßhaften Lebensweise überging, und
- der Prozeß der Industrialisierung, eingeleitet durch die Erfindung der Maschine (vgl. Gehlen 1957; Buchwald 1978).

In diesem Sinn spricht denn auch Hans Freyer (1965, 96ff.) von *zwei „weltgeschichtlichen Schwellen"*, die einen Großmaßstab für die Periodisierung der Kulturgeschichte an die Hand geben und mit denen sich jeweils ein neues „Naturmilieu" heranbildetet, das neue Bewußtseinslagen, Verhaltensformen und soziale Ordnungen entstehen ließ. Was jedoch den Umbruch der Lebensverhältnisse betrifft, so hat die zwischen 1760 und 1840 in England zum Durchbruch gelangende *„Industrielle Revolution"* einen sozio-kulturellen Wandel globalen Ausmaßes evoziert, der in der Geschichte der Menschheit seinesgleichen nicht kennt (vgl. etwa Cipolla/Borchardt 1976; Rapp 1980). Die Loslösung von den Schranken der organischen Natur wie von der überkommenen Art der Güterproduktion (vgl. M. Weber 1958), die Objektivation der Arbeit mit technischen Mitteln (vgl. Gehlen 1965, 107), die Heraufkunft eines auf Wettbewerb basierenden ökonomischen Systems (vgl. Toynbee 1884) und hinter all dem eine neuartige Denkform effektorientierter methodischer Verfahrensrationalität (vgl. Kluxen 1971, 78) verursachten eine sich weltweit ausbreitende *neuartige Zivilisationsform* und hiermit die *Prämissen einer Kultur*, für die schon längst entschieden ist, daß die Menschheit künftig in ihr leben wird (vgl. Freyer 1965, 98). *„Industriekultur"* ist seitdem das sozio-kulturelle Signum der gegenwärtigen Menschheitsepoche, Konstitutivum auch eines neuen, kulturspezifischen Natur- und Umweltbezuges, der auf alle kulturellen Nahumwelten durchschlägt (vgl. Hölscher 1982, 239).

In einer ersten Phase ereignet sich dieser zivilisatorische Umbruch mithilfe der Arbeits- und Kraftmaschine, deren Leistung in der technischen Objektivation der physischen Kraft des Menschen liegt.

„Die Werkzeugmaschine ist es, wovon die industrielle Revolution im 18. Jahrhundert ausgeht" (Marx 1973, 393). Über die dominante Rolle dieses Faktors sind sich denn auch nahezu alle Forscher von Marx bis Gehlen einig.

Darüber hinaus wird in einer zweiten Phase der Automaten und kybernetischen Regelsysteme auch der geistige Aufwand des Subjekts durch technische Mittel weitgehend entbehrlich gemacht (vgl. Gehlen 1965, 107).

Entsprechend werden sich die hochtechnisierten Gesellschaften der Zukunft nicht mehr um die Achse von Produktion und Maschinen zum Zweck der Massenherstellung von Gütern organisieren, sondern um die aufgekommene „intellektuelle Technologie". Sie werden primär Informationsgesellschaften und als solche Dienstleistungsgesellschaften mit stark ausgebautem Bildungswesen sein (vgl. Bell 1976).

Hiermit ist nun die eigentliche Achse der industriellen Entwicklung angesprochen, nämlich die moderne Technik als das Gesamt künstlicher Verfahrensweisen und der durch sie erstellten Welt der materiellen Artefakte, der Instrumente, Apparaturen und Maschinen (zum Begriff „Technik" vgl. nur etwa Rapp 1978, bes. 7-44; Baruzzi 1985). Angesichts ihrer Dominanz, Allgegenwart und bestimmenden Macht, die das Gesicht der modernen Lebenswelt durchgängig prägt und zu einer einheitlichen Weltzivilisation hindrängt, stellt sich deshalb die mit der industriellen Zivilisation einsetzende Menschheitsepoche auch als das „technische Zeitalter" dar (Jaspers 1955, 38).

2.2 Gesellschaftlicher Umbruch als Folge

Komplementär zum Vorgang technisch-ökonomischer Innovation setzt denn auch ein *tiefgreifender Wandel* der *Gesellschaft* ein. Die Konzentration der technischen und wirtschaftlichen Kräfte einerseits sowie die auf maschinelle Großproduktion zugepaßte Teilung der Arbeit andererseits führt zur Bevölkerungsballung in den Städten, zur Auflösung der alteuropäischen Grundlagen der Ständegesellschaft und in deren Gefolge zur Öffnung und Veränderung geistiger, sittlicher und sozialständischer Strukturen und Institutionen. Nimmt man hierzu noch das mit dem technisch-ökonomischen Fortschritt einhergehende Bevölkerungswachstum hinzu, so wird der Epochenbegriff „Industrie" zum Indikator eines dynamischen Gesamtprozesses *wechselseitig verschränkter sozialer, ökonomischer und technologischer Umstrukturierung ohnegleichen*. Im Ergebnis dieses Prozesses formiert sich als eine neue und eigenständige Größe das komplexe Großgebilde einer *Gesellschaft*, die unter dem Eindruck von Massenproduktion und Massenkonsum als ein prosperierendes, Wohlstand und Reichtum beanspruchendes soziales Bedürfnissystem die Bindung an die bloße Sicherung des Existenzminimums längst aufgegeben hat und in deren Kontext sich der Mensch zunehmend als „ein auch in seiner Bedürfnisstruktur und den korrespondierenden Mitteln zu ihrer Befriedigung offenes Möglichkeitswesen“ begreift (G. Hilger 1982, 271).

Sie, die bürgerliche Gesellschaft, legt erstmals *G. F. W. Hegel* zentral mit Hilfe der anthropologischen Kategorie der *„Bedürfnisse“* aus. Sie sei das System des „Zusammenhangs der Menschen durch ihre Bedürfnisse und der Weisen, die Mittel für diese zu bereiten und herbeizubringen“. Als solches stelle die Gesellschaft dem Menschen „in fortschreitender Industrie“ die Möglichkeit zur Vervielfältigung seiner Bedürfnisse wie auch die Mittel zu deren möglicher Befriedigung bereit (ders., Philosophie des Rechts 1821, in: Sämtliche Werke (hrsg. v. H. Glockner, Stuttgart 1927 ff.), Bd. VII, 318, § 243).

Indessen umfaßt der Wandel nicht nur die gesellschaftlichen Erwartungsanspüche und die sozio-kulturellen Präferenzsetzungen, sondern auch die Veränderung der sozio-politischen Ordnungsformen und Herrschaftsstrukturen, der sozialen Beziehungsverhältnisse und Gruppenbildungen (vgl. Braun u.a. 1973, 9-12). Er bedeutet das Ende der mittelalterlichen Welt, den Verfall der sozialen Genossenschaften und Korporationen, die tiefgreifende Veränderung auch der Institutionen (vgl. etwa Dilcher 1984). Am Ende konstituiert sich die offene, pluralistisch strukturierte Großgesellschaft der Gegenwart, gekennzeichnet durch Dynamik, Durchlässigkeit, Mobilität, durch Liberalisierung und Individualisierung (vgl. zum Ganzen auch Mertens 1995a, 123-137).

3. Gesellschaftliche Strukturmerkmale als Indizien für eine neuartige (= „moderne“) Lebensform

Liegt es also auf der Hand, daß der durch die erste und die zweite industrielle Revolution herbeigeführte gesellschaftliche Umsturz weit mehr als nur ein Bündel von Veränderungen zur Folge hatte, so stellt sich die Frage, welches denn die bestimmenden, die neuen *Strukturmerkmale* der modernen, hochtechnisierten Gesellschaften sind.

3.1 Funktionale Differenzierung

Bereits Emile Durkheim als einer der Väter der Soziologie vermochte den im Vergleich zu traditional-homogenen Gesellschaften wohl auffallendsten und einschneidendsten gesellschaftlichen Strukturunterschied herauszuarbeiten, nämlich den Tatbestand einer im Zuge der

Industrialisierung einsetzenden *gesellschaftlichen Differenzierung* und *Spezialisierung*, wodurch die moderne Gesellschaft mit einer Vielzahl geleisteter Dienste, Tätigkeiten, Funktionen und Spezialfunktionen einen gänzlich neuen Komplexitätsgrad erreicht. Diese „*Arbeitsteilung*" (Durkheim 1893/1977, 79. 102), d.h. die Teilung der bislang gemeinsamen sozialen Funktionen in komplementäre Funktionen, ist für ihn die Bedingung des intellektuellen und materiellen Fortschritts, die „Quelle" unserer Zivilisation (vgl. ebd. 317. 19).

Denn erst dort vermag, so Durkheim, die Gesellschaft als komplexe Einheit effizient zu agieren, wo infolge sozialer Differenz die gesellschaftlichen Subsysteme relative Autonomie erlangen und zugleich hiermit den Spezialfunktionen zugeordnete Freiräume für die Eigentätigkeit des einzelnen entstehen (vgl. Mertens 1989b, 444).

Indessen vermochte Durkheim zu Beginn unseres Jahrhunderts, zumal mit dem Instrumentarium der erst im Entstehen begriffenen Soziologie, das ganze Ausmaß der Differenzierungsphänomene hochgradig arbeitsteiliger Sozialsysteme noch nicht adäquat abzuschätzen.

Mit Systemtheorie, Rollentheorie und insbesondere mit Symbolischem Interaktionismus hat sich der Blick für die *funktionale Differenzierung* der modernen Gesellschaft inzwischen erheblich verschärft. Erscheint von daher doch die moderne Gesellschaft, weit davon entfernt, ein in sich geschlossenes, fest gefügtes Kollektivganzes zu sein, eher als ein weitmaschig integriertes Netz unendlich vieler sozialer Teilstrukturen von tausend einander kreuzenden Gruppen (Goffman 1973; 1974; 1981). Hierbei findet sich der einzelne mit Geburt und sozialem Milieu in Teilausschnitte dieses Netzwerkes eingeflochten vor, um sich von da an aufgrund erworbener sozialer Positionen, wechselnder Bedürfnisse und Interessen in wechselnde Interaktionsfelder und -situationen, Teilstrukturen und Gruppen mal hier-, mal dorthin eigentätig auf vielfältigste Weise einzuknüpfen.

Wie sich deshalb aus dem Blickwinkel des Individuums „Gesellschaft" als ein Konglomerat sozialer Fragmente ausnimmt, so ist sie vom übergeordneten Ganzen her gesehen ein Geflecht zahlloser, untereinander verknüpfter Teilstrukturen mit vielfältigen, untereinander konkurrierenden Normen, Erwartungen und Interpretationen gelebten Menschseins (vgl. Krappmann 1988, 8ff.).

3.2 Individualisierung

Noch ein weiteres Strukturmerkmal der modernen Gesellschaft, mit dem der funktionalen Differenzierung aufs engste verwandt, hatte bereits Durkheim, freilich erst ansatzweise, in den Blick genommen: das der *gesellschaftlichen Individualisierung*. Im Gegensatz zum Kollektivtyp der Homogenität stellt für ihn nämlich der gesellschaftliche Zusammenhalt, der aus der Arbeitsteilung erwächst, einen *Individualtyp* dar, der auf Unähnlichkeit, auf Diversifizierung beruht.

In einem System von verschiedenen und speziellen Funktionen unterscheiden sich die Individuen. Ein jeder besitzt ein Betätigungsfeld, das ihm gehört; er wird zur Persönlichkeit, und zwar um so mehr, je spezieller die wahrgenommene Tätigkeit ist. Infolgedessen muß das Kollektivbewußtsein „einen Teil des Individualbewußtseins freilassen, damit dort spezielle Funktionen entstehen, die es nicht regeln kann" (Durkheim 1977, 172). Das gesamtgesellschaftliche „Joch" wird leichter, es eröffnen sich freie Handlungsräume, ein Ort für das freie Spiel unserer Initiative.

Entsprechend rückt hier an die Stelle mechanischen Zusammenhalts die *„organische"* Solidarität selbständiger und eigentätig handelnder Individuen, die Solidaritätsform der *„Kooperation"* (ebd. 222ff.). Indem nämlich Arbeitsteilung Tätigkeiten differenziert und verzweigt, macht sie voneinander abhängig, zwingt sie zur Zusammenarbeit, führt sie zur Teilnahme an einem „ungeheuren" und „gemeinsamen Werke" (ebd. 101. 240. 103). Von daher knüpft sie dann ein „Netz" von Verbindungen, schafft sie eine „Gegenseitigkeit" in den ausgetauschten Diensten und macht eben hierdurch aus jedem Individuum einen freien „Austauschpartner", eine „individuelle Persönlichkeit", weil eine „autonome Quelle des Handelns" (ebd. 99. 427. 447. 444).

Die Teilung der sozialen Funktionen erzeugt mithin zum einen ein System von Rechten und Pflichten selbständig handelnder Personen und läßt zum anderen die einzelnen zu Teilen eines ausdifferenzierten Ganzen werden, das sie, indem sie sich vereinen, wiederherstellen. Individualisierung und gesellschaftlicher Zusammenhalt durch Kooperation bedingen einander im Kontext hochgradig arbeitsteiliger Sozialsysteme.

Was nun diesen Individualisierungsgedanken angeht, so darf er inzwischen zum Gemeingut der modernen Soziologie gerechnet werden.

Bekanntlich war es neuerlich *Ulrich Beck* (1986), der, in zugespitzter und originärer Fassung, das Individualisierungstheorem ins Zentrum seiner gesellschaftstheoretischen Überlegungen setzte und dabei zu

Recht *den „gesellschaftlichen Individualisierungsschub"* in der „spätmodernen Risikogesellschaft" als einen „neuen Modus der Vergesellschaftung" bzw. eine Art „Gestaltwandel" im Verhältnis von Individuum und Gesellschaft interpretierte (vgl. ebd. 205). Denn in der Tat eröffnen sich dem einzelnen im heutigen hochkomplexen Soziosystem ungeahnt neue, freie Handlungsspielräume, die ein hohes Maß an individueller Gestaltung und Entfaltung ermöglichen. Entsprechend sieht sich der moderne Mensch in seinen persönlichen Belangen weitgehend auf sich selbst zurückverwiesen. Nicht nur, daß der stützende und entlastende *Außenhalt* durch Großfamilie, durch dörfliche und ständische Gemeinschaft, durch Korporationen, Zünfte oder berufsständische Vereinigungen so gut wie abgebaut ist und daß die *gesellschaftlichen Vorgaben* an Handlungswissen, Glauben und sicheren Lebensformen weitgehend entfallen. Vielmehr stellen sich, über solche Enttraditionalisierung und Entstandardisierung hinaus, etwa in den Bereichen Beruf, Freizeit, Geschlechterrolle, Erziehung usw., gänzlich neue Komplexe der Problemverarbeitung ein. Die industrielle Zivilisations- und Kulturform hat in der Tat die Gestalt dieser Welt von Grund auf verändert. Weder Raum noch Zeit unterliegen mehr ihrer gesellschaftlich vordefinierten, geordneten Rhythmik.

Und so richten denn die tragenden Komponenten der modernen Lebenswelt ganz neue und erhöhte Anforderungen an den einzelnen, *sein Leben selbst in die Hand zu nehmen* – zweifellos eine Chance für die mündige, selbstreflexive Lebensführung, aber auch eine Zumutung und Belastung, die mit persönlicher Gefährdung verbunden ist. Man sollte denn auch davon ausgehen, daß ein derartiger Problemkomplex *ohne neue Formen sozialer Einbindung* und Gruppenbildung überhaupt nicht mehr zu bewältigen ist (vgl. Beck 1986, 250; G. Schulze 1992; zum Ganzen auch E. Weber 1995, 120ff.).

3.3 Pluralisierung

Das Pendant zur fortschreitenden gesellschaftlichen Differenzierung und Individualisierung ist nun eine *radikale Pluralisierung*, die bereits Max Weber als ein Strukturmerkmal der Moderne namhaft gemacht hat (vgl. ders. 1973, 328- 330). Der moderne Mensch lebt in und mit unterschiedlichsten Erwartungs- und Werthorizonten oder, in der Terminologie der „Postmoderne" gesagt, in und mit heterogenen Sprachspielen und Rationalitätsformen. Er agiert in *parzellierten Le-*

benswelten. Denn im Gefolge gesellschaftlicher Ausdifferenzierung entstanden nicht nur verschiedenartige Subsysteme, sondern unterhalb von diesen auch zahlreiche segmentierte Rationalitätsfelder, denen recht unterschiedliche Partikularinteressen und Präferenzsetzungen zugeordnet sind. Auf Seiten der Gesellschaft mündet das in eine erstaunliche Bandbreite miteinander konkurrierender Werte, Erwartungen, Normen und teilweiser Widersprüchlichkeiten zwischen den Handlungskontexten in den sozialen Systemen (vgl. Krappmann 1988). Nach poststrukturalistischer Lesart handelt es sich dabei sogar um einen unaufhebbaren *„Widerstreit"* (Lyotard 1987).

Im offenen, dynamischen Prozeß des sozialen Geschehens begegnet sonach das Individuum einer Pluralität unterschiedlicher Erwartungen, hat es mit einer Vielzahl von Möglichkeiten gelebten Menschseins zu tun, aus denen seine persönliche Lebensgeschichte erst noch gestaltet werden muß (vgl. Beck 1986, 216 und hierzu E. Weber 1995, 126ff.). Hier beschränken sich die zu treffenden Optionen längst nicht mehr auf die einmalige Auswahl von Rollen. Vielmehr eröffnen sich in der individualisierten Gesellschaft immer wieder aktuell unvorhergesehene Selektionsmöglichkeiten, wird der Boden bereitet „für neue, bunte, die bisherigen Schematisierungen sprengende Konflikte, Ideologien und Koalitionen: mehr oder weniger themenspezifisch, keineswegs einheitlich, sondern situations- und personenbezogen" (Beck 1986, 159). Und flankierend zum Prozeß je neuer gesellschaftlicher Verortung kann sich dann der einzelne den unterschiedlichsten, jeweils gerade erlebniskonformen Gruppierungen, Szenen, Milieus anschließen und sie, zu gegebener Zeit, auch wieder verlassen (vgl. Schulze 1992). Auf diese Weise ist er in einem lebenslangen Prozeß gleichsam mit der biographischen Zusammensetzung des auf seine jeweilige persönliche Entwicklung zugeschnittenen gesellschaftlichen Puzzlespiels beschäftigt (vgl. Mertens 1989b, 448).

Fazit: Die von der industriellen Zivilisation geprägte Sozialstruktur moderner Gesellschaften ist sonach von einer funktionalen Differenzierung und, hierzu komplementär, von einer Pluralität an Werten, Normen und Optionsmöglichkeiten bestimmt, die *Individuen* in neuer, radikaler Weise *sich selbst aufgegeben* sein läßt. Die industrielle Zivilisationsform wirkt also in jeden Winkel der Nahumwelten von Personen hinein. Und entsprechend kommt man nicht umhin, mit Blick auf die in diesen Umwelten agierenden Personen, im Sinne des von W. Flitner (1967) verwendeten

Wortes „Lebensform“, von der Etablierung einer neuartigen, eben *„modernen“ Lebensform* zu sprechen.

Denn eine differenzierte Gesellschaft der dynamischen Fortentwicklung von Technik und wissenschaftlicher Rationalität, eine Gesellschaft mit offenen Bewegungsräumen und Möglichkeiten freier Zeitgestaltung, mit demokratisch-offener Herrschaftsform, offenem Markt, pluralistisch-offenen Sinn- und Wertvorstellungen, sie erfordert in der Tat von den Akteuren neuartige Lebensvollzüge. Aufs Ganze gesehen setzt sie Individuen voraus, die, anders als je zuvor in traditionalen Gesellschaften, versuchen, *in Akten ständiger Option, Selektion und Ich-Balance ihre persönliche Lebensform allererst jeweils zu finden und auszugestalten.*

Angesichts einer derart dynamisch-offenen und an die Eigenverantwortung gebundenen Lebensform stellt sich freilich das Problem, ob und wie denn Pädagogik dem in Theorie und Praxis begegnen kann.

4. Bildungsperspektiven für die moderne Lebensform

Auf einen Nenner gebracht stellt sich also die Frage: Wie kann Pädagogik dazu beitragen, daß Individuen auch noch unter den Prämissen der modernen Zivilisation zu einem *reflektierten Welt- und Selbstbezug* gelangen und diesen bei der Durchdringung ihrer – nacheinander und parallel zueinander – wechselnden Lebensumwelten stets aufs Neue zu aktualisieren, auszubalancieren und auszuweiten vermögen?

Pädagogische Leitvorstellung kann hier ja nur die *Bildung* einer *Entscheidungsvernunft*, einer *Phantasie* und *Ich-Stärke* sein, die auch bei zunehmend komplexeren Beziehungsmustern, Tätigkeiten und Gestaltungsmöglichkeiten zur *fortschreitenden Aneignung* und *Integration* von Räumen befähigt.

4.1 Bildungsaufgaben – Bildungsmaßnahmen mit Blick auf den Verlauf des Sozialisationsprozesses

Der Erziehungs- und Bildungsweg von Heranwachsenden läßt sich im Anschluß an *Mollenhauer* (1985, 20) in allgemeiner Form verstehen als:

(1) *Präsentation*, in der Erwachsene den Kindern, mit denen sie zusammenleben, zunächst einmal *ihre Lebensform* überliefern, indem sie ihnen (willentlich oder nicht) vorleben und mitteilen, was ihnen wichtig ist.
(2) *Repräsentation,* in der komplexere Zusammenhänge der betreffenden Kultur ausgewählt und aufbereitet und in Gestalt formalisierter didaktischer Prozeduren für Bildungszwecke noch einmal durchdrungen werden.
(3) *(Humanökologisch-)Pädagogische Begleitung,* die auf die Selbsttätigkeit von Individuen abhebt und sie dabei unterstützt, in ihren wechselnden Lebensumwelten immer auch eigene Interessen ins Spiel zu bringen, also aktiv, mit „Vernunftgründen", in sie einzugreifen (Winkel 1990, 203).

Bezieht man diesen Erziehungs- und Bildungsweg, dem ökosystemisch vorgezeichneten Werdegang von Kindern und Jugendlichen folgend, auf die Sozialisationsstationen *Familie, Schule, Gleichaltrigengruppe und Beruf,* so ist im folgenden zu fragen, welche Bildungsrelevanz *diese klassischen Sozialisationsinstanzen* jetzt unter den Prämissen der modernen Zivilisations- und Lebensform im einzelnen noch besitzen.

4.1.1 Familie

Sollen Heranwachsende in der modernen Gesellschaft überhaupt die Chance erhalten, ein Selbst herauszubilden und sich in einer parzellierten Lebenswelt einmal zurechtzufinden, statt deren zentrifugalen Kräften zu erliegen, so ist es wichtiger denn je, daß sie sich zuvor *mit einer Lebensform* vertraut und diese sich zu eigen gemacht haben. Und der Ort hierfür ist die Familie. Sie spielt denn auch als ursprünglicher Ort der Bezogenheit und Kommunikation selbst noch im Jugendalter eine weitaus größere Rolle für die Entwicklung als oft angenommen (vgl. Baumrind 1991; Oerter/Dreher 1995, 362ff.).

Zur *bleibenden anthropologischen Bedeutung der Familie für Kinder* vgl. das von M. Kellmer Pringle, der Leiterin des „National children´s Bureau", für das englische Gesundheits- und Sozialministerium, veröffentlichte Resümee (in: dies. 1979, „Was Kinder brauchen" 190ff., zit. n. Weber 1996, 236):

1. „*Bedürfnis nach Liebe und Sicherheit*" (insbesondere nach beständigen wohlwollenden Beziehungen, nach Gewohnheiten, Geborgenheit, Stabilität, Kontinuität und Verläßlichkeit);
2. „*Bedürfnis nach neuen Erfahrungen*" (insbesondere nach sensorisch-motorischen Erfahrungen, nach Explorationsmöglichkeiten beim Spielen und Zufuhr „geistiger Nahrung", zunehmend durch die Sprache mit ihren differen-

zierten Darstellungs- und Ausdrucksmöglichkeiten, wodurch auch kognitive Fähigkeiten und Wertüberzeugungen erschlossen werden);

3. *„Bedürfnis nach Lob und Anerkennung"* (insbesondere um ein eigenes positives Selbstbild und Selbstvertrauen zu gewinnen, um bei den Anstrengungen des Lernens durchzuhalten. Kinder sind deshalb zumindest anfänglich auf Lob und Anerkennung als extrinsische Motivation angewiesen, die es aber zunehmend durch intrinsische Motivation abzulösen gilt);
4. *„Bedürfnis nach Verantwortung"* (das insbesondere danach verlangt, daß Kinder so früh wie möglich Gelegenheit erhalten und herausgefordert werden, persönliche Selbständigkeit zu entfalten. Dies beginnt bei den alltäglichen Verrichtungen und der Gewinnung eigener Erfahrungen und Ansichten und reicht über die mitverantwortliche Kooperation und Regelung der gemeinsamen Angelegenheiten bis hin zur selbstverantwortlichen Übernahme von Aufgaben, die der einzelne unvertretbar und eigenverantwortlich selbst zu erfüllen hat).

„Wenn eines der kindlichen Grundbedürfnisse gar nicht oder nur unzureichend befriedigt wird, wird sich dies unter Umständen auf die Entwicklung hemmend oder störend auswirken: Und die daraus entstehenden Folgen können später verhängnisvoll (und kostspielig) sein, für den einzelnen wie für die Gesellschaft" (ebd. 194).

Aufs Ganze gesehen indiziert also dieser Katalog von kindlichen Grundbedürfnissen die Unverzichtbarkeit eines primären, *dauerhaft intimen Lebensbereiches* der *Aufgehobenheit* und des *Angeregtseins*, innerhalb dessen Kinder in eine bestimmte Lebensform hineinwachsen können, von der aus sie später in zunehmend ausgreifenden Prozessen der reflexiven Interaktion mit ihren Umwelten eine *eigene* Lebensform zu entwickeln vermögen.

Nun ist freilich auch das, was hier „Familie" genannt wird, makrosystemisch beeinflußt. Stellte sich nämlich früher die familiale Umwelt, wie heute zum Teil noch in ländlichen Gebieten und in Teilen Südeuropas, als Großfamilie dar, so herrscht seit der industriellen Entwicklung die „Kernfamilie" (Parsons), d.h. zwei Generationen mit ihren Kindern, vor, oder aber es bilden sich, als „nicht-traditionelle" Alternative, neue Spielarten familiären Zusammenlebens wie die nichteheliche Lebensgemeinschaft bzw. alleinerziehende Eltern mit Kindern. Betrachtet man entsprechend mit Schneewind (1987; 1995, 129f.) Familien als *„intime Beziehungssysteme* besonderer Art, die vornehmlich im gemeinsamen Lebensvollzug entstehen", so sind die Spielarten (familiärer Lebensformen) letztlich nicht einmal entscheidend, sofern nur Dauerhaftigkeit, Privatheit, Nähe und Abgrenzung nach außen ein häuslich-familiäres Zusammenleben garantieren. Von hier aus können Kinder dann ihren eigenen Weg in entlegenere Umwelten suchen. Ausschlaggebend für eine förderliche Entwicklung und Bildung ist also lediglich, daß Kinder in einer basalen Lebensgemeinschaft aufwachsen können (vgl. auch Giesecke 1987, 41ff.).

Von daher läßt sich die familiäre Umgebung dann auch als „häusliche Lernumwelt" begreifen, in der ein heranwachsendes Kind „den überwiegenden Anteil der Haltungen und Einstellungen, Meinungen und Wertorientierungen erlernt, die für sein späteres Leben kennzeichnend sein werden" (Dreesmann 1986, 461). Neben der *Vermittlung solch sozialer und interaktiver Kompetenzen* kommt der häuslichen Umgebung in der Familie ferner auch die Rolle zu, die *intellektuellen Fähigkeiten* sowie die Lernleistungen und die *Leistungsbereitschaft des Kindes* positiv (oder negativ) zu beeinflussen (vgl. z. B. Marjoribanks 1973; 1980; Trudewind 1975).

Manifestiert sich somit die Familie als „bei weitem wichtigste Instanz" für die Enkulturation und Bildungsförderung von Personen (vgl. Dreesmann 1986, 461), so ist aus humanökologisch-pädagogischer Sicht der familiäre Lebensbereich und seine Ökologie – als *Ort des Hineinwachsens in eine Lebensform* – in jeder nur denkbaren Form in Theorie und Praxis *abzustützen* und *auszugestalten*, und dies nicht zuletzt auch im Blick auf den weitgehenden Abbau der gesellschaftlichen Außenhalte heute. Die auf die familiale Ökologie ausgerichteten *pädagogischen Förderungsbemühungen* haben inzwischen denn auch ein beachtliches Ausmaß angenommen. Die Palette reicht von vorbereitenden Bildungsmaßnahmen (vgl. Nickel u.a. 1993) über die intervenierende Familienberatung bzw. die soziale Unterstützung (vgl. Bronfenbrenner 1974; 1990; Keupp 1990) bis hin zur Begleitung von Eltern in kritischen Situationen (D. Ulich 1987; Filipp 1990), weist insgesamt also vielfältige Formen der Familienpädagogik mit Übergängen auch zur Familientherapie auf (vgl. etwa Hamann 1988; Mollenhauer 1989; Schneewind 1991; 1995; Kreppner 1991; Macha/Mauermann 1995).

4.1.2 Zur Ökologie der Schule

Ein weiterer zentraler Lebensbereich, auf dessen Ausgestaltung die Pädagogik in humanökologischer Intention verstärkt ihre Aufmerksamkeit richten muß, wiederum nicht zuletzt auch im Blick auf gesellschaftliche Überforderung, ist zweifellos die schulische Lernumwelt. Ist doch die Schule als *sekundäre Sozialisationsinstanz* die einzige Institution, die Heranwachsende über Jahre hinweg relativ konstant begleitet und über die *Bildung ihrer intellektuellen Fähigkeiten* und Lernleistungen hinaus auch *zur Bildung sozialkognitiver Kompetenzen* und soziomoralischen Verhaltens beitragen kann. Freilich müßte sich dann an der gewachsenen Ökologie der heutigen Leistungsschule mit Wissensüberhäufung, Streß, Schulangst, Erfahrungsarmut etc. einiges ändern, wozu die diesbezügliche schulökologische Forschung seit gut zwei Jahrzehnten bereits bemerkenswerte, wenngleich inhaltlich und methodisch recht heterogene Beiträge erbracht hat.

Vgl. aus der reichhaltigen Literatur nur, den anfänglichen *Schub in den siebziger Jahren* betreffend, Edelstein u. Hopf 1973; Krapp 1973; Moos 1973; Fatke 1977; Fend 1977.

Unter schul*ökologischen* Gesichtspunkten *repräsentativ* ist hier zum einen immer noch die von *R. H. Moos* (1973) erarbeitete Systematik, wonach zur Erfassung und Überprüfung von Lernumwelten wie der Schule recht unterschiedliche Faktoren, nämlich physikalische und architektonische, organisatorische, personale und klimatische sowie funktionale Merkmale einzubeziehen und in ihrem Wechselspiel zu analysieren sind. Zum anderen ist es die von *M. Rutter* (1980) an zwölf Londoner Gesamtschulen vorgenommene *empirische* schulökologische Untersuchung, in der Umweltmerkmale wie Größe und Ausstattung, Lehrerverhalten oder Übertragung von Verantwortlichkeiten berücksichtigt werden. Zentrales Ergebnis dieser Studie war die Einsicht, daß die deutlichen Unterschiede zwischen den Schulen, die über einen Zeitraum von vier Jahren stabil blieben, nicht so sehr aus strukturellen Merkmalen wie Größe und Ausstattung resultierten als vielmehr aus der „atmosphärischen" Gesamtsituation. Rutter zufolge meint dies insbesondere das *soziale Klima* bzw. das *„Ethos"* einer Schule, das sich aus dem komplexen Wirkgefüge von Variablen wie Lehrerverhalten, Umgang mit Lob und Tadel sowie zugewiesene Verantwortungsräume u. a. zusammensetzt (vgl. hierzu auch Dreesmann 1986, 470).

Als repräsentativ kann man schließlich auch das von *E. W. Kleber* (1985) vorgelegte *theoretische* Konzept ansehen, das sich ebenfalls um eine relativ umfassende Berücksichtigung der Bedingungen schulischer Lernumwelt bemüht. In Anlehnung an Bronfenbrenner entwickelte er ein Schachtelungsmodell der Lehr-Lern-Situation, dessen Kern die duale Lehrsituation (Schüler/Lehrer) bildet. In aufsteigender Linie werden dann folgende Systeme genannt: Kleingruppenlehrsituation; mittlere Gruppenlehrsituation; Großgruppenlehrsituation; Kollegium; Schulgemeinde; Schulbezirk und Schulverwaltung; Bildungssystem.

Vieles spricht dafür, daß bereits die ineinander verschachtelten Systeme im *inneren* Bereich bis hin zu Lehrerkollegium und Schulgemeinde, die sicherlich noch am ehesten beeinflußt werden können, einen Großteil der Varianz im mittleren Leistungsniveau von Schulklassen erklären (vgl. Dreesmann 1986, 469ff.).

Fassen wir auf der Grundlage der weiteren Forschungsarbeit aus *heutiger Sicht* die wichtigsten Einsichten zusammen, so ergibt sich hinsichtlich einer bildungsfördernden schulischen Lernumwelt das folgende Bild:

(1) Unter pädagogisch-humanökologischer Betrachtungsweise ist die Schule weit mehr als eine Stoffvermittlungsanstalt. Wollte sie ihrem de iure beanspruchten Erziehungsauftrag auch nur annähernd gerecht werden, so müßte sie als ein *eigener Lebensraum* gesehen und gestaltet werden, innerhalb dessen sich, der Vorstellung Bronfenbrenners durchaus nahekommend, positive Beziehungsmuster, vielseitige Rollenübernahme und interessante erfahrungsbildende Betätigungen herauskristallisieren. Aus diesem Blickwinkel gewinnt schließlich ein Begriff wie der aus der Reformpädagogik stammende Terminus des „*Schullebens*" wieder neues Gewicht (vgl. etwa Wittenbruch 1994). Hier müßten den Schülern in ganz anderem Ausmaß als bisher in und außerhalb des Unterrichts Entscheidungssituationen eingeräumt und Verantwortungsbereiche eröffnet werden, die wiederum zur Kooperation führen können (vgl. Mertens 1995b, 433ff.).

(2) Ganz auf dieser Linie liegt es, wenn

(a) innerhalb einer Region Schulen ihre je eigene Physiognomie und Gestalt entwickeln, die sie zu unverwechselbaren Lernorten werden lassen, innerhalb derer die in ihr agierenden Lehrer(innen), Schüler(innen) und Eltern eine *geistig-kulturelle und soziale Heimat* finden können (vgl. Fauser 1985). Neben dieser institutionellen Öffnung im Sinne einer Pluralisierung der Schulökologien müßten

(b) auch die Lernangebote eine Flexibilisierung und Öffnung erfahren, indem sie durch Formen „Praktischen Lernens" (Fauser 1993) in die regionale Umwelt mit ihren spezifischen Belangen mehr als bislang üblich einbezogen werden.

(3) Als bei weitem *ausschlaggebender Faktor* für die bildungsfördernde schulische Lernumwelt erwies sich bisher jedoch die in sich komplexe Größe des *psychosozialen Klimas* als der „subjektiv erlebten Umwelt“ (Dreesmann 1982), ein Prädikator, der sehr hohe Anteile der Varianz von kognitiven Lernergebnissen erklärt.

Nach *Walberg* (1976) sind es bis zu 45% . Er geht sogar davon aus, „daß in einem normalen Unterricht keine Variable mehr einen nennenswerten Anteil der Varianz der Lernergebnisse erklärt, wenn die Fähigkeiten der Schüler, das Lernangebot und die Schülerwahrnehmung der Lernumwelt zur Varianzaufklärung herangezogen worden sind (Walberg 1976, 11; vgl. hierzu Dreesman 1986, 477).

Jedenfalls ist der Einfluß eines positiv erlebten sozialen Klimas auf die Bildungsförderung im Rahmen der Lernumwelt Schule kaum zu überschätzen (vgl. Dreesmann 1982, und aus jüngerer Zeit maßgeblich auch Pekrun 1985 sowie Pekrun/Fend 1991). Dementsprechend liegt es jetzt an Schulleitung und Lehrpersonal, *Unterrichtsbedingungen* zu schaffen, die, fern von Machtausübung und formaler Hierarchie, durch positive Wertschätzung, Wärme, Kooperation, spielerischen Wetteifer und relativ offene Unterrichtsformen gekennzeichnet sind (vgl. hierzu nur die summarische Übersicht durch Dick 1991, sowie Ipfling 1992).

In einem mit Blick auf die Jahrtausendwende verfaßten schulpädagogischen Sammelband (Seibert/Serve 1994) entwirft mit ähnlichem Grundtenor M. Prenzel (S. 1334) das zukunftsweisende Szenario einer solch bildungsförderlichen „emotionalen Atmosphäre“ im Rahmen eines interessen- und begabungsstützenden Unterrichts.

Er nennt hierbei folgende Kennzeichen:
„Aktive Beteiligung und lebhaftes Diskutieren sind erwünscht, die Freude am Lernen und Problemlösen steht im Vordergrund, das gemeinsame Erarbeiten ist von Sympathie bestimmt, Spannung und Spaß gehören zum Unterrichtsalltag, Schwierigkeiten und Probleme werden als Herausforderung angenommen und Fehler als Lerngelegenheit betrachtet.“

Im Sinne humanökologisch-pädagogischer Absichten ist zu erhoffen, daß ein Teil dieser Bedingungen schon in der kurzen Frist bis zum Ende des Jahrtausends erfüllt sein wird. Und die Vielzahl der makrosystemischen Einflüsse, die während und nach der Schulzeit auf die Heranwachsenden einwirken, läßt dies als um so dringlicher erscheinen.

4.1.3 Gleichaltrigengruppe und außerschulische Jugendarbeit

Folgt man dem Verlauf des Sozialisationsprozesses weiterhin, so ist die nächste große, *bildungsträchtige Lernumwelt*, wenngleich von *informeller Art*, der eigene Raum der *Peer-groups*, die im *Jugendalter* zweiffellos die größte Bedeutung für die Entwicklung der Persönlichkeit erlangen; denn in dieser Phase der allgemeinen Diffusion und des psychosozialen Moratoriums, der Ablösung von der Kindheit und dem Noch-nicht-erwachsen-Sein ist das zentrale Thema die Frage nach dem eigenen Selbst, nach der *Identität* (vgl. Oerter/Dreher 1995, 346ff)[6]. Dies drängt den verunsicherten und vereinsamten Jugendlichen zu seinesgleichen, auf eine Bühne, auf der man mit einem möglichen Selbst experimentieren und es immer wieder anders darstellen kann; eine Bühne, auf der man Gleichgesinnte trifft und wo man Verständnis und Anerkennung findet, so daß das infragegestellte Selbst vervollständigt werden kann.

Es leuchtet ein, daß gerade diese Verunsicherungsphase der Adoleszenz auch besondere Verletzungsrisiken und Gefährdungen mit sich bringt, was durch die Divergenz gesellschaftlicher Wertorientierungen noch erheblich verstärkt wird.

Vgl. hierzu Oerter/Dreher 1995, 356: „Wenn schulische und berufliche Leistungen sowie Akzeptanz im sozialen Umfeld (Familie, Peergruppe) erreicht werden können, so dient die Selbstvervollständigung der angemessenen Identitätentwicklung. Wenn andererseits solche Möglichkeiten ausfallen, so mündet die Bemühung um Selbstvervollständigung in Drogengebrauch, Kriminalität und Suche nach Anerkennung bei Extremgruppen. Versagen solche Bemühungen gänzlich, kommt es zur Selbstaufgabe, die bis zum Suizid führen kann."

Angesichts dieser besonderen Gefährdungen sind offenkundig entsprechende *jugendpädagogische Maßnahmen* indiziert, die Jugendliche bei der Suche nach *Identität* angemessen, d.h. ohne Bevormundung und unaufdringlich, begleiten, sei es in Form von *intervenierendem* Einspringen, wie es etwa im Falle der Abhängigkeit (Baudis 1994) oder auch der Teilnahme an extremistischen Aktivitäten erforderlich ist (vgl. hierzu etwa Krafeld et. al. 1993) oder sei es *präventiv* in Form von verbandlicher oder freier Jugendarbeit (Heckmair/Michl 1993, Jugendstiftung Baden-Württemberg 1993, Sommerfeld 1993, Breß 1994).

Hier scheint die jüngst entwickelte *„Pädagogik des Jugendraumes"* (Böhnisch/Münchmeier 1993; vgl. auch Böhnisch 1989), die

---

[6] vgl. auch den Beitrag zur „Identität" in diesem Band

sich expressis verbis dem „ökologischen Paradigma" zurechnet und als *„sozialräumliche Konzeption der Jugendarbeit"* versteht (Böhnisch/Münchmeier 1993, 11), neue, bildungsfördernde Perspektiven zu eröffnen, die weiterverfolgt werden sollten.

> Aus jugendpädagogischer Sicht ist es nämlich bereits sehr viel, wenn derzeit nicht sogar alles, wenn Erwachsene Jugendlichen in ihren verschiedenartigen Gruppierungen, Szenen, Milieus „Räume" anbieten; denn diese ermöglichen es ihnen, Erfahrungen zu sammeln, Handlungskompetenzen zu entfalten, „Themen" zu reflektieren, Tätigkeiten wahrzunehmen, eben durch die *„Aneignung"* (ebd. 66ff.) relevanter Räume die Suche nach Selbstfindung voranzubringen.

Und wohl nichts ist in dieser Lernumwelt der Adoleszenz förderlicher für die Minderung von Abhängigkeiten und die Erhöhung von Einfluß auf das eigene Leben, für die Befriedigung der schöpferischen und reproduktiven Kräfte der Persönlichkeit, für den Aufbau eines positiven Selbstwertgefühls und der persönlichen Identität als die *sinnvoll erlebte Betätigung unter Gleichgesinnten* (vgl. Roberts 1983; Dreesmann 1986, 481f.). Hierfür sollte Jugendarbeit Raum schaffen.

4.1.4 Zur betrieblichen Lernumwelt

Ohne in unserem Kontext auf das berufliche Lernfeld, die Fort- und Weiterbildung innerhalb von betrieblichen Organisationen näher einzugehen, sei diese bildungsrelevante Lernumwelt doch genannt und hierzu folgendes angemerkt:

(1) Seit mehreren Jahren schon ist in der beruflichen Fort- und Weiterbildung eine ökologische Sensibilität anzutreffen, die sich, teilweise mit besserem Erfolg als in den originären pädagogischen Bereichen, um eine Optimierung der Lernumwelt für das Lernen bemüht.

(2) Waren es zunächst nur Seminare für einen elitären Kreis von Führungskräften, so ist in jüngerer Zeit eine breite Schicht von Mitarbeiter(inne)n in die Fort- und Weiterbildung im Interesse einer „ständigen Personalentwicklung" (Conradi 1983) einbezogen.

(3) Mit dem Ziel einer *„Humanisierung der Arbeitswelt"* (Sahm 1976), bzw. der Etablierung einer „Umweltkultur" (Geissler 1991) in

Orientierung an Wachstumsmotiven der einzelnen Mitarbeiter werden heute in großen Unternehmen zunehmend z.B. Kommunikations- und Moderations- sowie Kreativitätstechniken angeboten, werden Konfliktbewältigung und kooperatives Verhalten etc. eingeübt. Leitidee hierbei ist der *kompetente und motivierte Mitarbeiter*, der durch Übernahme von Verantwortung, durch interessante Tätigkeiten sowie durch soziale Anerkennung und Aufstiegsmöglichkeiten sich selbst verwirklicht sieht (vgl. Dreesmann 1986, 483).

(4) Schwerpunkt ist die Ausrichtung auf die soziale Atmosphäre einer Organisation bzw. auf deren Betriebsklima. Entsprechend richten sich die Bemühungen auf das Erlernen eines kooperativen Stils der Zusammenarbeit und die „Verbesserung des zwischenmenschlichen Verhaltens durch gemeinsames Lernen in Arbeitsgruppen" (Sahm 1989) bzw. auf die „kooperative Selbstqualifikation" (Heidack 1989).

(5) „Informationswerkstätten", „Werkstattforen" u.a., in denen Arbeiter, Meister und Vorgesetzte Probleme des Arbeitsplatzes besprechen, nach gemeinsamen Lösungen suchen und ihre Arbeit in größere Unternehmenszusammenhänge einordnen lernen, gehören mehr und mehr zum Alltag. Das gesamte Unternehmen wird als eine „lernende Organisation" verstanden (Senge 1990; Sattelberger 1994), in der alle der Fort- und Weiterbildung sowie des Austausches bedürfen, um mit Blick auf die von außerhalb kommenden Probleme angemessen zu agieren.

Fazit zu 4.1: Überblickt man die klassischen Sozialisationsstationen nun im Zusammenhang, so tun sich sowohl in der beruflichen Bildung als auch in Jugendarbeit, in Schule und Familie erstaunlich dauerhafte Lernumwelten auf, deren bildungsfördernde Potentiale durch weitere Forschung und pädagogische Praxis in Zukunft freilich noch vermehrt ausgeschöpft werden müßten, lassen sich hier doch *persönlichkeitsstabilisierende Lernorte* etablieren, die durch entsprechendes pädagogisches Umweltarrangement ein Gegengewicht bilden gegen ein Zuviel an gesellschaftlicher Fluktuation, Diffusion und Parzellierung.

4.2 Bildungsaufgaben, Bildungsmaßnahmen mit Blick auf allgemeine Kompetenzen

4.2.1 Intellektuelle und soziokognitive Fähigkeiten

Sofern man beim derzeitigen Grad an gesellschaftlicher Ausdifferenzierung in unserer Zivilisation davon ausgehen muß, daß es der einzelne nicht nur lebenslaufbedingt *nacheinander*, sondern auch gesellschaftsbedingt *parallel zueinander mit unterschiedlichsten Umwelten* zu tun hat, und sofern Bildung die zunehmende reflexive Durchdringung und Fähigkeit zur Gestaltung dieser Nahumwelten meint, stellt sich in der Tat die Frage, wie denn das Individuum mit der hierbei anstehenden Vielfalt bis Heterogenität umzugehen vermag.

Sicherlich bedarf hierzu ein jeder der Ausbildung einer Reihe von *besonderen Fähigkeiten*. So setzt das Agieren auf den verschiedenartigen segmentierten Handlungsfeldern mit ihren je eigenen Tätigkeiten, Rollenerwartungen und Beziehungsmustern zunächst einmal erhebliche *intellektuelle Kompetenzen* des Wissens und der geistigen Flexibilität voraus, um die jeweiligen bereichsspezifischen Anforderungen kognitiv zu durchdringen und ihnen, bei stetigem Wechsel, in Form *sachgemäßen Handelns* zu genügen.

Sodann erfordert der ständige Bühnenwechsel zusätzlich neuartige *soziokognitive Kompetenzen*, so etwa die Fähigkeit eines ständigen Jonglierens im Umgang mit den unterschiedlichen Rollen. Nie darf die Person in dem Part, den sie gerade spielt, gänzlich aufgehen (Rollendistanz).

Vor allem aber ist das Ausfüllen von Rollen in hochdifferenzierten Gesellschaften weitestgehend abhängig von der Gestaltungskraft und -phantasie des Rolleninterpreten und setzt die Befähigung zur *produktiven Rollengestaltung* (Rollenhandeln) voraus.

> „Wenn nun eine erweiterte Rollentheorie von einem offenen, dynamischen Gesellschaftsbild ausgeht, in dem die einzelnen Rollen nicht mehr starr durch festgefügte Erwartungen der bestehenden Gesellschaft definiert werden und vom einzelnen nicht mehr nur eine einfache Rollenübernahme verlangt wird, sondern die aktive Teilnahme am Kommunikationsprozeß des Rollenhandelns und Rollenaushandelns, dann stellt dies erhöhte Ansprüche an die soziale Handlungskompetenz. Dem Individuum wird ein eigenständiger Handlungsspielraum in der Mitwirkung bei der Rollendefinition zugestanden, und es wird von ihm die Fähigkeit und Bereitschaft zur Rollengestaltung erwartet" (Thomas 1992, Bd.2, 38).

Und schließlich bedarf die mit den zugewiesenen Rollen verbundene Disparatheit und Heterogenität in den Wertorientierungen der Fähigkeit, auch teilweise widersprüchliche Erwartungen an ein und dieselbe Person auszuhalten (*Ambiguitätstoleranz*) und auf einen für das eigene Selbst wie die Gesamtgesellschaft tragfähigen, kohärenten Zusammenhang hin *auszulegen* (vgl. Krappmann 1988).

4.2.2 Soziomoralisches Verhalten

Soll nun in einer Gesellschaft mit divergenten Sinn- und Wertmustern, mit heterogenen Erfahrungen auf parzellierten Handlungsfeldern ein agonaler Kampf aller gegen alle vermieden werden und stattdessen ein geregeltes Miteinander möglich sein, so verlangt dies von allen ein Aufeinander-Zugehen, ein Einander-verstehen-Wollen und ein *Tolerieren auch des Andersartigen.* Mehr noch, die in der modernen Zivilisationsform freigesetzten Bewegungsräume erfordern genuin *moralische Bewußtseinsleistungen* seitens der agierenden sozialen Subjekte (vgl. Luhmann 1977, 23ff.). Ein jeder muß sich zu allen anderen in ein Verhältnis setzen und sich gegenüber jedem Mitglied einer Gruppe, einer Sozietät, letztlich gegenüber dem Menschen als Gattungswesen solidarisch erweisen bzw. einem jeden die freie Entfaltung gewährleisten. Dies aber bedeutet, die arbeitsteilige, hochdifferenzierte Industriegesellschaft erfordert im Medium einer Solidarität der Kooperation den Typus einer *Moral,* der auf der *Freiheit* und der *Autonomie* selbständig handelnder Personen basiert.

Es ist dies ein Moraltyp der Gegenseitigkeit, des selbständigen Handelns und des *freien sozialen Austausches gleichberechtigter Partner*, der auf die Freiheit und Humanität des einzelnen zugleich abzielt und in ihr begründet ist. Wird auf diese Weise die Würde des frei handelnden Subjekts zum moralischen Letztwert erhoben und mit ihr die Anerkennung jedes Menschen als Mensch postuliert, so wird jetzt ein gesamtgesellschaftlicher Konsens freier Subjekte bestimmend, die sich einer grundsätzlich *offenen* und *pluralistischen* Ordnung des Zusammenlebens verpflichtet wissen, in der die Freiheit des einzelnen mit der aller anderen vermittelt wird.

Vgl. hierzu W. Kluxen (1978, 522): „Pluralistisch wird ein solches Ethos, „da seine (konkreten Aus-)Gestaltungen als legitime Varianten zum Gesamtethos selbst gezählt und in ihm erkannt sind; offen ist dies Ethos, weil es auch neue Entwürfe zuläßt – im gegebenen Rahmen".

Seine hohe integrative Kraft schöpft also dieses Ethos aus dem Tatbestand, daß es die sittliche Freiheit des Subjekts zum Prinzip des gesellschaftlichen Zusammenlebens macht. Aufgrund dieser seiner schier unerschöpflichen Fähigkeit zur Integration von Traditionen, Geschichten und gesellschaftlichem Sonderethos zielt es in letzter Konsequenz denn auch auf ein universales Menschheitsethos ab, das der Gesamtheit der geschichtlich gewachsenen Moralen ein kritisch übergreifendes Maß zu setzen und sie in sich zu vereinen tendiert (vgl. ders. 1974, 65ff.).

Freilich bleibt zu fragen, inwieweit ein solches Menschheitsethos mit der in den meisten nicht-westlichen Gesellschaften geltenden Vorstellung von einem primär „bezogenen Selbst" zu vereinbaren ist (vgl. hierzu Markus u. Kitayama 1991).

Jedenfalls jedoch bleibt pädagogisch zu bedenken, daß jene die westlichen Großgesellschaften bestimmende Zivilisationsform letztlich in einem auf dem Boden des Abendlandes gewachsenen *Vernunft-* und *Freiheitsethos* verankert ist, das auf die Freiheit, den sittlichen Selbstand eines jeden Menschen abzielt (vgl. Mertens 1996, 270ff.). Und ohne ein solches Ethos wiederum dürften sowohl die moderne Zivilisation schlechterdings funktionsuntüchtig werden als auch die reflexive Lebensführung des einzelnen ihrer tragenden Wertbasis verlustig gehen. *Moralpädagogisch* kann dem nur auf dem Wege einer stufenweisen Hinführung zum sittlichen Selbstand entsprochen werden: „*Von der Heteronomie zu Autonomie*", so lautet mithin die erste und grundlegendeste Forderung an eine Moralpädagogik im industriellen Zeitalter (vgl. Mertens 1989b; 1995b).

4.2.3 Stärkung der persönlichen Ichkräfte

Je mehr jedoch innergesellschaftlich die persönlichen Handlungsspielräume und damit auch die Bildungsmöglichkeiten zunehmen, desto größer werden die Anforderungen an Kinder, Jugendliche und Erwachsene, den *gewonnenen Zuwachs an Freiheit in der eigenen Person produktiv auszufüllen.* Soll dabei einer Überforderung entgegengewirkt werden, so muß Pädagogik im gegenwärtigen zivilisatorischen Kontext stets auch die *kreativen Ichkräfte* der angesprochenen Personen in den Blick nehmen. In der Regel sollten deshalb Bildungsmaßnahmen, welche auf die genannten intellektuellen und soziomoralischen Kompetenzen abheben, zugleich eigene, die Persönlichkeit stärkende und ermutigende Impulse setzen, nämlich die Festigung von Selbstvertrauen, den Aufbau von Ich-Stärke sowie die Förderung einer positiven Einschätzung der persönlichen Gestaltungskräfte.

Hier kommen dann ähnliche „pädagogische Ansatzpunkte und Maßnahmen" ins Spiel, wie sie E. Weber (1996, 119f.) hinsichtlich der Mitwirkung des handelnden Subjekts an seiner eigenen Entwicklung exemplarisch nennt.

Stichwortartig aufgeführt werden:

(a) „die Ermöglichung und Ausweitung der Options- und Wahlmöglichkeiten, die dem individuellen Entwicklungsniveau entsprechen;

(b) die Förderung von Kriterien für die eigenen Wahlentscheidungen und Gestaltungsabsichten, insbesondere durch freiheitliche Werterklärungs- und Sinnorientierungshilfen;
(c) die Sicherung und Unterstützung von Selbständigkeit, Selbstvertrauen und Selbstbewußtsein, von Eigeninitiative und Selbstgestaltungstendenzen, vor allem durch eine ermutigende, das Selbstvertrauen stärkende Sozialisation und Erziehung und durch die Zulassung und Gewährleistung reziproker Interaktionsformen auch im pädagogischen Umgang;
(d) die entwicklungsgemäße Herausforderung und Förderung der Selbstreflexion durch eine Reflexivität provozierende Erziehung und Unterrichtung, die selbständiges und selbstkritisches Denken unterstützt, alternative Situations- und Selbstdeutungen zuläßt, auch provoziert und honoriert."

Darüber hinaus gewinnen in diesem Zusammenhang auch einige lange Zeit *pädagogisch eher vernachlässigte Bildungsmomente* und -aktivitäten erneut an Gewicht:

- die *Förderung leibnaher Erfahrungen* in Spiel, Bewegung und Tanz; Formen manueller Tätigkeiten;
- die Sensibilisierung und *Stärkung der sinnlichen Wahrnehmung* und der *Phantasie*, der *geistig-intuitiven* Kräfte und des Sensoriums für das Schöne,
- die Anregung schließlich auch der *meditativ-religiösen Kräfte* im Menschen.

An die Stelle eines einseitig intellektuell und leistungsorientierten Ethos rückt dabei die *Frage nach dem qualitativen Wie des Lebens* in den Vordergrund:

- die *Aufwerung des Emotionalen;*
- die *Entwicklung von ästhetischer und sinnlicher Genußfähigkeit*; sodann auch
- die *Erschließung intimer Sozialräume*, Gruppierungen, Interessengemeinschaften als Orten des emotionalen Aufgehobenseins und der persönlichen Entfaltung im Rahmen vielfältiger Interaktions- und Kommunikationsformen wie gemeinsamer Aktivitäten.
- Und schließlich erfährt die natürliche Umwelt mit Landschaft, Pflanzen- und Tierwelt eine Aufwertung; die Unmittelbarkeit der Naturerfahrung, das sinnlich-ästhetische Erleben von Natur; das Engagement für ihre Erhaltung und Gestaltung als umfassendem menschlichen Lebensraum.

Solche und ähnlich gelagerte humane Bildungsmomente und pädagogische Impulse im Sinne ganzmenschlicher Bildung sind im Auge zu behalten, wenn die *moderne Lebensform* im Makrosystem der (post-)industriellen Zivilisation nicht zum menschlichen Desaster führen soll. Denn mit ihrem *radikalisierten Freiheitsethos* stellt sie eine ebenso faszinierende wie riskierte, weil außerordentlich *offene Lebensform* dar, die an ihren Rändern *verschwimmt* und Konturen erst erhält durch den *freien Akteur*, der sie im humanökologischen Kontext zu entwerfen vermag.

4.3 Resümee und Ausblick

Rücken wir diese letzteren Befunde hinsichtlich des Makrosystems der industriellen Zivilisation und seiner Lebensform radikalisierter Freiheit in den Gesamtzusammenhang unserer Überlegungen zum sich formierenden humanökologischen Ansatz in der gegenwärtigen Pädagogik, so lassen sich, was dessen Problemstellungen, Konturen und Bildungsaufgaben betrifft, zusammenfassend und prospektiv einige gewichtige Einsichten festhalten.

4.3.1 Zusammenfassender Überblick

(1) *Grundlage* und *Kernstück* ökologisch ausgerichteter Pädagogik ist die Einsicht in die *kaum zu überschätzende Bedeutung des Faktors Umwelt für die Entwicklung und Bildung des Menschen* zur reifen Persönlichkeit. Denn sich verwirklichen, entfalten und bilden, das vermögen personale Individuen immer nur im kritisch-kreativen Austausch mit konkreten Umweltkontexten unterschiedlicher Reichweite, wie sie in den modernen Alltagskulturen in krassem Wechsel meist dicht beieinanderliegen und in der Perspektive der Lebensspanne mit z. T. tiefgreifenden Einschnitten aufeinanderfolgen. Soll in dieser Vielfalt des Neben- und Nacheinanders von Umwelten substantielle Bildung zustandekommen, so erfordert dies, ständig neu, *ein reflexives Sich-Verorten der Person* in ihren jeweiligen Umweltbezügen. Das aber bedeutet, das Allgemeine der Bildung nimmt jeweils ganz *konkrete und* aktuelle Züge an, wenn das agierende Individuum dabei ist, sich im Umgang mit den vielfältigen kulturell bestimmten Sachwelten in vielfältigen Formen der Interaktion und Kommunikation und im Durchgang durch mannigfaltige Bedeutungs- und Sinnmuster je neu denkend, verstehend, auswählend und verknüpfend seine unterschiedlichen Umweltkontexte produktiv anzueignen, um so seine eigene, innere Gestalt herauszubilden.

(2) *Aufgabe* humanökologischer Pädagogik ist es sonach, grundlegende Bildungsprozesse von Kindern, Jugendlichen und Erwachse-

nen, also ihre Bildungsgeschichte, aus ihren konkreten Lebensumwelten zu verstehen und geeignete pädagogische Maßnahmen darauf auszurichten. Näherhin gilt es dann, im Blick auf die bestimmenden Umwelten der Betroffenen, *auszumachen,* was in diesen situativen Lebenskontexten jeweils *Bildungsaufgabe* ist, *was Bildung hier jeweils meinen bzw. erfordern könnte.* Zu fragen ist deshalb auch nach Schicksalen gehemmter oder verhinderter Bildung, aus denen sich Anhaltspunkte für pädagogische Unterstützung, Förderung und Begleitung gewinnen lassen.

Entsprechend wird humanökologische Pädagogik in Theorie und *Praxis auf positiv stimulierende, bildungsfödernde Umwelten abheben*, die im Nahbereich von Personen ein soziales Netzwerk entstehen lassen, das durch gegenseitige Wertschätzung, durch vielseitige Rollenübernahme und erfüllende Tätigkeiten gekennzeichnet ist. Das Engagement für bildungsfördernde Umwelten ist dann nicht nur ein Thema von Bildungs- und *Sozial*politik sowie von Forschung; es sollte auch ein Thema von *Bildungsmaßnahmen* sein, die *Individuen dazu ermutigen,* ihre ggf. *bildungshemmende Lebenswelt* in einer Weise zu *erweitern* und zu *verändern,* daß sie selbst in ihrem Wirken gestaltend zum Zuge kommen, im Rahmen des Möglichen. – Vor allem aber müssen bildungsfördernde Umwelten immer dann thematisiert werden, wenn es sich um *pädagogisch* zu arrangierende Lernumwelten handelt, deren Ausgestaltung Aufgabe pädagogischer Reflexion und Praxis ist. Hier gehört es zu den Grundprätentionen humanökologischer Pädagogik, daß in allen geplanten Bildungssituationen nicht nur der unmittelbare pädagogische Bezug, sondern vielmehr auch die *Bildungsqualität der jeweils inszenierten Lernumwelten* analysiert und in der Praxis optimiert wird.

(3) Die *Thematisierungsschwerpunkte* humanökologischer Pädagogik betreffen, entsprechend der Grundthematitk der Mensch-Umwelt-Interaktion, zunächst das komplexe *Netzwerk jener Umweltkontexte*, mit denen es Individuen gegenwärtig, unter der gesellschaftlichen Signatur modern (postmodern), auf die gesamte Lebensspanne gesehen, zu tun haben. Dem *Makrosystem* der *industriellen Zivilisation* und der mit ihr korrelierenden *modernen Lebensform riskierter Freiheit* kommt dabei eine Schlüsselbedeutung zu, sofern von daher die natürlichen und die sozialen menschlichen Umwelten ihr geschichtlich unverwechselbares Gepräge erhalten und nachgerade alle Bildungsprozesse in diesem Kontext neue Möglichkeiten, aber auch Anforderungen und Gefährdungen aufweisen. Um so größere Bedeu-

tung gewinnt deshalb der Befund, daß die *klassischen Sozialisationsinstanzen* Familie, Schule, Gleichaltrigengruppe und Beruf zwar in Gestalt einer den gesellschaftlichen Koeffizienten der Moderne durchaus zugepaßten Transformation, gleichwohl als *erstaunlich dauerhafte Lernumwelten* eine persönlichkeitsstabilisierende Funktion von vergleichsweise noch größerem Gewicht besitzen als in traditionellen Gesellschaften. Freilich setzt das in ganz anderem Ausmaß als bisher in erziehungswissenschaftlicher Forschung und Praxis dezidierte Überlegungen zu einem diesbezüglichen pädagogischen Umweltarrangement voraus.

Was jedoch in der Mensch-Umwelt-Thematik die *Adressaten* selbst und ihre *Bildungsprozesse* angeht, so seien mögliche Thematisierungsschwerpunkte in der folgenden Übersicht nur summarisch festgehalten.

1. Bildungskomponente

Individuelle Selbstformung mit Blick auf die *reflexiven Weltbezüge* der Person:

Erweiterung der Wahrnehmungsmöglichkeiten,

- Wirklichkeitskonstruktion,
- Weltorientierung,
- Handlungsmöglichkeiten.

Insgesamt: Steigerung der Daseins-, Entfaltungs- und Gestaltungspotentiale

Dementsprechend: Formulierung situativ-lebenskontextbezogener *Bildungsaufgaben* und *-maßnahmen* zum Zweck vielseitigen Handelns im Kontext moderner Umwelten und ihrer dynamisch-offenen Lebensform.

2. Bildungskomponente

Individuelle Selbstformung mit Blick auf den *reflexiven Selbstbezug* der Person:

- Verortung des eigenen Selbst in nacheinander und parallel zueinander wechselnden Lernumwelten,
- Selektion sowie Verknüpfung und Integration der verinnerlichten Umweltbezüge zu einer Gesamtbiographie.

Suche nach Kontinuität des Selbst in der Zeit:

Identitätsfindung/Identitätsbalance/Identitätsreorganisation als zentrale Themenschwerpunkte:

- Stärkung der kreativen Ichkräfte, des Selbstvertauens,
  - der sinnlichen Wahrnehmung und Phantasie;
- Förderung der religiös-kontemplativen Kräfte,
  - der leibnahen Erfahrungen,
  - der manuellen Tätigkeiten.

Insgesamt:	Steigerung der Selbstverwirklichungs- und Freiheitspotentiale
Dementsprechend:	Formulierung situativ-lebenskontextbezogener *Bildungsaufgaben und -maßnahmen* zum Zweck vielseitigen Freiheitsvollzuges

4.3.2 Ausblick

Fragt man abschließend noch nach *übergreifenden Leitzielen* einer solchen ökologisch ausgerichteten Pädagogik, so sind diese, dem Duktus der Person-Umwelt-Interaktion folgend, in der Nähe von Bildungsvorstellungen wie „Raumdurchdringung", „produktive Aneignung" von humanen Umwelten etc. angesiedelt. Dem liegt die Überzeugung zugrunde, daß Individuen, sofern sie sich im Laufe ihres Lebens auf ein wachsendes Netzwerk von Umwelten mit positiven Beziehungen, vielfältiger Rollenübernahme und Betätigung vernunftgeleitet einlassen, ihre Vorstellungen von sich und ihrer Lebenswelt in einer Weise erweitern und differenzieren, daß sie sich jetzt selbst darin zurechtfinden, sich kompetent bewegen und schöpferisch agieren können. Dies wiederum ließe sich dann lesen als eine ökologische Spezifikation des übergreifenden Leitzieles der *„Mündigkeit"*, der eigenverantwortlichen Lebensführung.

Indessen wird man zu Recht fragen müssen, ob der Begriff der Mündigkeit als Autonomie hinreicht, um das ganze Potential an humaner Bildung, wie es in einer reifen Persönlichkeit aus der Perspektive der Lebensspanne greifbar wird, zum Ausdruck zu bringen. Zwar läßt sich „Mündigkeit" ganzmenschlich, umfassend, auf ein Leben bezogen dynamisch und als regulative Idee verstehen (vgl. E. Weber 1996, 210ff.). Auch können Menschen im Laufe ihres Lebens in Unmündigkeit zurückfallen, müssen ein Leben lang hinzu- und umlernen (vgl. Wiater 1994). Aber ist mit solcher „Mündigkeit" als Zielgröße tatsächlich schon all das pädagogisch adäquat erfaßt, was sich nach lebenslangen Prozessen der inneren und äußeren Auseinandersetzung mit zahllosen Umwelten aufgrund glücklicher und leidvoll gewonnener Erfahrungen in Menschen verändert, erweitert und vertieft hat?

Vom Standpunkt humanökologischer Pädagogik aus liegt es da näher, über den Autonomiebegriff hinaus zusätzlich auf eine Leitkategorie durchlebten Menschseins zurückzugreifen, wie sie in der Kulturgeschichte lange schon im *Begriff der „Weisheit" vorliegt.* Damit gemeint ist ein über das gesamte Erwachsenenalter hinweg erwerbbares intuitives Wissen, ein Denken in Mustern, ein *Wissen um die existentiellen, die grundlegenden Probleme im Leben von Menschen.* Paul B. Baltes (1990, 125) spricht in diesem Zusammenhang von einer *„Krönung"* des „Wissens über den Menschen und die menschlichen Lebenslagen", ein Wissen, das als „Entwicklungsziel" den Kognitionen und Persönlichkeitsveränderungen im Erwachsenenalter bis ins hohe Alter hinein eine eigene Richtung verleiht (vgl. ebd. 120).

Markiert sonach Mündigkeit in Gestalt eigenverantwortlicher Lebensführung für eine erste Lebensetappe das Ziel von Heranwachsenden, die sich *heranbilden*, um sich in ihren Lebenswelten zurechtzufinden und dort zu agieren, so bezeichnet auf dieser Basis dann „Weisheit" jene meist erst im Erwachsenenalter wirksam werdende Leitvorstellung eines erfahrungsgesättigten Wissens um die grundlegenden Dinge des Lebens, die Frucht also einer *Ausformung* zur reifen Persönlichkeit.

In welcher Etappe ihrer persönlichen Bildungsgeschichte sich Individuen nun auch befinden mögen, ökologisch orientierte Pädagogik richtet ihre Aufmerksamkeit stets auf Variationen des *einen* Themas humaner Bildung, daß nämlich Personen nicht aufhören, Umwelten zu durchdringen und zu gestalten, um gerade so sich selbst auszuformen, ein Leben lang.

Fazit:
Die humanökologische Orientierung in der Pädagogik bezeichnet eine die Bioökologie überschreitende human- und sozialwissenschaftliche Forschungsrichtung, innerhalb derer sich seit einigen Jahren auch ein pädagogisch aussichtsreicher Ansatz formiert. *„Humanökologisch"* meint dabei jene originäre Betrachtungsweise der Wirklichkeit, die sich mit Mensch-Umwelt-Interaktionen unterschiedlicher Größenordnung und Komplexität befaßt.

Dies kann sich auf Natur ebenso wie auf sozio-kulturelle Umwelten beziehen. Im Sinn eines umfassenden Bildungsverständnisses liegt es sonach, daß die agierenden Individuen in reflektiertem Umgang mit natürlicher und sozialer Umwelt diese als zwei interdependente Dimensionen des einen *„oikos"* der menschlichen Lebenswelt begreifen lernen. Formung des Menschen zur Persönlichkeit, seine Bildung vollzieht sich jedenfalls nur in der produktiven Auseinandersetzung mit Umweltanforderungen materieller, gesellschaftlicher und kultureller Art.

Folgt man der *Einteilung U. Bronfenbrenners,* so sind hier zunächst situative Kontexte im Nahbereich von Personen bestimmend, wie etwa Familie, Schule, peer-group, Beruf und andere bedeutsame Umwelten innerhalb der Lebensspanne. Deren jeweilige Relevanz für das Individuum kann durch das in diesen *Mikrosystemen* errungene Netz von Beziehungen, Tätigkeiten und Rollen erfaßt werden.

„Mesosystem" meint demgegenüber Verknüpfungen zwischen einzelnen Lebensbereichen, während „Exosystem" Lebensbereiche der Macht von außerhalb der individuellen Einflußnahme bezeichnet.

Und schließlich markiert das *„Makrosystem"* jene gesamtkulturellen Konstruktionsanweisungen und subkulturellen Muster, die dem einzelnen eine Einflußnahme auf den entfernteren Teilbereich seiner Umwelt einräumen.

Will Erziehungswissenschaft der Relevanz des Faktors Umwelt für die Bildung zur reifen Persönlichkeit gerecht werden, so muß sie die Adressaten von Erziehungs- und Bildungsprozessen und deren Förderung vor dem Hintergrund ihrer persönlichen Lebensumwelten zu begreifen suchen. Der Gedanke der *Bildung* steht dabei für den fortschreitenden Ausbau einer hermeneutischen Entsprechung von Mensch und Umwelten. Dies dient Individuen dazu, sich innerhalb dieser Lebenskontexte produktiv gestaltend zu bewegen und zu verstehen.

Von daher lassen sich auch *„Entwicklungsaufgaben"* (Havighurst) als (relativ vorhersehbare) „Bildungsaufgabe" formulieren und typisieren. Und entsprechend sind präventive und intervenierende Bildungsmaßnahmen zu entfalten, durch welche die betroffenen Individuen bei der Bewältigung dieser Aufgaben informierend, beratend und begleitend unterstützt werden.

Ihre entscheidende Signatur erhält der (pädagogisch zu fördernde) Selbstgestaltungsprozeß von Individuen jedoch erst in jenem Makrosystem der Gesamtkultur, das gegenwärtig durch die Zivilisationsform einer hochtechnisierten Industriekultur bestimmt ist. Deren gesellschaftlichen Strukturmerkmalen der Differenzierung, Individualisierung und Pluralisierung entspricht auf seiten der Individuen die Aufgabe, eine neuartige dynamisch-offene *„moderne Lebensform"* zu entwickeln und d.h., in Akten ständiger Option, Selektion und Ich-Balance die persönliche Lebensform allererst zu finden und auszugestalten.

Pädagogische *Leitvorstellung* kann deshalb nur die Bildung einer Entscheidungsvernunft, einer Phantasie und Ich-Stärke sein, die angesichts raschen Wechsels und zunehmender Komplexität Individuen zur fortschreitenden Aneignung und Integration von Räumen befähigt.

Pädagogisch erleichtert scheint dies insofern, als sich mit den klassischen Sozialisationsinstanzen Familie, Schule, peer-group und Beruf ungeachtet aller gesellschaftlichen Dynamik erstaunlich dauerhafte Lernumwelten auftun. Deren bildungsfördernde Potentiale müßten künftig pädagogisch eher noch vermehrt ausgeschöpft werden.

Anzustreben sind hier intellektuelle und soziomoralische Kompetenzen sowie eine persönliche Ich-Stärke, die es den Akteuren der modernen Lebensform ermöglichen, ihr *Ethos riskierter Freiheit* phantasievoll und menschlich gekonnt auszugestalten.

5. Konzeptionen ökologisch-orientierter Erziehung und Bildung

Kritische Analyse – Konstruktive Weiterentwicklung[1]

Gliederung:

---

1 Erstmals veröffentlicht in: N. Hilgenheger (Hg.), Natur, Wissenschaft, Bildung – Münstersche Gespräche zu Themen der wissenschaftlichen Pädagogik, Münster 1997, 57 – 82.

Vorbemerkungen

(1) Die Frage nach „Natur – Wissenschaft – Bildung“ wurde in diesem Ausmaß erst virulent seit dem Bewußtwerden der *ökologischen Krisenlage* in den 70er Jahren. Es war die Erfahrung von der Verwundbarkeit der industriellen Zivilisation, die sich damals weltweit und schockartig einer breiten Öffentlichkeit aufdrängte. Bis in unsere jüngste Gegenwart hinein hat sie nichts an Brisanz verloren. Ganz im Gegenteil, greifbare Störungen im Mensch-Umwelt-Zusammenhang deuten auch heute noch hin auf eine mögliche Kollision zwischen dem *menschlichen Soziosystem* einerseits und dem *Physiosystem der Natur* andererseits. Die Vision einer Gefährdung oder gar eines Zusammenbruchs des „Weltsystems“ liegt immer noch in Reichweite des Denkbaren und Möglichen.

> In Erkenntnis dieses Sachverhaltes wurde mit einem Mal deutlich, daß der Mensch, wiewohl er auf sozio-kulturelle Gestaltung hin angelegt ist, es in dem ihm vorgegebenen *physischen Substrat der Natur* mit einer *nicht beliebig manipulierbaren Größe* zu tun hat: mit einem Beziehungsgefüge von Strukturen, von Funktionsabläufen und Eigengesetzlichkeiten, in das er, bei aller organismischen Sonderstellung, als Lebewesen auf vielfache Weise unabdingbar eingebunden ist und das als ihn umgebende kosmische Außendimension zugleich seine soziale Umwelt bis in die letzte Faser hinein durchwebt und mitträgt.

„Welche *Natur* sollen wir (also) schützen?“ (Honnefelder 1993) – Auf diese philosophisch sinnvolle und geistreiche, aus humanökologischer Sicht jedoch eher akademische Frage nach der künftigen Reglerfunktion des menschlichen Soziosystems ist lapidar zu antworten.

> Zu schützen sind zunächst und zumindest jene *biotischen* und *abiotischen Vorgänge, Strukturen* und *Gebilde* unserer Biosphäre, die nicht zuletzt auch das Soziosystem des Menschen mit all seinen kulturellen Hervorbringungen und Äußerungen inklusive der Technik überhaupt ermöglichen und *tragen*.

Denn ohne Zweifel stellt dieses Physiosystem gerade für den Menschen unverzichtbare Leistungen sicher. Es sind dies, um nur einige der wichtigsten zu nennen,

- Produktionsleistungen (z.B. an pflanzlicher und tierischer Biomasse, Sauerstoff, Frischluft, Grundwasser etc.);
- Trägerleistungen (für menschliche Nutzung in Arbeit und Freizeit);
- Regulationsleistungen (in bezug auf Stoff- und Energieflüsse sowie Populationen, Schutz vor Immissionen: Lärm, Staub, Gas);
- zudem Klimaoptimierung, Schutz des Bodens und biologische Schädlingsbekämpfung etc. (vgl. Buchwald 1980).

In all dem stellt *„Natur“* sich als dasjenige dar, *das „von sich aus“ (physei) da ist*, also als das dem Menschen schlechthin Vorgegebene, nicht von ihm Gemachte. Eben diese „Natur“, sofern sie unter den Prämissen der technisch-wissenschaftlichen Zivilisation bedroht ist, gilt es heute nachhaltig zu schützen. Damit aber steht der gesamte, seit der Neuzeit durch Wissenschaft und Technik bestimmte Naturbezug, der Naturbezug der Verobjektivierung und Verzweckung von Natur zutiefst auf dem Prüfstand. Wenn hier eine Kurskorrektur in der Tat höchst angeraten erscheint, wie könnte sie denn aber positiv aussehen?

(2) Die Frage nach einem vertieften Naturverhältnis war und ist zentral auch eine *pädagogische* Frage, eine Frage nach menschlicher *Bildung* zu reifer Humanität. Als Frage nach einer *Neuorientierung* im Kontext der modernen Zivilisation kommt sie gegenwärtig insbesondere im Rahmen *ökologisch* orientierter Erziehungs-/Bildungskonzeptionen zu Wort, wobei die Bezeichnung „Ökologie“ bzw. „Umwelt“ über den Begriff „Natur“ hinaus auf die vielfältigen folgenreichen Wechselbeziehungen zwischen dem Soziosystem des Menschen und dem Physiosystem der Natur abheben.

Hier haben sich mittlerweile denn auch recht unterschiedliche, ja scheinbar konträre pädagogische Entwürfe herauskristallisiert, die sich teilweise sogar erbittert bekämpfen. Sie sollen im folgenden vorgestellt (1.) und einer kritischen Analyse unterzogen werden (2.), um auf dieser Basis dann eine konstruktive Weiterentwicklung zu versuchen (3.)

1. Befund

1.1 Umwelterziehung

Eingang in die Pädagogik fand der ökologische Anspruch erst seit der *zweiten Hälfte der 70er Jahre*, und zwar unter dem Titel *„Environmental Education"*, „Umwelterziehung"(-bildung), und auf Anregung der „Conference on the Human Environment" der Vereinten Nationen 1972 in Stockholm, die ein internationales Programm für interdisziplinäre Umwelterziehung, die UNEP („United Nations Environment Programme"), in allen Bereichen des Bildungs- und Erziehungswesens initiierte.

Institutionell federführend bei der sich hieran anschließenden weltweiten Diskussion war vor allem die UNESCO, die in Zusammenarbeit mit der UNEP *1977* in *Tiflis* eine *großangelegte zwischenstaatliche Konferenz über Umwelterziehung* abhielt.

Die von diesem Forum verabschiedeten Empfehlungen, Appelle und Deklarationen lassen sich von dem Grundgedanken leiten, es sei eine „zwingende Aufgabe" für die Menschheit, „die Umwelt für die gegenwärtige und für kommende Generationen zu verteidigen und zu verbessern". Hinsichtlich der dabei anzustrebenden ökologischen Einstellungen und ethischen Wertvorstellungen falle der *Erziehung* die „führende Rolle" zu (UNESCO-Konferenzbericht Nr. 4, 70).

Der Begriff *„Umwelt"* wird hier umfassend verstanden als das „Gesamt" – gemeint ist die komplexe Funktionseinheit – der physikalischen bzw. biologisch-natürlichen Gegebenheiten sowie der sozioökonomischen und sozio-kulturellen Systeme als der Instrumente des Verstehens und Umgehens mit Natur (vgl. ebd. 134. 148). Entsprechend definiert dann *Empfehlung 1* die „Umwelterziehung" programmatisch als

> „das Ergebnis einer Neuorientierung und Verbindung verschiedener wissenschaftlicher Fachrichtungen und pädagogischer Bereiche, durch die ein integrierter Zugang zu den Problemen der Umwelt erleichtert und die Anwendung einer auf die sozialen Bedürfnisse abgestimmten Handlungsweise ermöglicht werden" (ebd. 73).

Gemäß der grundlegenden Bedeutung dieses ihres Bildungsauftrages, dem Umfang ihres interdisziplinären wissenschaftlichen Zuganges und dem Grad der Erstreckung auf ihre Adressaten ist dann Umwelterziehung „nicht bloßer Anhang an den normalen Fachunterricht“, vielmehr ist sie *„integraler Bestandteil* von Erziehung überhaupt“ (ebd. 18. 57 f.). Ihr zentrales Anliegen ist „praxisorientiert“, d. h. auf solche Lernprozesse angelegt, die zur Lösung von Umweltproblemen im Kontext einer sich rasch wandelnden Welt beitragen. Und eben dies erfordert einen *ganzheitlichen Ansatz* auf breiter *interdisziplinärer Grundlage*, eine frühzeitige Koordination der einzelnen Unterrichtsfächer, mehr noch, von vornherein eine Ausrichtung der verschiedenen Determinanten des schulischen Bildungsprozesses, der Lehrpläne, Curricula, Schulbücher, Unterrichtsmaterialien etc. auf den in ihnen enthaltenen jeweiligen Umweltbezug (vgl. ebd. 58). Umwelterziehung als edukativer Vorgang der Sensibilisierung hinsichtlich des Verstehens und verantwortlichen Umgehens mit „Umwelt“ stellt somit einen organisch fortlaufenden Bildungsprozeß dar, der über die schulische Bildung hinaus lebenslang andauert. In der Vermittlung einer neuen, umfassenden Perspektive eröffnet sie eine originäre Dimension von Erziehung, einen das Weltverhältnis des Menschen in grundlegender Weise erschließenden Bildungs*sinn* (vgl. ebd. 18).

Auf der Basis dieser „Empfehlung“ formuliert die Konferenz fünf globale *Lernziele*; danach soll Umwelterziehung darauf abzielen,

1. in Individuen und über sie in Gruppen und Sozietäten eine allgemeine *Sensibilisierung* für den Umweltkomplex zu bewirken,
2. ein V*erständnis“* der wichtigsten ökologischen Probleme der modernen Welt sowie der wechselseitigen Wirkzusammenhänge ihrer vielfältigen biologischen, physikalischen, sozio-ökonomischen und kulturellen Grundfaktoren zu vermitteln,
3. durch Weckung von „Betroffenheit“ auf ökologische Verantwortung ausgerichtete ethische, ästhetische und ökonomische *„Wertvorstellungen“* hervorzurufen,
4. unter Beachtung unterschiedlicher Schwierigkeitsgrade „eine Fülle wissenschaftlicher *Fertigkeiten“* zu vermitteln, die es ermöglichen, sich bei der Lösung von Umweltproblemen vernünftig zu verhalten – und dies meint die Fähigkeit, die erworbene Kompetenz auch „anzuwenden“ und „weiterzugeben“ (ebd. 152-154),
5. zu unmittelbarer gesellschaftlich-politischer *„Mitwirkung“* anzuregen (ebd. 17).

Sieht man diesen Zielkatalog im Überblick, so ist es hier in der Tat erstmals gelungen, Aufgabe und Umfang des unter dem Titel „Umwelterziehung" eingeführten neuen Erziehungs-/Bildungsauftrages zu bestimmen. Ist die Menschheit dabei, die Erde als ihren Lebensraum in bedrohlicher Weise zu gefährden und liegt die Wurzel dieses Übels in einer „mißverständlichen *ethischen Beziehung zwischen Mensch und Natur*", so die Argumentationsfigur der Konferenz, dann muß es „oberstes Ziel" jeglicher Umwelterziehung sein, über die Vermittlung von ökologischer Sachvernunft und ökologischem Wertbezug ein aus einem *vertieften Naturverhältnis* gespeistes *Ethos der „Verantwortung"* und „Solidarität" zu fördern, welches das Überleben der Menschheit sichert und dem Wohlergehen der Völker dient (vgl. ebd. 24. 81. 31. 39. 57).

Kurz, übergreifende Leitvorstellung der Umwelterziehung ist die Bildung des Menschen zu ökologischer Verantwortung und *Humanität.*

Damit aber ist Umwelterziehung als Teilmoment und -instrument eines global angestrebten sozio-kulturellen *Entwicklungsprozesses* („development") der Menschheit verstanden und in einen Zusammenhang von Fortentwicklung und Umweltproblematik gerückt, wie er neuerlich wieder *1992* bei der Konferenz der Vereinten Nationen in *Rio de Janeiro* unter dem politischen Leitbegriff des *„sustainable development"*, der dauerhaft (umweltgerechten) Entwicklung, zum verbindlichen Programm erhoben wurde. „Fortentwicklung" hin zu einer menschengemäßeren natürlichen und sozialen Lebenswelt vollzieht sich mithin nur auf dem Boden eines erneuerten Naturverhältnisses, in dessen Kontext es der Mensch der modernen Zivilisation zunehmend lernt, *„mit sich in Frieden und mit der Natur in Harmonie zu leben"* (Peccei 1980, 18). Und prinzipiell alle sind zu solch ökologischem Lernen aufgerufen. Denn entsprechende Kenntnisse, Einstellungen und Fertigkeiten sind die notwendige Bildungsvoraussetzung für die Mitwirkung an der Ausgestaltung eines menschlicheren ‚oikos'.

Die hier herausgestellten Momente ökologisch ausgerichteter Erziehung und Bildung, das Abheben auf ein *Denken in vernetzten Systemen* durch interdisziplinären Zugang, ferner die ökologische *Sensibilisierung* und *Werterschließung* durch Problemorientierung, sodann der *Handlungsbezug* durch Situierung der Unterrichtsinhalte bis hin zu globalen Perspektiven, und schließlich die Ausrichtung am *Leitziel ökologischer Verantwortung* bzw. Humanität, eben diese Momente bilden die Kennzeichen der „Umwelterziehung", wie sie sich schon bald nach der Tiflis-Konferenz auch in der Bundesrepublik Deutschland auf dem formellen Bildungssektor etablierte.

So wurden deren Empfehlungen bereits ein Jahr später, 1978 in *München,* auf das hiesige Bildungssystem appliziert (vgl. Eulefeld/Kapune 1979) und ihre Bildungsintentionen durch den *KMK-Beschluß zu „Umwelt und Unterricht"* vom 7.10.1980 für die Schule verbindlich gemacht.

Danach ist es erklärtes Ziel schulischer Erziehung,"Bewußtsein für Umweltfragen zu erzeugen, die Bereitschaft für verantwortlichen Umgang mit der Umwelt zu fördern und zu einem umweltbewußten Verhalten zu erziehen, das über die Schulzeit hinaus wirksam bleibt" (KMK-Beschluß 1980).

Die länderübergreifenden Berichte (1982, 1986 und 1992) schreiben dies dann laufend fort.

1.2 Ökopädagogik

In scharfem Kontrast zu dieser für die BRD offiziell sanktionierten Konzeption der Umwelterziehung tritt seit *Beginn der 80er Jahre* die sog. *„Ökopädagogik"*, gleichsam ein Reflex auf das Gedankengut der Ökologiebewegung und wie diese, ungeachtet des Facettenreichtums der Nuancierungen und Intentionen, entschieden in *ihrer Ablehnung der industriegesellschaftlichen Lebensform schlechthin.* Entsprechend prägnant lautet die Etikettierung durch Beer/de Haan: „Dem Gegensatz zwischen ökonomisch-technischer und ökologischer Orientierung entspricht im Bereich der Pädagogik der Unterschied zwischen Umwelterziehung und Ökopädagogik" (1984, 9).

Und der Generalnenner ihrer Kritik lautet: Umwelterziehung wie formelles Bildungswesen stehen in Funktion zum technisch-ökonomischen System der Industriekultur und prolongieren damit ungewollt ein fehlgeleitetes technologisches Naturverhältnis, das zum *eigentlichen* menschlichen „Dilemma", der Entfremdung des Menschen von sich selbst und von der Natur, geführt hat.

Hatte vordem das Bildungswesen dazu beigetragen, so etwa *Ivan Illich* (1984, 26), ein dem Produktivismus zugepaßtes Anspruchsdenken „weit über die Kapazität der Umwelt hinausschießen zu lassen", dann propagiert es jetzt unter den Stichworten „Lebensqualität", „Einklang mit der Natur" eine Erziehung zum „disziplinierten Konsumenten". Der Grund liegt auf der Hand. Angesichts der schmerzlichen Erfahrung äußerer Naturgrenzen soll nunmehr in nie dagewesener Weise die pädagogische Bearbeitung der *inneren* Natur des Menschen das industrielle System retten. Solche Umwelterziehung jedoch, die lediglich darum besorgt ist, daß der technisch-ökonomische Fortschritt nicht steckenbleibt, ist nach Illich „nichts als ein technologisch-pragmatisches Managementkonzept pädagogischer Innenausstattung angesichts von außen diktierter Beschränkungen, sie ist *Ökokratie*":

„Umwelterziehung scheint der Gipfel der industriellen Vernunft zu sein" (1984, 24.30).

In ähnlich kritischer Weise kommt auch *Gerhard de Haan* zu dem Ergebnis, Umwelterziehung sei die „versuchte Perfektionierung der Naturbeherrschung" (ders. 1984, 78). So werde die Ursache der gegenwärtigen ökologischen Krise, der Denk- und Verhaltensstil technisch-wissenschaftlicher Naturbearbeitung, z.B. durch den gezielten Einsatz von Computersimulation, dahingehend totalisiert, daß man auch noch die unbeabsichtigten negativen Nebenfolgen der Technik ausmerzen und die Zukunft in den Griff nehmen wolle. Auf diesem Weg sei gerade keine Haltungsänderung gegenüber der Natur in Richtung auf Achtung, Hege und Pflege zu erreichen, zumal diese positive Zielsetzung auch noch aussschließlich daraufhin funktionalisiert werde, notwendiges Mittel zum Überleben zu sein (vgl. ebd. 78 f.). Ein lediglich nutzenorientiertes Interesse der Überlebenssicherung könne jedoch nicht *Eigensein* und *Eigenwert* der Natur freisetzen. Entsprechend schlage *der funktionale Denkstil der Umwelterziehung* auch auf den Menschen selbst durch, sofern aus dem Blickwinkel einer „alles durchherrschenden kybernetischen Sichtweise" via Erziehung die Subjekte wie „lernfähige", „störanfällige", informationsverarbeitende ‚Systeme'" zu bearbeiten seien – „mit der einzigen Aufgabe, ihren Bestand zu sichern" (ebd. 82).

Faßt man dies zusammen, so verharrt aus der Sicht der „Ökopädagogik" die in Diensten des Industriesystems stehende Umwelterziehung im Duktus rein *technologisch-pragmatischer*

Problemlösung, und zwar auf einer zweifachen Ebene: gegenüber der *äußeren Natur* durch Verschärfung des wissenschaftlich-technischen Naturbezuges, gegenüber der *inneren Natur* des Menschen durch Funktionalisierung von Bildung bzw. durch pädagogische Sozialtechnologie (vgl. ebd. 83).

Demgegenüber optiert „Ökopädagogik" für die entschiedene *Absage* an jegliches *instrumentelle Denken* und, über einen *„Bruch"* mit dem Bestehenden, für eine radikale pädagogische Kursänderung in Richtung auf eine wahrhaft *ökologische Grundeinstellung* gegenüber Natur, und zwar wiederum auf beiden Ebenen, nämlich durch Absage an die technisch-wissenschaftliche Beherrschung der *äußeren Natur* einerseits und durch pädagogische Freisetzung der *inneren Freiheitsnatur* der Subjekte andererseits.

Es ist mithin ein antitechnologischer, antifunktionaler Vorbehalt, den die „Ökopädagogik" gegenüber der Umwelterziehung geltend macht. Demgemäß konsequent stellt sich auch ihr Ruf nach einer grundsätzlichen *Einstellungsänderung* dar. Hinsichtlich der *äußeren bio-physischen Natur* soll jetzt in Antithese zur technologisch-ökonomischen Werteinstellung ein Naturbezug treten, der wieder vom *Eigenwert* der Natur bestimmt ist. Das erfordert auf der Bewußtseinsebene ein neues „Sich-Einlassen" auf die Natur, eine „Sensibilisierung" und „Neuorientierung" der Wahrnehmungsformen (ebd. 87). Auf der Handlungsebene bedeutet es eine Orientierung, die gegen den „Wahn" der Großtechnologie angeht und die das Zurückfahren der Technik, ja, die „revolutionäre Überwindung der industriellen Produktionsweise in ihrer gegenwärtigen Form" als eine „kulturrevolutionäre Aufgabe" betreibt (Schmied-Kowarzik 1984, 53). Oder, positiv gewendet, meint solch ökologische Orientierung das Eintreten *für „sanfte, angepaßte, ressourcenschonende Alternativtechnologien"* wie Fahrrad, Wind- oder Solarenergie, gewaltfreie Widerstandstechniken etc., Dezentralisierung und Schaffung überschaubarer Lebensräume, Ausgestaltung naturnaher Lebensformen und die Natürlichkeit der Landkommunen wie der Schrebergartenkolonien u.a.m. (vgl. Beer 1984, 8.152).

Und was die pädagogische Freisetzung der *inneren Freiheitsnatur* des Menschen betrifft, so setzt die „Ökopädagogik" das Konzept des Einstellungswandels gegenüber der Natur in einem Konzept sog. *natürlicher Erziehung* bzw. *„natürlichen Lernens"* fort. Gedacht ist hier an einen freien Lernprozeß im Rahmen von praxisnahen Gruppierungen wie Friedens- und Frauenbewegungen, Gesundheits- und Kinderläden, Landkommunen, Bürgerinitiativen, Selbsthilfegruppen etc., die in lebendigen Gruppenbeziehungen ihre normative Orientierung selbständig entwickeln und auf diese Weise der Programmierung durch ein systemkonformes Bildungswesen zu entkommen hoffen. Nur von einem Lernprozeß von unten her, im Freiraum von Teil- und Kleingesellschaften, verspricht man sich die Chance der „Wiedergewinnung von Wirklichkeit" (Heger u.a. 1983). Denn wie sich der moderne Mensch innerhalb eines der Industrie zugepaßten Lernsystems gegenüber der Natur und gegenüber sich selbst entfremdete, so wird er aus der Sicht der „Ökopädagogik" umgekehrt durch Lernprozesse in natürlichen alternativen Gruppierungen zum naturadäquaten Bewußtsein und Verhalten einerseits und zu Selbstbestimmung, Freiheit und Identität andererseits zurückfinden. Erst solch ein sozial-ökologisches Lernen, in dessen Kontext sich Erziehung und Bildung „quasi nebenbei", „auf natürliche Weise" vollziehen (vgl. Beer 1984, 155), kann den rein informationsverarbeitenden Lernprozeß des formellen Bildungswesens überwinden und ein naturgemäßes Lernen und Verhalten kreieren, das am Ende den Menschen auf eine neue Stufe ökologischer Humanität führt. Denn im Gegensatz zum fremdbestimmten, atomisierten, überrationalisierten Lernen an etablierten Bildungseinrichtungen, so die „Ökopädagogik", ist natürliches Lernen *ganzheitlich* konzipiert, mit Bezug zur sinnlichen Erfahrung, zur Natur, zum Leib, zum Ich, zum praktischen und politischen Leben. So begründet es jene ökologische Orientierung, die eine durch Entfremdung von der Natur verlorengegangene humane Welt zurückzugewinnen vermag.

In durchaus differenziertem Verständnis weist de Haan (1984, 1985) angesichts derartiger naturnaher Muster alternativen Lebens darauf hin, daß ein gewandeltes Naturverhältnis nicht schon „am Zaun des Kleingartens" seine Grenze findet. Vielmehr müsse die Zukunft offen bleiben und im eigenen Träumen wie auch im „utopischen Denken der Lernenden" der andere Umgang mit Natur allererst gefunden werden (90 f.). Dennoch sieht auch er in der „Ökopädagogik" mehr Ansatzpunkte für eine Weiterentwicklung als in der Umwelterziehung, sofern erstere im Kern ein „naturadäquates Bewußtsein und Verhalten" *jenseits der Industriekultur* anvisiere (83.86).

1.3 Analytische Umweltpädagogik

Von einem ganz anderen, gesellschaftstheoretischen Verstehenszugang her, der inzwischen in die erziehungswissenschaftliche Debatte Eingang gefunden hat, wird nun seit dem *Ende der 80er Jahre* gegen diese beiden feindlichen Brüder pädagogischer Herkunft vehement zu Felde gezogen, und zwar *im Namen eines analytischen Denkens* unter Anknüpfung sei es an den Kritischen Rationalismus, sei es an systemtheoretisches Gedankengut (vgl. insbes. Kahlert 1990, 1991; auch Heid 1992). Die „umweltpädagogische Literatur", worunter unterschiedslos Umwelterziehung wie Ökopädagogik gezählt werden, sei zwar geeignet, „Gesinnungsgemeinschaften" zu stiften, nicht aber, „analytische Diskurse zum Verständnis der Gesellschaft" anzuregen (Kahlert 1991, 108). Auf diese Weise jedoch werde das pädagogisch Leistbare, nämlich „*Aufklärung*" über die Umweltkrise und Aufklärung über gesellschaftliches Handeln und gesellschaftlichen Diskurs, versäumt, ja, verhindert zugunsten völlig unzureichender Annahmen über Mensch, Natur und Gesellschaft. Umweltpädagogische Literatur gerate so unversehens in die Nähe des Fundamentalismus.

Es ist dies, so Kahlert, ein *Fundamentalismus*, der die Sehnsucht nach möglicher Einheit und Ganzheit vor die Anstrengung der Differenzierung stellt und der durch Erzeugung von Angst und Betroffenheit wohl aufgebrachten Empfindungen, nicht aber nachprüfbarem Wissen das Wort redet. Solche Umweltpädagogik, die predigen mag, allein der gute Wille zähle, und die nach dem Muster von schlechter Gegenwart und gut zu gestaltender Zukunft „in raunender Tiefsinnigkeit" Hoffnung durch Erziehung verheißt, sie ist in Wahrheit säkularisierte Religion, Gesinnungsgemeinschaft (vgl. ebd. 115 f.). Ohne irgendeinen Zweifel aufkommen zu lassen, suggeriert sie Gewißheit und Orientierung in einer vom einzelnen nicht mehr überschaubaren Welt. Deutliches Indiz für solche Ideologisierung sei die eigenartige Ignoranz gegenüber Schwierigkeiten und Theorieproblemen der Nachbardisziplinen. Wer z. B. die Bedingungen der Weltmarktkonkurrenz außer acht läßt oder nicht um politische Mehrheiten kämpfen muß, der kann leicht Umweltfeinde in Wirtschaft und Politik ausmachen. Und leicht läßt sich für notwendige Entbehrungen und Enthaltungen von Leuten eifern, die wie die Pädagogen „für konkrete Wohlfahrtseinbußen der betroffenen Menschen nicht geradestehen müssen" (ebd. S.113).

Derartige Ausblendung bzw. Verdrängung von „Wißbarem", so der Kern dieser Kritik, ist lediglich Äußerung von Besorgnis ohne Preis. Sie bewirkt zunehmende Selbstimmunisierung gegenüber der eigentlichen Problemlage und verhindert dadurch das pädagogisch Mögliche und Gebotene, nämlich eine dem Verständnis der Umweltkrise, der gesellschaftlichen Prozesse wie auch der innergesellschaftlichen Verständigung dienliche Aufklärungsarbeit.

Es ginge freilich auch anders. Nur müßte Pädagogik wieder ihre ureigene Sache betreiben. Im Sinne analytischer Umweltpädagogik bedeutet das dann die produktive Beschränkung auf die *Vermittlung analytischer Kompetenz* an die Adressaten, und zwar durch Erschließung eines differenzierenden Wissens, das der Komplexität der Problemlage weitestmöglich gerecht zu werden sucht.

Ausgangspunkt müßte hier die Erkenntnis des primär *gesellschaftlichen* Charakters aller umweltrelevanten Wissenszugänge sein.

Denn „weder in der Natur noch aus den Gesetzen der Ökologie ist abzulesen, welches Verhalten und Handeln naturgerecht oder ökologisch sei" (ebd. 110).

Vielmehr sind alle Messungen, Einschätzungen, Ursachenzuschreibungen, Gegenrezepte, Kosten-Nutzen-Kalküle, letztlich alle Maßstäbe zur Bewertung wie bereits alles Handeln an der Umwelt selbst genuin *gesellschaftlicher* Art und Herkunft (vgl. ebd. 111). Erst der gesellschaftliche Diskurs stellt Probleme und bemüht sich um Lösungsansätze, sucht eine überkomplexe Welt verständlich zu machen und sich hierüber zu verständigen. Entsprechend müßte analytische Umweltpädagogik dem Mythos möglicher Umweltveränderung bzw. -verbesserung eine Absage erteilen und sich stattdessen darauf konzentrieren, ihre Adressaten zu einer differenzierten verständigungsorientierten Diskursteilhabe am fortwährenden Zielfindungs- und Selbstdefinitionsprozeß der Gesellschaft zu befähigen (vgl. ebd. 111).

Ihre Sache ist deshalb *nicht* Sinnesübung, Weckung von Betroffenheit, Einübung von Gesinnungen oder handelndes Erleben, sondern *Schulung, intellektuelle Zuschärfung* zum Zwecke eines kritisch distanzierten, *aufgeklärten* Verstandesgebrauchs. Soweit die vernichtende Kritik seitens der analytischen Umweltpädagogik.

2. Kritische Analyse und vermittelnde Perspektive

Soll nun die weitere *Theorieentwicklung konstruktiv* verlaufen, so müßte die Phase der Vereinseitigung und der pauschalisierenden wechselseitigen Aburteilung abgelöst werden zugunsten einer integrativen Sichtweise, derzufolge die von den unterschiedlichen umweltpädagogischen Konzeptionen jeweils akzentuiert ausgearbeiteten unverzichtbaren Einsichten als *Teilgrößen* eines Theorieganzen der Umwelterziehung verstanden und festgehalten werden.

2.1 Analytische Umweltpädagogik

Der Beitrag der *analytischen Umweltpädagogik* hierzu besteht zweifellos im berechtigten Rekurs auf wissenschaftliche Sachangemessenheit und Rationalität, die der Komplexität des Ökologieproblems speziell auch in seinen gesellschaftlichen Bezügen gerecht zu werden sucht. Bildungstheoretisch entspräche dem die Forderung nach *ökologischer Sachkompetenz* als übergreifender Zielsetzung. Hier kommt dann all das ins Spiel, was Heinrich Stork bezüglich des naturwissenschaftlichen Unterrichts geltend gemacht hat. Und auch die Unterrichtsfächer Erdkunde/Sozialkunde als weitere umweltrelevante Kernfächer neben der Biologie erhalten in diesem Kontext ein neues Gewicht.

Indessen kann sich Umweltpädagogik darin nicht erschöpfen. Ist es angesichts der derzeitigen Infragestellung der industriegesellschaftlichen Lebensform doch keineswegs zureichend, die anstehende Bildungsaufgabe dahingehend zu definieren, daß die Akteure der technisch-industriellen Zivilisation die im gesellschaftlichen Diskurs verhandelte ökologische Sachproblematik lediglich adäquat zu analysieren und diskursiv anzugehen lernen.

Über die Vermittlung solch funktionaler Kompetenzen weit hinaus steht im Kern zudem ein neuerliches Durchbuchstabieren des Naturumganges selbst an, geht es um die Suche nach einem *vertieften Naturverhältnis,* das den einzelnen vor einer total verdinglichten Welt, vor Selbstentfremdung und Sinnleere bewahrt.

Und in der Tat, die Ausführungen von Norbert Hilgenheger (1997) führen in aller Deutlichkeit vor Augen, wohin die weitgehende Dominanz oder gar Verabsolutierung der Herstellungs- und Verfügungsrationalität den Menschen führen würde. Wird nämlich Natur darauf reduziert, nur mehr Objekt experimenteller Verfahren und technischer Produktionsprozesse für ökonomisch definierte Nutzbarmachung zu sein, so büßt sie gegenüber dem Menschen ihre ontische Eigenständigkeit als tragende und umgreifende Wirklichkeit ein. Sie wird des ihr eigenen Sinnüberhanges wie ihrer ontologischen Würde beraubt. Die ganze Welt wird dann eine einzige „Baustelle“ oder gar Mülldeponie, Natur ausschließlich Substrat beliebiger Nutzung zum Zwecke der Bedürfnisbefriedigung. Der Mensch selbst wäre nicht länger davor gefeit, zum verfügbaren „Material“ im ökonomischen Prozeß degradiert zu werden. Und am Ende stünde eine verdinglichte Welt der Natur, des Menschen und der Geschichte.

Will man solch drohender „Allverschlossenheit“ (M. Scheler) durch eine Neuorientierung des Naturverhältnisses entgegenwirken, so stehen grundlegende *Werteinstellungen* und Muster der *Sinnorientierung* zentral zur Disposition und also Fragen an,

> „durch die sich die humane Existenz ihres Sinnes versichert, in deren Perspektive sie nicht bloß nach Überleben und Wohlleben, sondern ‚gutem‘ Leben fragt, das es ‚wert‘ ist, gelebt zu werden“ (Kluxen 1971, 94).

2.2 „Ökopädagogik“

> Ganz zu Recht rückt demgegenüber die „Ökopädagogik“ die Suche nach einer neuen, *vertieften Werteinstellung gegenüber der Natur* und, damit verbunden, die Relevanz *ganzheitlich-lebensnaher Lernvorgänge* mit dem Ziel der *Selbstbestimmung* und *Selbstgestaltung* der sozialen menschlichen Umwelt in den Mittelpunkt des Problems ökologischer Bildung.

Sind gleichwohl, so wird man fragen müssen, solche Einsichten denn nur möglich um den Preis einer prinzipiellen Verunglimpfung des Technologisch-Funktionalen, der instrumentellen Rationalität? Wie überhöht nimmt sich doch ein solch idealistisch gefaßter Bildungsbegriff im Blick auf ein durch und durch bedürftiges Wesen aus, das, wie der Mensch, unabdingbar darauf angewiesen ist, sich die Mittel seiner Existenzsicherung und die Mittel der Mittel hierfür stets neu zu beschaffen. Entsprechend dürfte sich die radikale Absage an die industrielle Lebensform und Rationalität unter Hinweis auf eine ökologische Neuorientierung eher kulturpessimistischem Ressentiment oder romantischem Schwärmergeist als universalisierbarer Argumentation verdanken.

Und schließlich, so wäre zu fragen, wohin könnte ein *geschichtliches „Zurück"*, das sich dem Anspruch eines sinnhaft glückenden, menschenwürdigen Lebens verpflichtet weiß, angesichts der heutigen Weltbevölkerungszahlen denn auch führen? Ein Zurück in eine reine Agrarkultur würde ohne Zweifel ein milliardenfaches Sterben zur Folge haben. Es würde die Menschheit in ihren Lebens- und Entfaltungsmöglichkeiten an Bedingungen binden, die weit unter dem Maß des vernünftig Möglichen, Notwendigen und Verantwortbaren liegen. Und schließlich ein Einfrieren der Technik auf dem jetzigen Stand würde die derzeitigen Probleme nur fortsetzen und auf die Dauer die Lage katastrophal zuspitzen.

> Der Problemzuwachs, dem sich die moderne Zivilisation gegenübersieht, erfordert mithin in Wahrheit nicht eine Reduktion, sondern im Gegenteil eine Ausweitung an kritischer, lern- und zukunftsoffener Vernunft.

2.3 Umwelterziehung

Der Konzeption der Umwelterziehung ist deshalb nur beizupflichten, wenn sie, gerade unter Berufung auf ökologisches Denken, statt für Ausstieg und Flucht entschieden für den *vernunftgeleiteten Ausbau der Industriekultur* optiert und demgemäß den Leitbegriff der „*Verantwortung*" ins Zentrum ihrer Bildungsmaßnahmen stellt. Es ist dies eine Verantwortung, die aus der Sensibilisierung für die natürliche und soziale Umwelt erwächst und die für sie mit Blick auf die Folgen allen Handelns ökologisch sachgemäß einsteht. – Freilich bedarf auch die Umwelterziehung der Weiterentwicklung und Modifikation. Diesbezüglich jedenfalls kann sie von der „Ökopädagogik" nur lernen.

> Im Sinne einer umfassend verstandenen ökologisch-humanen Bildungsidee müßte sonach ihr primär an menschlichem Überleben und Wohlergehen orientierter Frageansatz mit seinem eher pragmatisch-utilitären Denkstil ausgeweitet werden in Richtung auf eine Neuorientierung erzieherisch zu erschließenden Naturumganges der Respektierung von Natur auch *„um ihrer selbst willen"*.

Hier gilt es deshalb im folgenden zu prüfen, ob und inwieweit unter der Leitidee ökologischer Verantwortung solch anstehende Ausweitung und Vertiefung denk- und leistbar ist.

3. Konstruktive Weiterentwicklung: Umwelterziehung/-bildung der ökologischen Verantwortung

3.1 Zum Begriff „Verantwortung“

3.1.1 Vertikale Dimension

Formal betrachtet stellt der Begriff „*Verantwortung*“ eine Bezugskategorie in vertikaler und zugleich horizontaler Hinsicht dar (vgl. Schulz [2]1972; Jonas [3]1982; Mertens 1982; 1995).

> *Vor* seiner Vernunft als der eines moralischen Subjekts geht der Mensch die innere Selbstverpflichtung ein, angesichts einer Vielzahl willkürlicher Verhaltensweisen sein Handeln dem Regelanspruch der Vernunft zu unterstellen.

Hiermit bringt „Verantwortung“ das im kantischen Pflichtbegriff – wie übrigens in allen großen ethischen Systemen – zentral angesprochene *Unbedingte* des Sittlichen zum Ausdruck, freilich in der spezifischen Akzentuierung einer Verbindlichkeit, die der Mensch von sich aus frei übernimmt und deren konkrete Gestalt er angesichts einer durch und durch geschichtlich wandelbaren Welt jeweils selbst noch auffinden muß. Dabei bleibt die Entscheidungsvernunft des Einzelnen verantwortliche Letztinstanz, die für das eigene Handeln zuständig ist, geradesteht und der das Handeln zugerechnet wird.

3.1.2 Horizontale Ausrichtung

Diese vertikale Relation ist die eine Seite der Verantwortung. Sie macht überhaupt nur Sinn, wenn zugleich der horizontale Bezug zum Ausdruck kommt, nämlich die Verpflichtung, sich *für* eine Wirklichkeit einzusetzen. Gegenüber anderen Verständnisweisen des Sittlichen, die auf das reine Innen der Gesinnung abheben, akzentuiert Verantwortung also gerade die Wendung der sittlichen Vernunft nach außen, zur Realität hin, und meint damit *„Einstehen für“*, *liebende Sorge, Fürsorge* bzw., mit einer Fomulierung von Hans

Jonas ([3]1982, 391), „die als Pflicht anerkannte Sorge um ein anderes Sein“.

Verantwortung ist mithin die Gestalt der Sittlichkeit, für die der praktische *Lebens- und Weltbezug konstitutiv* ist. Ihr Aktionsfeld ist die menschliche Lebenswelt mit ihren naturalen Strukturen, Beständen und Funktionsabläufen, aber auch mit ihren gesellschaftlichen, ökonomischen, politischen und kulturellen Verfaßtheiten, wie sie sich in ihrer Gesamtheit zum Realgefüge einer jeweils geschichtlichen Lage verdichten.

Solch „liebende Sorge“ der Verantwortung erstreckt sich insofern auch noch auf das, was „unter uns ist“ (Goethe), nämlich auf die *Wesen und Gebilde der Natur.* Denn dort, wo der Mensch als Vernunftwesen agiert, vermag er in begegnendem Umgang mit dem vorpersonalen Sein auch dieses interpretierend zu Wort kommen zu lassen, es in seinen Lebensbereich einzubeziehen und sich anzuverwandeln als seine Lebenswelt. Verantwortung reicht dann so weit, wie menschliche Eingriffsmöglichkeiten und deren Folgen sich erstrecken, derzeit also den gesamten planetarischen Bereich unserer Ökosphäre umfassend. Wird auf diese Weise die rohe Natur in den „Sinnkreis des Humanen“ (Auer 1984, 55) eingebunden, so eröffnet sie sich als ein Sinnraum, innerhalb dessen sittliche Maßstäbe Gültigkeit erlangen, sofern sich jeder Mensch als moralisches Subjekt verbindlich aufgerufen sieht, die ihn umgreifende und tragende natürliche Lebenswirklichkeit nach Maßgabe seiner zwecksetzenden Vernunft, d. h. sittlich auszugestalten. Dies impliziert zum einen, daß er bei aller Naturbeherrschung Natur als Ganzes mit ihren Lebensläufen und -ordnungen bis hin zu den lebensrelevanten Phänomenen des abiotischen Seins in ihren Strukturen nicht gefährdet, bedroht oder gar zerstört. Zum anderen impliziert dieser sittliche Anspruch, daß der Mensch Tier- und Pflanzenwelt in seine Obhut nimmt und, wo nötig, *schützend und sorgend* für sie eintritt, und dies bedeutet, daß er ihr *gerecht* zu werden sucht.

Unter Einbeziehung des Gerechtigkeitsgedankens könnte eine Grundmaxime ökologischer Verantwortung mithin etwa lauten:

Handle verantwortlich, indem Du bei der Gestaltung des ‚oikos‘ der modernen Lebenswelt, auch der biotischen und abiotischen Natur gerecht zu werden suchst!

In der vernunftgemäßen Wahrnehmung von Verantwortung auch im Blick auf das, was unter ihm ist, übt der Mensch ein der Dignität der Natur adäquates, humanes Regiment aus. Eben darin aber wird er zugleich seiner Würde als Vernunftwesen, seiner Würde als sittlichem Subjekt gerecht.

3.1.3 Blick auf die Folgen

Gebietet jedoch Verantwortung die *tatsächliche Sorgeleistung* im Hier und Jetzt, so stellt sich ihr die Aufgabe ständiger sittlicher Konkretion, und zwar *mit Blick auf die harte Welt der Realitäten*. Diesen, nämlich einer Vielzahl von realen Abläufen, Gesetzmäßigkeiten und Funktionszusammenhängen, muß die jeweilige Gestalt sittlicher Verbindlichkeit erst noch zugepaßt werden. Hier gilt es dann in erhöhtem Maße, Sachstrukturen zu erforschen und zu berücksichtigen, die Wirkungen allen Handelns mitzubedenken, mögliche Folgen in Rechnung zu stellen und auch für sie noch einzustehen. Verantwortliches Eintreten für ein anderes Sein darf sich vor der Frage nach den realen Grundlagen und Voraussetzungen seiner Verwirklichung nicht hinwegstehlen und kann sich angesichts möglicher negativer Auswirkungen nicht aus der Verantwortung ziehen.

Es war insbesondere der Soziologe *Max Weber* (1864 – 1920), der auf diese der Verantwortung eigene Verbindung von Sinn- und Sachbezug hingewiesen hat. Entsprechend optiert er für eine aus ethischer Gesinnung erwachsene „*verantwortungsethische*" *Maxime*, die im Blick auf die Welt der Realitäten davon ausgehe, „daß man für die (voraussehbaren) Folgen seines Handelns aufzukommen hat" (Weber [2]1958, 540). Ihr stellt er eine „*gesinnungsethische*" Maxime gegenüber, die in idealistischem Rigorismus unter Absehung von der geschichtlichen Welt, „so wie sie wirklich ist", und ungeachtet des Erfolges nach dem Unmöglichen greife und so das Mögliche nicht erreicht (vgl. ebd. 539 ff.). Im Gegensatz hierzu fühle sich der Verantwortungsethiker auch für das verantwortlich, was er den Strukturen der Realität zumuten und was er ihnen an Besserungsmöglichkeiten abringen könne.

In einem *Beispiel aus der Medizinischen Ethik* gesagt: ein Medizinstudent im 5. Semester mag sittlich sehr gut handeln, wenn er – aus bester Gesinnung – einen Menschen bei einem Blinddarmdurchbruch durch Eingriff zu retten versucht. Da er jedoch noch nicht über die notwendige medizinische Kompetenz verfügen dürfte, ist ein solches Tun sittlich nicht richtig. Der Patient wird die Prozedur nicht überleben.

Für die Sorge der Verantwortung ist somit die Sachverhaltsseite, das Funktional-Richtige des Handelns, keine zu vernachlässigende Größe. Ganz im Gegenteil ist sie integrales Teilmoment des *Sinnes* der sittlich-guten Handlung selbst.

> Versteht sich sonach ökologisch ausgerichtete Pädagogik als eine *Pädagogik der ökologischen Verantwortung*, so müßte sie, dies ein erstes Zwischenergebnis, ihre Adressaten dazu befähigen, daß sie die an den Realitätsstrukturen abgelesene Sachverhaltsseite in den Sinnverhalt des sittlichen Anspruches einzubeziehen vermögen. Von daher nimmt solche Pädagogik der ökologischen Verantwortung zwischen einer eher gesinnungsethischen Konzeption vom Schlage der „Ökopädagogik" und einer funktional-pragmatischen Einstellung im Sinne der analytische Umweltpädagogik eine vermittelnde Position ein. Entsprechend ist es dann ihr Anliegen, in den Adressaten umweltrelevanter Erziehungs- und Bildungsprozesse eine schöpferische Synthese von ökologischen Werthaltungen und Wertvorstellungen einerseits und von Kompetenzen zu deren sachgerechter Einlösung andererseits zu intendieren.

3.2 Bildung zu ökologischer Sachkompetenz

Was nun die Sachverhaltsseite betrifft, so müßte ökologisches Denken geschult werden, Maß zu nehmen an den vielfältigen Verfaßtheiten und Grenzsetzungen der natürlichen wie auch der sozialen Funktionsabläufe, innerhalb derer Werthaltungen und Intentionen erst ihre jeweils ganz konkrete Realisationsform erhalten. Gerade der Beachtung dieser *Sachverhaltsseite* von Verantwortung – gleichsam der *„Natur der Sache"* – auf den unterschiedlichen ökologischen Handlungsfeldern kommt gegenwärtig eine nie dagewesene Bedeutung zu, sofern es, wie zu Recht Hans Jonas hervorhebt, für Eingriffe im Zeichen moderner Technologien charakteristisch ist,

> daß sie „eine beispiellose kausale Reichweite in die Zukuft haben, begleitet von einem Vorwissen, das ebenfalls, wie immer unvollständig, über alles ehemalige weit hinausgeht. Dazu die schiere Größenordnung der Fernwirkung und oft auch ihre Unumkehrbarkeit" (Jonas [3]1982, 9).

Eben hier ist denn auch der Ort für das von der analytischen Umweltpädagogik herausgestellte Erfordernis einer breit angelegten, intellektuellen Schulung und Befähigung zum kritisch distanzierten, aufgeklärten Verstandesgebrauch sowie zur differenzierten Teilhabe am gesellschaftlichen Diskurs. Kurz, eine der ökologischen Verantwortung verpflichtete Pädagogik wird in ihren Adressaten auf die Erschließung einer profunden *ökologischen Sachkompetenz* abheben, welche die weitverzweigten Auswirkungen und Nebenfolgen menschlichen Handelns in bezug auf Natur und Gesellschaft zur Kenntnis nimmt und zu berücksichtigen lernt (vgl. Mertens 1995, 205-231). Zu gewährleisten ist all dies nur in Formen interdisziplinär angelegten Unterrichtens, sei es in Schule oder Erwachsenenbildung.

Ohne dies in unserem Kontext im einzelnen näher entfalten zu können, seien die folgenden leitenden Gesichtspunkte hierbei dennoch wenigstens angesprochen.

3.2.1 Neuer Denktypus

Während die bisherige westlich-abendländische Wissenstradition vornehmlich durch ein analytisch-isolierendes Denken gekennzeichnet ist, macht ökologisches Denken einen hierzu komplementären, neuen Wirklichkeitszugang erforderlich. Ein sog. *systemisches Denken*, ein Denken in Mustern, das Erkenntnisleistungen erbringt wie die

- Erfassung dynamischer Strukturen, Verhältnisse, Situationen,
- die Durchdringung multipler Wirkungen aus einem übergeordneten Kontext,
- die Herausarbeitung der „Logik“ und Struktur komplexer Vorgänge.

Es ist das besondere Verdienst von *Frederic Vester*, daß er nicht nur diese neue Struktur ökologisch-systemischen Denkens kenntnisreich herausgearbeitet, sondern auch anhand vielfältiger Beispiele pädagogisch fruchtbar gemacht hat (vgl. ders., 1975; 1976; 1980; 2. Aufl. 1983). Aus seiner Sicht ist heute denn auch nichts Geringeres als eine *„zweite Aufklärung“* vonnöten, sofern alle Teilsysteme im Schnittpunkt Natur/moderne Zivilisation den Charakter von *vernetzten Beziehungsgeflechten* aufweisen. Für derartige Wirknetze sei es charakteristisch, daß sie im Unterschied zu linearen Wirkungsketten durch eine Wechselbeziehung der Teilelemente nach einem *übergeordneten Strukturgesetz* konstituiert werden. Insofern bringe hier auch noch nicht die isolierte Kenntnis des Details, sondern erst das Verständnis des komplexen Geschehens *zwischen* den Teilelementen, also das Verständnis ihrer wechselseitigen Zuordnung in Gestalt von *Gesamtmustern*, die Erkenntnis des Ganzen.

Liegt es sonach nahe, ökologisches Denken als ein *Denken in vernetzten Systemen* zu verstehen, so ließe sich von daher mit Blick auf eine Versöhnung von Mensch und Natur in allgemeinster Form eine oberste *funktionale* Leitnorm fomulieren, wonach alles menschliche Handeln an Natur mittelfristig eine *„Rückvernetzung"* des industriellen Systems in das bio-ökologische System der Natur (ohne nachhaltige Störung ihrer Abläufe) zustandebringen müßte.

3.2.2 Inhaltlicher Umfang

Soll eine isolierende, fachimmanente Betrachtungsweise vermieden werden und soll die volle Verschränkung von Natur und menschlichem Soziosystem in den Blick kommen können, *so muß Ökologie die Gestalt der Humanökologie annehmen.* Lediglich bio-ökologisches Sachwissen und auch die Kenntnis der belastenden Einwirkungen menschlichen Handelns auf bio-ökologische Systeme für sich genommen sind hierzu nicht zureichend. Vielmehr müßte darüber hinaus auch deutlich gemacht werden,

(1) inwieweit die spezifische Struktur bzw. Dynamik menschlicher Gesellschaften (die derzeitigen Industriegesellschaften mit ihren konstitutiven Präferenzsetzungen) die Wirkursache ist für eine Veränderung der bio-ökologischen Systemgrößen und
(2) inwieweit sich die Struktur und Dynamik der durch den Menschen veränderten Ökosysteme auf den Menschen selbst, seine innere Natur und seine gesellschaftlichen Prozesse (z. B. im Bereich von Wohnen, Arbeit, Freizeit, Kommunikation und Konsum) auswirken.

Entsprechend müßten zunehmend auch *gesellschaftliche* (sozio-ökonomische, sozio-technische und sozio-kulturelle) Prozesse thematisiert werden, sowohl strukturell angelegte als auch solche der Entscheidungsfindung und nicht zuletzt auch der *politischen* Entscheidungsfindung, sofern hierdurch der Modus des Umganges mit Natur bestimmt wird. Und dabei müßten schließlich die Auswirkungen von alldem auf Natur und Mensch sichtbar gemacht werden,

d. h. die genannten Wissensbestände sind in ihrer Gesamtheit auf das einheitliche Wirkgefüge von bio-physischem Natursystem und menschlichem Soziosystem mit dem Menschen im Mittelpunkt hin auszulegen.

3.2.3 Didaktische Merkmale

Indessen, wie könnten solch interdisziplinär angelegte Lernprozesse im schulischen Unterricht verankert werden? – Offenkundig nicht mit Hilfe eines weiteren Einzelfaches, sondern vielmehr durch unterrichtliche Einbeziehung des ökologischen Gedankens als ein *„Prinzip"*, als eine neue, *originäre Sichtweise* von Wirklichkeit, *die generell alle Schulfächer und Schulstufen durchzieht.*

Entsprechend wäre zumindest eine „personelle, inhaltliche und zeitliche Kooperation" vor allem in den *Fächern* Biologie, Geographie und Sozialkunde anzustreben (vgl.Eulefeld u.a. 1981, 21. 65). Ferner sollte die thematische Behandlung des ökologischen Anspruches vom „inneren Kreis" der klassischen ökologischen Fächer wie Biologie, Erdkunde und Sozialkunde auch auf den „äußeren Kreis" von Fächern wie Deutsch, Geschichte, Religion, Kunst- und Werkerziehung, aber auch Physik und Chemie ausgedehnt werden (Schmack 1982, bes. 94-106).

Soll nun aber hierbei jenes für die ökologische Betrachtungsweise typische *ganzheitliche („holistische") Denken* zum Tragen kommen, so macht dies über die nachträgliche Perspektivenverschränkung von Einzelfächern hinaus eine gleichsam umgekehrte Vorgehensweise erforderlich, wonach komplexe ökologische Phänomene nun selbst angegangen werden. Hier erst wird der eigentliche Skopus ökologischer Lernprozesse erreicht.

Gemeint sind *reale* ökologische Situationen, Verhältnisse, *konkrete* Handlungsfelder, die auf ihre Genese, ihre Geschichte, ihren Problemgehalt, ihren Aufgabencharakter sowie auf menschliches Verhalten und Handeln hin befragt werden. Günther Eulefeld hat in bezug auf solche, für die Ökologie zentralen ökologischen Ganzheiten den Begriff der *„gegenständlichen Teilsysteme"* eingeführt, worunter er komplexe reale Verhältnisse naturnaher oder technisch-zivilisatorischer Art versteht, die aufgrund ihrer Relevanz für den Menschen und ihrer Beeinflussung durch ihn einen wichtigen Erfahrungsgehalt und Handlungsbezug von zugleich konkreter und allgemeiner Bedeutung aufweisen (vgl. Eulefeld u.a. 1981, 70-76, 82-84 f.). Ob es sich hierbei auf der Mikroebene um eine bestimmte Pflanze, ein Tier, ein schuleigenes Biotop, eine Mülldeponie, einen Spielplatz etc., oder auf lokaler bzw. regionaler Ebene um städtische Siedlungen, Verkehrsführungen, Grünanlagen, Wohn-, Arbeitsplatz und Freizeitstätten der Menschen in der Stadt, die Gestaltung einer Kulturlandschaft, die Errichtung von Naturschutzgebieten etc. handelt, oder ob schließlich globale Problemstellungen wie z. B. das Energie- oder Ernährungsproblem zur Sprache kommen, in jedem Falle sind diese *„gegenständlichen Systeme"*, ganz im Sinne des *„systemischen"* bzw. *„vernetzten" Denkens* der Ökologie, nur aus der Sicht miteinander verbundener, verschiedenartiger Lebensbereiche zu verstehen. Insofern fordern sie, nicht zuletzt auch angesichts aktueller Brisanz, zur konkreten Auseinandersetzung heraus:

„Es genügt nicht, einfach darüber vorzutragen. Nur im Tätigwerden der Lernenden, im aktiven ‚In-sie-hineingehen', im eigenen Handeln werden sie erfahrbar" (ebd. 104).

Von daher läßt sich festhalten: Ein *Unterricht*, der die Bildung zu ökologischer Sachkompetenz als Teil ökologischer Verantwortung begreift, *müßte Lernprozesse arrangieren*, welche die Merkmale der Interdisziplinarität (Vernetztheit), der Situations- und Problemorientierung (Ganzheitlichkeit) aufweisen und zu konkretem Handeln (Verantwortlichkeit) anregen (vgl. Seybold 1990; vgl. ferner zahlreiche Anregungen für die Praxis in: Engagement 1990).

Hierfür lassen sich durchaus auch unterschiedliche *Formen schulischen* Unterrichts finden, angefangen von der fachbezogenen Kooperation, über den fächerübergreifenden Unterricht bis hin zum Unterricht in Arbeitsgemeinschaften und Projektgruppen etc.

Die eigentliche Problematik ökologisch ausgerichteter Erziehung und Bildung liegt derzeit denn auch nicht im Didaktischen oder im Institutionell-Organisatorischen begründet. Insofern darf das Bildungsziel „ökologischer Sachkompetenz" in Theorie und Praxis als durchaus einlösbar betrachtet werden. Wirklich *problematisch*, was den gegenwärtigen Diskussionsstand angeht, erscheint demgegenüber der im folgenden noch zu behandelnde Komplex einer *Neuorientierung des Naturbezuges*. Und solche Neuorientierung ist zu sehen im Gesamtrahmen unserer modernen Zivilisation mit ihren vielfältigen technisch-ökonomischen Interessen und ihrem vermehrten Eingreifen in die Natur.

3.3 Zentrale Neuorientierung: Wertschätzung von Natur und Leben – auch „um ihrer selbst willen“?

Hier stellt sich dann zunächst die entscheidende Frage nach den Gründen, welche die Menschen in den hochentwickelten Industriegesellschaften veranlassen sollten, *der Natur gerecht zu werden.* Sollten sie dies lediglich intendieren, um menschliches Überleben zu sichern – eine ethische Selbstverständlichkeit – oder *auch* in „Ansehung“ der Natur *um ihrer selbst willen?* – Ohne Zweifel die „Gretchenfrage“ in der gegenwärtigen Diskussion, denn die jeweilige Einstellung zu diesem „um ihrer selbst willen“ markiert am entschiedensten auch die jeweils vertretene Position.

> Die Befürwortung einer umfassenden Wertschätzung von Natur darf nicht nur als Prüfstein für sittliche Sensibilität gelten, sondern sie ist, wie die „Ökopädagogik“ zu Recht gezeigt hat, zugleich auch *Prüfstein* für die Möglichkeit menschlicher *Selbstentfaltung* und *Bildung* in einem als solchen erfahrenen *Sinnraum* der Naturwirklichkeit als ganzer.

3.3.1 Instrumentelle Verfügungsrationalität

Nun ist andererseits die moderne Industriekultur zweifellos tendenziell auf eine Vorherrschaft, ja *Verabsolutierung technisch-ökonomischen Verfügens über Natur* hin angelegt. Und die sie leitende *instrumentelle Rationalität* ihrerseits scheint, wie dies N. Hilgenheger (1997) erneut eindrucksvoll belegt hat, etwas anderes an Natur überhaupt nicht mehr in den Blick nehmen zu können als eine entzauberte, weil verobjektivierte und nutzbar gemachte Welt. Steht am Ende also denknotwendig die von Scheler beschworene „Allverschlossenheit“ der Welt und die Selbstentfremdung des Menschen?

Eine sich derart totalitär gebende Rationalität des Instrumentellen muß entschieden in ihre Schranken zurückverwiesen werden. Zwar bewirkte die seit der Neuzeit methodisch-exakt vorgehende Mittelrationalität, um einen hilfreichen Terminus von Wolfgang Kluxen aufzugreifen (1971), in der Tat einen *„Totalaspekt“* von Wirklichkeit, eine Gesamtsicht von „Welt“ also. In beispiellosem Ausgriff ließ sie den Menschen bis in die Dimension des Universums, die äußere Natur, vorstoßen und machte ihn mit der Heraufkunft der Human- und Sozialwissenschaften in der Moderne auch noch zum Entdecker und Lenker seiner inneren Natur. Und dieser gigantische Einsatz verfügender Rationalität legitimiert sich durchaus unter dem Gesichtspunkt, daß er in humaner Absicht methodisch nach Mitteln der Daseins- und Weltbewältigung sucht.

Bewirkt also der methodische Naturbezug wissenschaftlicher Verfahrens- und Verfügungsrationalität einen Totalaspekt von Wirklichkeit, so bleibt er gleichwohl durch einen ganz bestimmten Horizont von Bedingungen eingegrenzt und ist „von Hause aus *qualitativ begrenzt*" (Kluxen 1971, 78). Er verfügt von sich aus nicht schon über die Vernunft der Zwecke, ist also *„partial"* (Teilausschnitt eines komplexen Ganzen), wenn auch nicht „partikular". Vermag jedoch jegliche instrumentelle Verfügungsrationalität jeweils nur *Bedingungen* der Weltbewältigung in den Blick zu nehmen und zu besorgen, ohne diese von sich aus auch als Bedingungen *sinnhafter* menschlicher Selbstverwirklichung ausweisen oder gar diese Selbstverwirklichung selbst je hervorbringen zu können, so darf sich solch rationale „Welt"-Sicht des Verfügungs- und Bewältigungswissens nicht zum *ausschließlichen* Totalaspekt von Wirklichkeit hin verlängern. Vielmehr bedarf sie notwendig der *übergreifenden handlungsleitenden Sinnvernunft*.

> Von daher muß sich technisch-ökonomische Rationalität und die durch sie erstellte „Welt" der Artefakte zugunsten jener Zwecksetzungsvernunft zurücknehmen lassen, durch die sich die humane Existenz ihres Sinnes versichert.

3.3.2 Offenhalten eines Nicht-Verfügbaren, Nicht-Verzweckbaren an Natur

Von ganz anderem Verstehenszugang *naturphilosophischer* Provenienz läßt sich diese Argumentationsreihe denn auch weiter fortentwickeln. In seinem lesenswerten Buch „Wissenschaft als Lebensform" klagt Jürgen Mittelstraß eine dem modernen Wissen angepaßte „neue Theorie der Natur" bzw. „neue Theorie der Umwelt" ein (1982, 79).

> Gerade auch „technische Kulturen" brauchten neben dem rational verfügenden Verhältnis zur Natur ein Naturverhältnis der *Orientierung*, das über alles funktionalistisch-technische Verfügungswissen hinaus „Orientierungsleistungen" ermöglicht, die ein „Verständnis unseres Lebens im Ganzen" betreffen (ebd. 81).

Hierzu ein gekürzter Textauszug an zentraler Stelle (Mittelstraß 1982, 80 f.):

„Im Gegensatz zu der in technischen Kulturen dominanten Auffassung der Natur als Reservoir natürlicher Ressourcen, über das der technische Verstand ‚haushaltend' verfügt, kommt es darauf an, Natur im Sinne des schon Gesagten wieder als Inbegriff dessen zu verstehen, *was wir sind.*

Das setzt natürlich die Einsicht in den scheinhaften Charakter grenzenloser, wissenschafts- und technikgestützter Eigenmächtigkeit und insofern die Einsicht in den lebensverarmenden Charakter universalisierter Technikverständnisse voraus. Anders ausgedrückt: *was wir nicht können, muß wieder positiver Bestandteil* des Lebens, nicht Ausdruck scheinbar stets nur momentaner Verlegenheit sein.

Natur, in diesem Sinne verstanden, ist – trotz aller Einflüsterungen technischer Kulturen – etwas, das wir nicht können. Zu dieser Natur gehören z. B. (und dieses Wissen hat zumindest die philosophische Tradition immer gegenwärtig gehalten) der Tod, den wir nicht abwehren können, und das Glück, das wir nicht herstellen können, aber eben auch ein *Leben schaffendes und Leben erhaltendes Sein,* das wir zwar in Teilen, aber nie als Ganzes etwa in dem Sinne beherrschen können, daß wir es auch durch ein Anderes, durch Artefakte nämlich, ersetzen könnten."

Es sind aus der Sicht abendländischer Philosophie recht lapidare und nahezu selbstverständliche, in Neuzeit und Moderne aber in Vergessenheit geratene Wahrheiten, die Mittelstraß den technischen Kulturen in Erinnerung ruft:

- so die Einsicht in die *Engführung bloß funktionalistischen Wissens* und Verfügens bzw. in die existentielle Bedürftigkeit des Menschen in bezug auf *Orientierung und Sinnerfahrung*;
- ferner das schlichte Eingeständnis der *Grenzen menschlicher Eigenmächtigkeit* bzw. die Wiederentdeckung dessen, was Natur in dem, was wir nicht können, uns gibt, und was also an ihr *unverfügbar* ist;
- und schließlich der Hinweis auf das in der aristotelischen Philosophie bereits geläufige Verständnis von Natur als einem gegenüber dem Menschen eigenständigen, *„autopoietischen" Wirkfeld*, in das auch der Mensch mit all seinen Artefakten eingewoben und von dem er getragen wird.

Ausgangspunkt jeglichen Nachdenkens über den fundamentalen Bezug von Mensch und Natur kann daher nur die Einsicht in *Eigensein* und ursprüngliche Unabhängigkeit von Natur gegenüber allem vom Menschen Gemachten sein.

Denn unbestreitbar stellt Natur mit ihren Erscheinungsformen, Abläufen und Strukturen eine sich gemäß den in ihr liegenden Organisationsprinzipien selbst erwirkende und ständig schöpferisch entwickelnde, eben *poietische Ganzheit* dar (vgl. auch Mittelstraß 1991). Daß Natur und Leben ein eigenes *Sein*, einen Ordnungszusammenhang mit eigenen Gesetzen und Funktionsabläufen darstellt, dies erfährt der Mensch spätestens dort, wo er ihre Strukturen nicht hinlänglich beachtet, wiewohl er als organismisches Wesen doch ganz und gar in sie einbezogen bleibt und von ihnen abhängt. Natur in und außerhalb von uns setzt hier unüberschreitbare *Grenzen*. Und gerade die derzeitige ökologische Krisenlage mit ihren Auswucherungssymptomen hat dies nachhaltig bestätigt. Als autopoietisches *Wirkfeld* jedoch ist Natur gegenüber dem menschlichen Soziosystem bleibend die vorgängig ursprüngliche Größe; eine Größe mit ureigener Bedeutung, die alles trägt und umgreift.

Hier tritt dann für die umsichtig vernehmende menschliche Vernunft an Natur ein Ureigenes, Vorgängiges, mit bloßem Nutzenkalkül nicht Verrechenbares, gleichsam *Nicht-Verzweckbares* zum Vorschein.

> Am Anfang jeglichen humanen Naturbezuges, der diesen Namen verdient, müßte deshalb eine Sichtweise stehen, die jenseits aller technisch-ökonomischer Naturverzweckung in Natur fundamental ein *Leben schaffendes und Leben erhaltendes Sein* erblickt. Im Offenhalten dieses Nicht-Verzweckbaren wiederum vermag sich dann dem mit Natur umgehenden und sie im Medium von Kultur interpretierenden Menschen Natur als ein ‚oikos', ein Daseinsraum der Sinnerfahrung zu erschließen.

3.3.3 Naturbezüge der Orientierung

Zum vollen Bewußtsein gelangt dies in den *unterschiedlichen Naturbezügen der Orientierung*. So begegnet der Mensch

(1) im *sinnlich-ästhetischen* Umgang der Natur als einem gewaltigen *Ausdrucksfeld lebendiger Gestaltgebung von übermechanischem Sinnzusammenhang* (vgl. Scheler GW VII, 112 f.), wobei ein jedes lebendige Wesen, das sich aus der Mitte des eigenen Zentrums heraus eine je eigene Formgebung aufbaut, durch Gestalt und Farbe, Ton und Duft, also in sinnlicher Darstellung, die aufnehmenden menschlichen Sinne „anzusprechen" vermag (vgl. Portmann 1973, 68 f.; Mertens 1995, 232-273). Das naturale Ausdrucksfeld korrespondiert hier mit der werterschließenden *Formwahrnehmung des Menschen* als *eines geistig-personalen Sinnenwesens*, wie dies die moderne Anthropologie unseres Jahrhunderts in Anknüpfung an die *aristotelische* Lehre von den „Seelenvermögen" sowie deren mittelalterlich anthropologischem Pendant, der *thomasischen* Vorstellung von der „Geistseele" als „Formprinzip des Leibes", als *eine* ihrer Grundeinsichten wieder herausgearbeitet hat (vgl. Mertens 1995, 106-122. 160 f.). Danach vermag sich dem Menschen als diesem leib-geistigen Sinnenwesen nur über Sehen und Hören, Riechen und Tasten eine reale Welt zu eröffnen, eine Welt der Formen und Gestalten, die er in geistig-kulturell geformter sinnlicher Wahrnehmung in eine bewußt erlebte Symbolwelt des Wert- und Sinnhaften transponiert. Und entsprechend kann auch das Potential der affektiven und geistig-emotionalen Antriebskräfte und damit das höhere geistig-kreative Leben erst im Medium solch sinnlich affizierten, wert- und sinnhaften Erlebens überhaupt zur Entfaltung gelangen.

Aus diesen Grundeinsichten folgt zweifellos die entscheidende pädagogische Relevanz einer *Bildung* des menschlichen *Sinnenlebens.*

Zu Recht richtet deshalb auch der Zoologe *Adolf Portmann* mehrfach die Mahnung an die Pädagogik, in ihrem Bestreben um die Vermittlung einer erneuerten Natursicht bei der

„Überzeugung von der ewigen Größe des naiven sinnlichen Lebens unseres Geistes" anzusetzen, „fest in der Tatsache gegründet, daß unser Leben, unser Alltag in der reichen sinnenstarken Welt (der Natur, Vf.) seine eigentliche Heimat hat" (ders., 30).

Hierbei geht es Portmann keineswegs um eine irrationalistische Eliminierung der „theoretischen Funktion" des wissenschaftlichen Verstandesdenkens im Umgang mit Natur, sondern um ihre *Gleichgewichtung* mit jener „zweiten Komponente der geistigen Aktivität", der *„ästhetischen Funktion"* (vgl. Portmann 1973, 203. und 191 f.). Diese verläuft über das „Ursprüngliche" der natürlichen Sinnenwelt, also über die Wahrnehmung von „Form und Linie, Farbe und Laut, Geruch oder Tastgefühl" und formt hier auf der Basis eines „unmittelbar gefühlsstarken Erlebens" eine primäre Welt der „Qualitäten", des Wert- und Sinnvollen, der „Bilder" und „Wahrheiten", welche dann die Grundlage bilden für alles humane Bewerten und Verhalten (vgl. ebd. 192 f . 197). Und jedes wirklich produktive Denken gerade auch des wissenschaftlichen Verstandes, jede „intuitive, spontane Schöpferarbeit“ bedarf dieser ästhetischen Funktion sinnlich-geistigen Erlebens, des „Träumens und Wachträumens“,

sofern im produktiven Denken „das verborgene Weben in den tieferen Schichten unserer Persönlichkeit Tag und Nacht auf der Suche ist nach anschaulichen Lösungen für viele Aufgaben des Denkens und Fühlens“ (ebd. 203).

Stellt sonach für Portmann jene geistige Aktivität eines über die sinnliche Wahrnehmung von Natur vermittelten geistig-emotional erfüllten, schöpferischen Sinn- und Werterlebens das unverzichtbare Komplement analytisch-empirischen Erkennens und Bewältigens dar, so ist in seinen Augen gleichwohl die abendländische Welt in folgenschwerer Weise „längst aus dem Zustand eines relativ harmonischen Gleichgewichts der geistigen Funktionen herausgeworfen“ (Portmann 1973, 193). Entsprechend ruft er die Pädagogik auf, ihre Bildungsanstrengungen zentral wieder auf den Naturbezug geistig-sinnhafter Wahrnehmung zu richten. So müsse sie wieder die *sinnliche Kontaktaufnahme* ermöglichen und fördern; und dies bedeutet, sie müsse die tastende, hörende, riechende, sehende Kommunikation mit den Gegenständen, die einfühlende Wahrnehmung der sinnenfälligen, farbigen, duftenden, tönenden, geformten Andersartigkeit der Naturgebilde herbeiführen (vgl. Portmann 1973, 208). Dies meint nun keineswegs die Wiederbelebung einer sentimental-romantischen Naturerfahrung, sondern vielmehr die sachlich-nüchterne sinnliche Gestaltwahrnehmung. Insbesondere müßten sich hier die pädagogischen Bemühungen auf den Aufbau einer wirksamen, *neuen Natursicht* konzentrieren, die durch vertiefte Einsicht in *Wert* und *Größe* der Natur geleitet ist. Zur Realisierung dieser für ihn „zentralen Aufgabe des Abendlandes“ empfiehlt Portmann die Erschließung der „Eigenart der ganz großen Höhepunkte des lebendigen Seins auf Erden“ (ders. 1971, 29). Exemplarisch verweist er in diesem Zusammenhang auf die wundersame Welt der Vögel, die selbst noch im Großstadtleben wahrnehmbar ist, eine Welt voll feinster Orientierungsleistungen, in der, gelenkt von einem winzigen Steuerungssystem, Reisen von planetarischem Ausmaß geschehen. Ferner verweist er auf das fremde große Leben der Delphine und der Wale, jener Wasserwesen, die eine erstaunliche Fülle von Lautbildungen hervorgebracht haben, in die wir eben erst eindringen. Und schließlich gehört hierzu auch die Existenz der Blütenpflanze, vor deren „offenbarem Geheimnis wir das Staunen wieder lernen können“ (ebd. 32-34).

Erst die pädagogische Vermittlung einer derartigen, „vom Wissen geförderten“ Natursicht (vgl. ebd. 35 f.), welche die erfaßten Symbole, Muster und Strukturen der Erlebniswelt unserer „ersten“ noch kindlichen Weltsicht ausweitet und dynamisch offen auslegt, erst sie ermöglicht es der wissenschaftlich ausgreifenden Vernunft, jederzeit in die sie tragende Dimension geistig-emotionalen Lebens und Erlebens zurückzukehren (vgl. Portmann 1973, 162).

Wie nun sinnlich-ästhetischer Naturumgang auch dem wissenschaftlich Denkenden die *Größe* von Natur vor Augen führen kann, so vermag

(2) *religiös-kontemplativer* Naturbezug die *Tiefendimension* der Naturwirklichkeit als ganze erfahrbar zu machen. Ungeachtet aller rationalen Durchdringung von Natur nimmt Vernunft hier gleichsam „Fäden ins Unsichtbare“ (Scheler GW II, 26) hinein wahr, nämlich einen Verweisungszusammenhang ins unauslotbar Geheimnisvolle, dem sie mit Scheu begegnet und das dem plumpen Willkürzugriff Einhalt gebietet. Hierin eröffnet die vernehmende Vernunft eine das Sicht-Fühl-Greifbare unserer Umwelt durchstoßende Perspektive, die, mit Max Scheler gesprochen, Natur und Leben eine „geheimnisvolle Tiefe und das Gefühl einer über unsere Horizonte hinausfließende Weite und Fülle (verleiht)“, vor welcher der Verstand sich „seiner Enge und Begrenztheit bewußt wird“ (GW X, 89).

Natur in ihrer Unergründlichkeit betrachten, dies erschließt einen Sinnhorizont, innerhalb dessen die Naturwirklichkeit als eine dem Menschen schlechthin vorgegebene Größe erfahrbar wird, die letztlich außerhalb der Grenzen des von ihm Herstellbaren liegt und die hierin auf eine umfassende Ordnung mit Geschenkcharakter verweist, der sich der Mensch mit aller Kreatur konstitutiv zugehörig weiß, die ihn ermöglicht und trägt (vgl. Kampits 1978; Schwabe 1978). Das religiöse Empfinden aller Kulturkreise und Religionen hat, wenngleich in unterschiedlicher Akzentuierung und Dichte, auf diese Weise an Natur einen die rein sachliche Sicht erweiternden „Mehrwert“ (Scheler GW VII, 89 f.) zum Vorschein gebracht, eine ins *Mysterium* weisende *ontologische Tiefe*.

Erziehung zu *religiös-kontemplativem Naturverständnis* müßte entsprechend eine Sichtweise sensibilisieren, die im Blick auf Natur in uns und um uns den Sinn für das Wunderbar-Unergründliche offen hält.

Im weitesten Sinne geschieht dies überall dort schon, wo solche Erziehung zum *Staunen* anleitet, wie ja seit den Anfängen der abendländischen Metaphysik zu Recht im Staunen der Ursprung und Grund allen kontemplativen Wirklichkeitszuganges gesehen wurde: „Warum ist überhaupt Seiendes und nicht vielmehr nichts?“ (Heidegger 1958, 1).

Indessen, ist uns empirisch-wissenschaftlich Denkenden der Blick hierfür nicht bleibend versperrt? Offenkundig nicht prinzipiell. Denn wo immer die Wissenschaft ihre Gipfelpunkte erreichte, da haben ihre Träger den Blick auf das Unergründliche, Verehrungswürdige in der Natur geschärft und geweitet (vgl. Scheler III, 30). Dies gilt nicht zuletzt auch für die beiden Autoritäten unseres Jahrhunderts, die mit ihren bahnbrechenden Theorien die heute bestimmende Natursicht des Atomzeitalters wohl am nachhaltigsten geprägt haben, nämlich für *Max Planck*, den Begründer der Quantentheorie, und für *Albert Einstein*, den Vater der Relativitätstheorie. Sie beide kommen darin überein, daß „die überall wirksamen und doch geheimnisvollen Mächte“ der Natur dem wissenschaftlichen Betrachter eine Form *„kosmischer Religiosität“* geradezu abverlangen (vgl. Planck 1971 sowie Einstein 1981).

Vor diesem Hintergrund hebt Planck mit Nachdruck auf die unüberschreitbaren *Grenzen jeder naturwissenschaftlich-exakten Betrachtungsweise* ab. Von daher bleibe für den experimentierenden Naturwissenschaftler, der mit der Entdeckung jedes neuen Gesetzes das Erstaunliche und Rätselhafte im Aufbau seines Weltbildes steigert,

> Natur „ebenso wunderbar und unerklärlich wie für das Kind... mit seiner primitiven Klapperbüchse“ (Planck 1971, 18 f.).

Und ähnlich spricht *Einstein* davon,

> die wissenschaftliche Natursicht stoße überall auf das „Wissen um die Existenz des für uns Undurchdringlichen“, „die Ahnung von dem wunderbaren Bau des Seienden“. Insofern sei es letztlich eine „kosmische Religiosität“, eine „Hingabe an das Wunderbare“, welche die wissenschaftliche Forschung antrieben.
>
> Eben diese elementare Naturreligiosität bestehe jedoch im Staunen über jene Naturgesetzlichkeit, „in der sich eine so überlegene Vernunft offenbart, daß alles Sinnvolle menschlichen Denkens und Anordnens dagegen ein gänzlich nichtiger Abglanz ist“ (Einstein 1981, 10. 17. 18).

Offenkundig war es denn auch nicht die wissenschaftliche Natursicht der Forschung, die das Verständnis für Geheimnis und Tiefendimension der Natur abstumpfen ließ, sondern diese Abstumpfung dürfte eher im Zuge einer Isolierung und Verabsolutierung methodisch-empirischer *Verfügungs*rationalität entstanden sein, wie sie in einem *dominant* ökonomisch-technischen Naturbezug ja tendenziell angelegt ist.

Sowohl die religiös-kontemplative Tiefenerfahrung als auch die sinnlich-ästhetische Größenerfahrung von Natur bringt für die umsichtig vernehmende menschliche Vernunft an Natur ein Ureigenes, Vorgängiges, Nicht-Verfügbares, ein mit bloßem Nutzenkalkül nicht Verrechenbares, gleichsam ein *Nicht-Verzweckbares* zum Vorschein. Angesichts dessen liegt schließlich auch

(3) die pädagogische Aufgabe einer *ethischen* Sensibilisierung im Umgang mit Natur auf der Hand.

> Entsprechend müßte ökologisch ausgerichtete Pädagogik dazu anregen, Natur in ihrer Gesamtheit wie in ihren lebendigen und unbelebten Teilgebilden *sittlich* zu begegnen, d.h. mit Wertschätzung, Rücksichtnahme und Respekt – auch *„um ihrer selbst willen"*.

Vor seiner Würde als Vernunft- und Freiheitswesen ist es sich der Mensch mithin schuldig, Eigensein und Eigenbedeutung der ihn tragenden und umgreifenden natürlichen Lebenswirklichkeit als ganzer zu achten und zu respektieren. Oder umgekehrt formuliert, da sich dem Menschen im begegnenden Umgang mit Natur diese als eine Wirklichkeit möglicher Sinnerfahrung von eigenem Sein erschließt, ist es seiner sittlichen Vernunft zuwider, Natur eben dieses ihres Eigenseins und ihrer möglichen Sinnqualität zu berauben, wodurch sie ontologisch entleert würde zum bloßen Substrat beliebiger Nutzung. Zwar wird sich der Mensch als technisch-ökonomisches Wesen auch weiterhin genötigt sehen, Natur partial zu verobjektivieren und zu versachlichen, aber auch in dieser Objektivierung bleibt an Natur ein Horizont von Unverfügbarem erkennbar und sie selbst weiterhin möglicher Sinnraum seines Daseins; ebenso, wie ja auch im Eingreifen und Verfügen die funktionalen Eigengesetzlichkeiten von Natur beachtet werden müssen.

Von daher bedarf es gegenwärtig in der Tat, wie dies seitens der theologischen Ethik etwa Alfons Auer (1984, 51) mit Nachdruck postuliert, der *radikalen Revision jener ausschließlich verobjektivierenden Grundeinstellung*, welche die ökologische Krise zentral mitverursacht hat, „nämlich der dualistischen Gegenüberstellung von

Mensch und Natur als Subjekt und Objekt". Spricht es doch wider alle Erfahrung anzunehmen, das gewaltige Potential der Natur habe einzig die Bedeutung, vom Menschen als ein Reservoir von Mitteln für bestimmte Zwecke funktional auf seine Bedürfnisse hin ausgelegt und genutzt zu werden (vgl. Birnbacher 1980, 103 – 139). In vergleichbar naiver teleologischer Verzweckung der Naturphänomene auf den Menschen hin hatte bekanntlich ja noch mancher Aufklärungsphilosoph unterstellt, Sterne und Mond seien dafür da, dem Menschen nachts zu leuchten. Gegenüber solch „anthropozentristischem Funktionalismus" muß sittlich verantwortliches Denken und Handeln nachdrücklich für eine Orientierung eintreten, die dem poietisch Eigenen der *Natur gerecht wird.* Dies aber bedeutet:

eine Pädagogik der ökologischen Verantwortung muß zunächst einmal eintreten für sittliche Haltungen wie Achtung, Behutsamkeit, Ehrfurcht, „Obsorge", Respekt gegenüber der Wirklichkeit der Natur im ganzen wie in ihren Teildimensionen. Auf dieser Basis ist es dann auch möglich, die Adressaten von Erziehungs- und Bildungsmaßnahmen zu einer Synthese mit ökologischer Sachvernunft, und d. h. zum verantwortlichen Urteilen, Abwägen und Handeln im Einzelfall zu befähigen (vgl. Mertens 1996).

Fazit:
Die Suche nach einem vertieften Naturverhältnis ist zentral auch eine Frage nach menschlicher *Bildung zu reifer Humanität.* Sie kommt gegenwärtig im Rahmen höchst unterschiedlicher ökologisch-orientierter Erziehungs-/Bildungskonzeptionen zu Wort.

So etablierte sich auf dem formellen Bildungssektor die ***Umwelterziehung***, die auf eine Versöhnung von Natur und moderner Zivilisation abhebt. Über ökologische Sensibilisierung und Werterschließung sowie ein Denken in vernetzten Systemen will sie deshalb ihre Adressaten zur ökologischen Verantwortung bewegen.

In scharfer Abgrenzung hierzu hält „***Ökopädagogik***" eben dies für eine rein technologisch-pragmatische Problemlösung, ja für den „Gipfel der industriellen Vernunft". Statt dessen plädiert sie für den „Bruch" mit dem Bestehenden und eine wahrhaft *ökologische Grundeinstellung*, welche Natur „*um ihrer selbst willen*" anerkennt. Nur so sei auch die innere Freiheit und Ganzheitlichkeit des Menschen zu retten.

Als dritte Richtung wirft ***Analytische Umweltpädagogik*** den beiden genannten Modellen „Fundamentalismus", Ausblendung von „Wißbarem" über die eigentlichen ökologischen Problemzusammenhänge vor. In produktiver Beschränkung strebt sie demgegenüber pädagogisch die Vermittlung analytischer Kompetenz, und hier insbesondere eine Kenntnis des primär gesellschaftlichen Charakters aller umweltrelevanten Faktoren an.

Eine ***konstruktive Weiterentwicklung*** der umweltpädagogischen Theorie müßte die jeweils unverzichtbaren Einsichten dieser drei Konzeptionen als Teilgrößen eines Theorieganzen aufgreifen und integrieren. Denkbar scheint dies in der Leitvorstellung von der ***ökologischen Verantwortung***. Denn sie verbindet Wert-, Sinn- und Sachkompetenz. Sie integriert das pragmatische Moment der Überlebenssicherung, ferner das instrumentelle eines vernunftgeleiteten Ausbaues der Industriekultur und schließlich das qualitativ werthafte Moment, Natur auch „um ihrer selbst willen" zu respektieren. Denn Verantwortung ist „lebende Sorge" für ein anderes Sein – mit Blick auf die Folgen.

6. Konsum und Personale Identität

Gliederung:

1. Problemstellung

Daß sich der Mensch überhaupt als Verbraucher versteht und daß er zur Einübung in diese Rolle besonderer erzieherischer Kompetenzen bedarf, ist eine Einsicht erst der Nachkriegsgeneration. Ursache dieses Bewußtwerdungsprozesses ist die heutige, von allen bisherigen Stadien der Menschheitsgeschichte sich abhebende, gänzlich *neue Konsumsituation* (Scheuch 1975). Ihre charakteristischen Merkmale: Massenproduktion, wirtschaftliches Wachstum, steigendes Masseneinkommen. Ihre vorantreibenden Kräfte: eine bis dato nicht gekannte und in der Dynamik ihrer Möglichkeiten noch nicht abschätzbare, explosiv anwachsende Technisierung, in deren Gefolge mittels Mechanisierung und Automatisierung der Herstellungsverfahren zunehmend Produktivitätsfortschritte erzielt werden. Neu an der Situation in den hochindustrialisierten Ländern ist die hieraus resultierende Einbeziehung der gesamten Bevölkerung in die monetäre Wirtschaft (inklusive des bargeldlosen Zahlungsverkehrs, der Kundenkreditkarte etc.), ein allgemeiner Wohlstand, der die zur freien Disposition stehenden Geldbeträge der Einzelhaushalte generell anhebt, und schließlich die Senkung des Preisniveaus für eine breite Palette von Massenartikeln und Konsumangeboten, die nunmehr allen zugänglich sind. Mit einem Wort, eine alle Bevölkerungsschichten umfassende *Extensität* materieller Möglichkeiten kennzeichnet unsere gegenwärtige Konsumsituation. Und dies hat zur Folge, daß es in unserer Gesellschaft so gut wie keinen mehr gibt, der nicht bereits im Kindes- und Jugendalter in das ihn umspannende Netz des Konsums auf vielfältige, verborgene oder manifeste Weise eingeflochten wäre.

Freilich wird diese Konsumsituation neuerlich strukturell auch durch erhebliche *Grenzsetzungen* seitens der *ökologischen* Dimension geprägt. Hier erweist es sich als unabdingbar, den Vorgang anhaltender ökonomischer Kapazitätserweiterung *qualitativ* auszusteuern. Denn das Vierteljahrhundert zwischen 1948 und 1973 bescherte den hochentwickelten Industriegesellschaften mit einer durchschnittlichen Zuwachsrate von jährlich 5% im Bereich der Sachgüterproduktion bekanntlich den größten Boom in der Wirtschaftsgeschichte. Der Zuwachs der Industrieproduktion in dieser Zeit um das dreieinhalbfache mochte, wie Daniel Bell (1976, 32) formuliert, zu der utopischen Annahme verleiten, daß „durch die wunderbare Maschinerie der wirtschaftlichen, wenn nicht technologischen Effizienz Ziele ohne Grenzen zu bewältigen seien". Demgegenüber vermittelten die inzwischen allseits greifbaren ökologischen Krisensymptome einer breiten Öffentlichkeit erstmals und schockartig das Bewußtsein von deutlichen Obergrenzen: die lebensgefährliche Beschädigung, Ausschöpfung oder gar Vernichtung des natürlichen Substrats der Weltgesellschaft schien durchaus in die Reichweite des Möglichen gerückt zu sein (vgl. Meadows 1972). Im Ergebnis kommt deshalb die moderne Zivilisation nicht länger umhin, unter Respektierung der naturalen Grenzgrößen die Phase der unbegrenzten Mehrung in die eines kontrollierten Wachstums zu überführen, und zwar indem sie langfristig ein sich selbst regenerierendes ökonomisch-ökologisches Gleichgewicht ansteuert (vgl. Buchwald 1980).

Die *Bewältigung* dieser vielschichtigen Situation stellt ohne Zweifel hohe Ansprüche nicht nur an die planende Vernunft der maßgeblichen politisch-gesellschaftlichen Ordnungsmächte. Vielmehr beansprucht sie zuvor noch die ökonomische wie ökologische Kompetenz und insbesondere das Verantwortungsbewußtsein jener Individuen, welche die modernen Sozietäten tragen und als Konsumenten stets neu zum Handeln aufgerufen sind. Ebendies macht nun auch eine ethisch fundierte Verbraucherbildung erforderlich, die zwischen einer naiv-gläubigen Bejahung des Konsums einerseits und einem kulturpessimistischen Asketismus andererseits den Weg eines *humanen Umganges mit dem Konsum* weist, der auf das Gelingen der Selbstverwirklichung des einzelnen wie auf das Wohl der Gesellschaft insgesamt ausgerichtet ist.

> Zu leisten ist demnach über die Vermittlung rein instrumenteller, ökonomisch-technischer Kenntnisse und Fertigkeiten hinaus die Erschließung von sinn- und wertorientierten Perspektiven, die zum kritisch verantworteten Verbrauch befähigen (Weber 1976b; 1978 u. 1982).

Als Leitvorstellung rückt hier der *Schlüsselbegriff* der *Konsumfreiheit* in den Mittelpunkt der Überlegungen. Er meint dann jedoch mehr als die formale Freiheit des einzelnen bei der Wahl der Konsumgüter im Sinne des Freiseins von willkürlichen, fremdbestimmten Einschränkungen des Verbrauchs, so sehr er diese auch voraussetzt. Als substantielle *anthropologisch-ethische* Kategorie beinhaltet er primär den Freiheits*vollzug*, die verantwortliche *Selbst*bestimmung des Individuums, dem ja die Formierung des habituellen Stils seines Brauchens und Gebrauchens mit dem Ziel aufgegeben ist, dabei *zu sich selbst*, zu seiner *Identität* zu finden, und d.h., sich selbst zu verwirklichen und zu entfalten. In dieser Bedeutung nun ist der Begriff der Konsumfreiheit zentral der Frage nach den menschlichen *Bedürfnissen* zugeordnet, der Frage nach dem Wie und Wozu bzw. nach dem, was wir wollen, weil wir es brauchen (Birnbacher 1979). Im Blick auf die *gesamtgesellschaftliche* Ebene schließlich verweist der Begriff der Konsumfreiheit auf das politische Feld des demokratischen Kräftespiels innerhalb der hochindustrialisierten Gesellschaften und thematisiert die Frage nach Aufgabe, Chancen und Möglichkeiten politisch verantwortlichen Mitwirkens und Mitentscheidens aller bei der Gestaltung der Konsumentwicklung insgesamt.

> Eine Ethik bzw. eine Pädagogik des Konsums hat es sonach mit einem überaus komplexen Problembereich zu tun, in dem individual- und sozialpsychische, ökologische, technisch-ökonomische, soziologische und politische Bestimmungsgrößen mit solchen der Wert- und Sinnorientierung wechselseitig zusammenwirken. Aus diesem Grunde muß denn auch bereits die primär individuenbezogene *pädagogisch-ethische Frage* nach dem *rechten Gebrauchen*

und Verbrauchen übergreifende (gesamt)gesellschaftliche Kontexte mit in den Blick nehmen und hierbei zugleich die aus der ökologischen Anspruchsdimension erwachsenden Erfordernisse mitbedenken. Entsprechend soll im folgenden die Konsumthematik auf das Individuum hin (2.) und vom Individuum her auf die Gesellschaft (3.) reflektiert werden.

2. Intra-individuelle Perspektive

2.1 Zum Grundansatz: „wahre“ und „falsche“ Bedürfnisse?

Die Frage nach dem, was der Mensch zu einem „guten Leben“ braucht, gehört zu den Grundproblemen menschlicher Existenz. Indes wurde sie in der klassischen Tradition der abendländischen Philosophie eher ethisch-normativ denn anthropologisch-deskriptiv angegangen (vgl. Moser 1978; J. B. Müller 1978). Das Glücken menschlichen Daseins schien primär durch die gelungene Praxis sittlichen Handelns verbürgt und galt nicht so sehr als Resultat angemessener Bedürfnisbefriedigung. Erst durch die Sozialphilosophie des 18. und 19. Jahrhunderts wurde die Bedürfnisproblematik wirklich entdeckt, und dies im Zuge der spezifischen sozio-ökonomischen Bedingungen der entstehenden *arbeitsteiligen, technisierten Industriekultur*. Während nämlich in den *vor*industriellen Gesellschaften weitgehend auf Bestellung produziert wurde und somit, wie Günter Ropohl (1978, 112) zu Recht feststellt, „die Entstehung von Bedürfnissen und die Produktion von Befriedigungsmitteln in ein- und derselben Einheit verbunden waren“, trat in der Epoche der beginnenden maschinellen Industriewirtschaft die *Produktion* als *eigenständige Größe* zwischen Bedürfnisse und Verbrauch. Erst jetzt erhielt die Frage, welche Bedürfnisse der Produzent zu befriedigen hat und welche Güter der Konsument benötigt, ihre eigentliche Relevanz. In diesem Zusammenhang war es insbesondere *Karl Marx* (1962, 21), der die menschlichen Bedürfnisse und ihre Befriedigung programmatisch ins Zentrum seiner Gesellschaftsutopie stellte. Angesichts der Massenverelendung des Proletariats erhebt er die sozialethische Maxime: „Jeder nach seinen Fähigkeiten, jedem nach seinen Bedürfnissen“.

Gewann sonach in einer Phase ökonomischen Mangels die sozialphilosophische Interpretation des menschlichen Bedürfnislebens ihre Konturen zunächst im Kontext des Strebens nach sozialer Gerechtigkeit, so stellt sich unter den sozio-ökonomischen Bedingungen der *heutigen Überflußgesellschaften* das Bedürfnisproblem in einem ganz neuen Licht dar. Gilt es doch längst nicht mehr, wie in den Bedarfsdeckungswirtschaften der hinter uns liegenden Wachstumsphasen, heute weithin vergleichbar denen der Dritten Welt, durch Versorgung mit lebensnotwendigen Wirtschaftsgütern die elementaren Grundbedürfnisse des größten Teils der Bevölkerung abzusättigen. Die Expansion der Ansprüche und der Befriedigungsmöglichkeiten innerhalb der modernen Wohlstandsgesellschaften wirft im Gegenteil die *neue Frage* auf, ob nicht die derzeitige Inflation der Bedürfnisse und ihre tatsächliche Befriedigung durch Konsum in Wahrheit den Menschen entfremde.

In diesem Kontext traf dann Herbert Marcuse im Namen der neomarxistischen Gesellschaftskritik der Frankfurter Schule die Unterscheidung zwischen *„wahren"* Bedürfnissen, solchen, die der Natur des Menschen entsprächen und *„falschen"*, d.h. künstlich evozierten, dehumanisierenden Bedürfnissen, die dem Individuum durch partikulare gesellschaftliche Mächte auferlegt würden (Marcuse 1967, 25). Nun mag es im Sinne gesellschaftskritischer Intentionen zweifellos erstrebenswert sein, vermeintlich naturgemäßen Bedürfnissen die erforderlichen Befriedigungsmittel, den „objektiven" Bedarf, zuzuordnen und hieraus die Normierung bzw. Disqualifizierung des Verbrauchs an privaten und öffentlichen Konsumgütern (Waren und Dienstleistungen) abzuleiten. Indes machten die Ergebnisse der Bedürfnisforschung deutlich, daß der Versuch einer logisch-schlüssigen Deduktion eines natural evident gegebenen transkulturellen menschlichen Bedürfnissystems zum Scheitern verurteilt ist. Bereitet nämlich schon die Bestimmung und Hierarchisierung der basal-naturalen Grundbedürfnisse erhebliche Schwierigkeiten, so erweist sich die hieraus versuchte Ableitung von zahllosen Einzelbedürfnissen, ihre Katalogisierung nach Rangordnungsverhältnissen und erst recht ihre Zuordnung zu entsprechenden Konsumgütern als ein der Beliebigkeit ausgesetztes, widersinniges Unterfangen. Die Annahme natural festgelegter, „wahrer" menschlicher Bedürfnisse und zu diesen korrelierender Konsumstandards stellt in Wirklichkeit eine Fiktion dar. Gehört es doch zum grundlegenden Charakteristikum des menschlichen Bedürfnislebens, daß der Mensch alle ihm als Naturwesen eigenen Bedürfnisse und ebenso ihre Befriedigungsmittel in der Dynamik einer fast unübersehbaren Kombination, inneren Anreicherung und Verfeinerung in die Vielzahl kultureller Ausgestaltung hinein transformiert und sich so erst seine humane Welt aufbaut. Hierbei erhalten Bedürfnisse aufgrund ihrer Einbindung in das Ethos einer bestimmten gesellschaftlichen Gruppe oder einer umfassenden Sozietät über die Vermittlung von Anerkennung, Halt und Identität ihre spezifische Formierung, Kanalisierung und Institutionalisierung. Und ihrem gesamtgesellschaftlichen Anspruchsniveau nach stehen sie in Korrelation zum durchschnittlich erreichbaren Niveau möglicher Befriedigungsmittel, zum Bedarf einer spezifischen *geschichtlichen Lage* mit deren jeweiligen Standards (vgl. Scherhorn 1959; Scheuch 1975).

Menschliche Bedürfnisse und der ihnen entsprechende Konsumstandard erweisen sich sonach als Phänomene, die angesichts der Kulturverwiesenheit menschlichen Seins auf der Ebene geschichtlich-humaner Entwurfsmöglichkeiten und Ethosstile anzusiedeln sind. Entsprechend bemißt sich ihre ethische Bewertung auch nicht nach Kategorien wie „natürlich“ oder „künstlich“, sondern ausschließlich nach ihrer Relation zur *obersten ethischen Zielnorm* des *humanen Gelingens des einzelnen* wie *des Wohlergehens der Gesellschaft* gemäß deren geschichtlichem Entwicklungsstand (vgl. Kluxen 1982, 387ff.).

Insofern geht es auch nicht an, daß eine um konkrete Zielsetzungen bemühte Pädagogik bzw. Ethik des Konsums das heutige, durch Massenkonsum gekennzeichnete Anspruchsniveau im Sinne eines statisch-objektivistischen Begriffs als „künstlich“ gemacht und deshalb inhuman generell abqualifiziert. Hingegen müßte, erheblich behutsamer, nach grundlegenden Kriterien gefragt werden, anhand derer sich im Sinne der „Selbstfindung“ der Konsumenten der jeweilige Grad der Kultiviertheit ihres Bedürfnislebens einerseits und ihres Konsumstils andererseits einschätzen läßt.

2.2 Kategorien zur Bemessung eines kultivierten Bedürfnislebens

Um hier in der Erarbeitung konkreter Zielsetzungen weiterzukommen, gilt es zunächst an die schlichte Tatsache anzuknüpfen, die in der Tradition der abendländischen Philosophie seit *Aristoteles* mit wachsender Deutlichkeit gesehen wurde, daß nämlich das menschliche Antriebsleben keineswegs als leeres Substrat einer absolut offenen Dynamik zu sehen ist, sondern im Gegenteil eine innere dynamische Strukturiertheit aufweist (vgl. Mertens 1982, 42-117).

Demzufolge stellt die Architektur des menschlichen Bedürfnislebens das Ganze eines Systems ineinandergreifender Teilstrukuren von zunehmender Komplexität dar, wobei die jeweils komplexeren die elementar dringlichen voraussetzen bzw. auf ihnen aufbauen.

In die gleiche Richtung, für die normative Auswertung jedoch fruchtbarer noch als diese allgemein gehaltene philosophisch-anthropologische Einsicht, weisen die aus der humanistischen Psychologie stammenden, an der Dynamik der Persönlichkeitsentwicklung orientierten Versuche der *Klassifizierung der menschlichen Grundbedürfnisse*. So präsumiert etwa *Abraham Maslow* (1970) in seinem bis heute wohl noch einflußreichsten Entwurf eines Kategoriensystems der Bedürfnisklassifizierung unter dem Gesichtspunkt der Rangfolge der Befriedigung spezifischer Grundbedürfnisse eine „Bedürfnishierarchie“. Die von unten aufsteigende Abfolge unterteilt er in

- physiologische Bedürfnisse
- Sicherheit
- Geborgenheit, Liebe
- Ansehen, Geltung
- Selbstverwirklichung.

Hierbei geht er davon aus, daß, entsprechend der in der Personstruktur angelegten Ontogenese der Persönlichkeitsentwicklung, die Bedürfnisbefriedigung auf einer unteren, „vormächtigeren“ Ebene Kräfte freisetzt, die unter der Voraussetzung menschlicher Lernfähigkeit Bedürfnisse einer nächsthöheren Ebene manifest werden läßt. Und umgekehrt bewirken Mängel in der Befriedigung vorrangiger Bedürfnisse einseitige Bedürfnisdominanzen oder gar den Regreß auf ein früheres Entwicklungsstadium und blockieren so die Persönlichkeitsentwicklung.

Mag auch die Maslowsche Bedürfnishierarchie ähnlich wie die von McClelland (1960) und neuerdings die von Galtung (1979) und Mallmann (1979) entwickelte Systematik lediglich ein durch ideierende Abstraktion gewonnenes mögliches Interpretationsschema menschlicher Grundbedürnisse darstellen, dessen Bedeutung nicht so sehr in der Schärfe der Abgrenzung der einzelnen Bedürfnisebenen liegt und das angesichts der Vielfalt der Bedürfniskombinationen erst recht keine Ableitung konkreter Einzelbedürfnisse zuläßt, so besteht ihr *Erkenntniswert* für eine Theorie der Verbraucherbildung doch in folgenden wichtigen Einsichten:

Gemessen am pädagogischen Zielwert optimaler Persönlichkeitsentwicklung sind bezüglich der Teilstrukturen des menschlichen Bedürfnislebens Rangunterschiede zu beobachten, eine Tendenz zunehmender Komplexität, Anreicherung, Differenzierung und Verfeinerung bis hin zu den zentralen Regionen personalen Seins. Im Verhältnis zu den physischen Basisbedürfnissen von elementarer *Dringlichkeit,* die, wie im Fall von Ernährung, Schlaf, Wärme, Bewegung usw., auf die Sicherung bloßen Überlebens abzielen, weisen die psychischen Grundbedürfnisse wie Streben nach Zugehörigkeit, Liebe, sozialer Geltung usw. eine persönlichkeitsaufbauende, *existentielle* Bedeutung auf. Im Vergleich hierzu verhelfen die Bedürfnisse geistig-personaler Sinnrealisation wie das Verlangen nach Wissen, Verstehen, Schönheit, sittlichem Gutsein, Transzendenz dem Menschen zum Stand seines *voll entfalteten Menschseins.*

Verhindert im Laufe der Ontogenese der Persönlichkeit eine anhaltende Mangelsituation die Absättigung des jeweils vormächtigeren Bedürfnissektors, so birgt das die Gefahr der Dominanz einer einzigen Bedürfnisdimension in sich. Diese organisiert dann die Gesamtheit der individuellen Antriebsstruktur, orientiert sie fast ausschließlich in eine Richtung und hemmt die Weiterentwicklung der höheren Bedürfnisebenen. Und umgekehrt gibt die rechtzeitige relative Absättigung einer vorgeordneten Bedürfnisdimension den Weg frei für die *fortschreitende Evolution* des Bedürfnislebens bis hin zur *Selbstentfaltung der Person.* Erst aufgrund der dabei erworbenen Tiefe der Bedürfnissättigung vermögen sich dann auch die vorgelagerten Bedürfnisgruppen soweit zu relativieren, daß eine um höherer Zwecke willen geforderte Nichtbefriedigung durch erhöhte Frustrationstoleranz aufgefangen werden kann.

Die *Kultivierung* des *individuellen Bedürfnislebens* im Sinne einer fortschreitenden Evolutionierung mit dem Ziel des Selbstverwirklichung ist somit als *erstes* zentrales *Teilziel* einer Verbraucherbildung zu betrachten, die sich an der Identität der Persönlichkeit orientiert.

2.3 Kultivierung des individuellen Konsumstils durch Askese?

Was jedoch die Kultivierung des Konsumstils angeht, so wird hier nicht zuletzt aufgrund ökologischer Erfordernisse allenthalben der Ruf nach *Verzicht* und *Askese* laut, die allein der Maßlosigkeit ungezügelten Konsumierens Einhalt zu gebieten vermöchten, im Namen der Menschenwürde und im Blick auf die menschliche Umwelt. Die Einsicht in Grenzen und Irrtum einer unbeschränkten Konsummentalität, so wird argumentiert, lasse „eigentlich nur eine prinzipielle Alternative: freiwillige Askese oder zentralplanerischen Zwangsverzicht" (Furger 1976). Konsumverzicht garantiere zwar keine „Universallösung" der Probleme, sei hierfür aber ein „sehr wesentliches Element" und als solches eine „realistische Utopie" (Schmidbauer 1984, 7. 128). Im Gegenzuge zum Ethos unbegrenzter Mehrung werden deshalb Tugenden eines *„neuen Lebensstils"* genannt wie

- „Mäßigung"
- „Selbstzucht"
- „Opfer"
- „Zügelung"
- „Maßhalten"
- „Selbstüberwindung"
- „Bescheidenheit"
- „Eingliederung in das Ganze des Universums (Wenke/Zilleßen 1978, 55).

Nun muß ohne jeden Zweifel eine an der persönlichen Identität orientierte Verbraucherbildung dem Stil ungezügelten Konsumierens entgegensteuern, sofern Verschwendungskonsum als Habitus, allen weiteren negativen Nebenwirkungen noch vorweg, zur Lähmung der Persönlichkeit führt und die Entfaltung gerade der höheren geistig-emotionalen Regionen personalen Seins verhindert. Gleichwohl, Askese bzw. Verzicht erweist sich als eine unzureichende und pädagogisch eher *zweifelhafte Leitvorstellung*. Meint nämlich „Askese" im Sinne gewisser überzogener Weltentsagungsströmungen neuplatonisch-christlicher Herkunft „Verzicht" im Sinne von „Weltverneinung" und d.h. als Selbstzweck (Hauser 1971 I, 538ff.), so würde sich Pädagogik mit einem solchen Ideal der Negativität selbst diskreditieren. Bezeichnet aber „Askese", ganz im Duktus der großen christlich-abendländischen Tradition, soviel wie „Einübung", „Ertüchtigung", geistige „Schulung" und „Zucht", so beinhaltet sie jeweils nur einen *Dienst-* bzw. einen *Begleitwert,* sie dient dann etwa dem *Ziel* der Tugend (Plato), dem sittlichen Leben (Stoa), der geistigen Kontemplation (Philo), dem christlichen Leben der Liebe (NT) etc. Askese selbst kann in Wahrheit nicht Zielwert, nicht Selbstzweck, sondern allenfalls Mittel sein. Insofern vermag der Begriff die Leitvorstellung eines humanen Gebrauchens und Verbrauchens auch nicht zureichend zu umschreiben.

Und schließlich ist Konsumaskese als Leitziel *pädagogisch* nicht unbedenklich, sofern das Wort, wie die heute gewöhnlich mit ihm verbundenen Attribute der „Zügelung", „Selbstzucht", „Selbstüberwindung" etc. deutlich machen, auf eine vornehmlich am Negativen ausgerichtete psychische Disposition, nämlich den Konsummißbrauch, abhebt. Demgegenüber sollte eine am Gelingen des Menschen und seiner Identität orientierte Pädagogik stets um *positiv-humane* Leitzielsetzungen bemüht sein. Positiv gewendet kann es aber nur Ziel der Verbraucherbildung sein, Lernhilfen anzubieten, die den einzelnen zu einem vernünftig-abwägenden, kritisch-bewußten, auswählenden Konsumverhalten führen, demzufolge die einzelnen Konsumgüter seiner Selbstverwirklichung und Selbstentfaltung dienen und dieser Umgang mit Konsum zugleich Ausdruck freier Selbstbestimmung ist.

Humane Gestaltung des Konsumstils im Kontext heutigen Konsumüberflusses meint dann zunächst die *qualitative Ausweitung* des individuellen Verbrauchs im Hinblick auf solche Konsumgüter (Waren und Dienstleistungen), die der Weiterentwicklung des individuellen *Erlebnis-* und *Gestaltungspotentials* förderlich sind. Sicherlich wird nicht bei allen Bedürfnissen die Absättigung konsumtiv vermittelt, andererseits bedürfen gerade auch die geistig-personalen Bedürfnisse der Konsumausstattung. Eben diese helfende und vermittelnde Funktion des Konsums macht deutlich, daß die Grenze zum Inhumanen erst dort endgültig überschritten wird, wo im Stile einer totalen Konsumhaltung Konsum zum Selbstzweck entartet. Und umgekehrt gewinnen alle Arten konsumtiver Bedürfnisbefriedigung erst aufgrund dieser die Persönlichkeitsentfaltung mit ermöglichenden und fördernden Funktion ihre genuin humane Gestalt.

Selbstverwirklichung als Maßstab verleiht den jeweils zur Disposition stehenden Konsumgütern ihren je spezifischen Rang. Im Falle der Güterkonkurrenz verlangt sie dem einzelnen kritisches Abwägen und verantwortliche Präferenzsetzungen ab. Entscheidendes Kriterium hierbei ist der Grad der durch den Verbrauch vermittelbaren Kreativität, Selbsterweiterung und Selbst-Aktualisierung des Individuums.

Hiermit ist nun das *zentrale Moment* bei der Formierung des individuellen Konsumstils angesprochen: jene *Haltung* nämlich, die im Medium des Verbrauchs das eigene Selbst aktualisiert, zum Ausdruck bringt und erweitert. Diese Haltung schöpferischer Produktivität schafft Distanz, sie geht im Konsum nicht auf. In bezug auf die Vielfalt möglicher Konsumformen wirkt sie selegierend, sie gestattet die bewußte Auswahl. Vor allem aber vermag sie ein der jeweiligen Bedürfniskonstellation und ihrer Absättigung zugepaßtes *Potential an Aktivität und Gestaltungskraft* freizusetzen: Bloße Nahrungszufuhr wird zur kultivierten Form des Essens, zur festlichen des Speisens; Bekleidung zum Gegenstand modischer und ästhetischer Phantasie und Selbstdarstellung; Unterhaltung zur gestalterischen Tätigkeit, zum freien, spielerischen Element, zur Form der Geselligkeit. Mit Recht bemerkt deshalb in diesem Zusammenhang Gerhard Scherhorn (1975, 22):

„Je höher man in der Hierarchie der Bedürfnisse aufsteigt, desto deutlicher prägt sich aus, daß die eigentliche Bedürfnisbefriedigung hier in einer Tätigkeit besteht, und daß Konsumgüter die Funktion haben, Tätigkeiten zu vermitteln."

Dies manifestiert sich vor allem in jenen Formen konsumtiver Bedürfnisbefriedigung, die, wie im Falle wissenschaftlicher, künstlerischer, sozialer, erzieherischer, politischer, religiöser Betätigung und Interessen, zentral die Aktualisierung der *geistig-personalen* Dimension des Individuums zum Ziel haben. Das Moment des Produktiven gewinnt hier mehr und mehr an Priorität, das des Konsumtiven tritt zunehmend in den Hintergrund, und zwar in einem Maße, daß sich von daher auch die schroffe Gegenüberstellung von Arbeit und Freizeit relativiert.

Einem so beschaffenen Konsumstil als Habitus, in dem sich die schöpferischen, geselligen, spielerischen Kräfte des Individuums entfalten, eignet, wie Wilhelm Korff (1979, 69) in bezug auf die sittlichen Haltungen des Menschen generell feststellt, das „Stigma der *Freiheit*". Es ist dies eine Freiheit, die angesichts der sozio-kulturellen Außenbedingtheit der menschlichen Bedürfnisformierung, des Bedarfs- und Konsumniveaus zwar niemals die extreme Gestalt totaler Autonomie annimmt. In den Grenzen ihrer Bedingtheit und Eingeschränktheit aber vermag sie, aufgrund der ureigenen geistigen Disposition der sie tragenden Subjekte, dem sozialen und geschichtlichen Modus des Verbrauchens ihren persönlichen Stempel aufzudrücken.

Eine dem obersten Wert der Konsumfreiheit verpflichtete Theorie der Verbrauchererziehung wird folglich neben der Kultivierung des Bedürfnislebens die Formierung eines Konsumstils intendieren, in dem Selbstverwirklichung und Freiheitsvollzug koinzidieren, wobei freiheitlicher Umgang mit Konsum individuelle Selbstentfaltung ermöglicht und schöpferische Selbstentfaltung im Medium des Verbrauchens wiederum Vollzugsform dieser Freiheit ist.

2.4 Gefährdungen

Nun läßt sich nicht übersehen, daß die Verwirklichung der (pädagogischen) Leitvorstellung der Konsumfreiheit in der Realität der heutigen Überflußgesellschaften außerordentlichen *Gefährdungen* ausgesetzt ist.

2.4.1 Signifikantes Merkmal hierfür ist ein weitverbreiteter „*Konsumpassivismus*“ (Gehlen 1967,42), der den Mangel an Kreativität und gestalterischer Kraft durch den Zwang zum Unterhaltenwerden kompensiert. Hier dient Konsum nicht als Mittel zur Selbstentfaltung und zum Aufbau echter Sozialbeziehungen, sondern im Konsum *selbst* wird Erlebnissteigerung und Glück gesucht. Immer dort aber, wo aufgrund einer stagnierten Persönlichkeitsentwicklung, einer Verkümmerung des höheren Bedürfnislebens das Streben nach Aktualisierung der körperlichen und geistigen Anlagen verblaßt, sind solche Symptome einer ausufernden Konsumabhängigkeit die Folge. Der Konsumstil flacht ab, die elementaren Bedürfnisregionen melden sich mit erhöhter Dringlichkeit zu Wort. Es kommt zu Bedürfnisdominanzen, die nun auch den individuellen Stil des Verbrauchens in die unterschiedlichsten *Formen der Abhängigkeit* bis hin zur Fixierung abgleiten lassen. Der den Konsumgütern anhaftende Symbolgehalt verzerrt sich einseitig in eine Richtung und zieht den Konsumenten kraft einer den Eigenwert des einzelnen Konsumgutes bei weitem übersteigenden übermächtigen Suggestion in seinen Bann. So kann beispielsweise das vorherrschende Verlangen nach sozialer Zugehörigkeit die Bedeutung spezifischer Konsumgüter fast ausschließlich auf ihre Relevanz für die Sicherung der Gruppenkonformität reduzieren, ebenso wie im anderen Fall das dominante Streben nach sozialer Anerkennung durch Konsum primär auf „demonstrative Differenzierung", auf „*Status-Repräsentanz*" abzielt:

> „Der Konsum wandelt sich dann von einem Mittel der Lebensbewältigung und -bereicherung zu einem Instrument im sozialen Konkurrenzkampf; Aufwand und Besitz dienen nicht in erster Linie dazu, befriedigende Tätigkeiten zu vermitteln, sondern werden zum Selbstzweck" (Scherhorn 1975,19).

Charakteristisches *Kennzeichen* wie auch *Resultat* solcher Formen der Konsumabhängigkeit sind die Abnahme der Ich-Stärke, eine zunehmende Außenlenkbarkeit durch Prestigezwänge, durch Gruppendruck, durch ein Überangebot an privaten Konsumsachgütern und schließlich eine schwindende Kritikfähigkeit gegenüber der von der Werbung suggerierten Symbolwelt. All dem sind zweifellos Kinder und heranwachsende Jugendliche in besonderem Maß ausgesetzt, sofern sie, noch am Beginn oder mitten im Prozeß der Persönlichkeitsentwicklung, nur erst partiell an der reifen Gestalt einer mündig gewordenen Freiheit teilhaben. Um so mehr gewinnen hier handlungsbezogene Bildungsangebote an Bedeutung, die dem Abbau der genannten Abhängigkeiten und dem Aufbau einer verantwortlich emanzipativen Konsumhaltung dienen.

2.4.2 Eine wieder anders gelagerte und gleichwohl mit dem Überflußkonsum aufs engste verbundene *Gefährdung* der freien Selbstentfaltung der Individuen resultiert aus Engführungen der eingangs erwähnten *ökologischen Krisenlage*, die, gänzlich neuartig, einen Mangel an verfügbaren elementaren Naturgütern hat aufkommen lassen, und zwar alle Bedürfnisebenen des Menschen betreffend. Allzu leicht konnte zuvor in Vergessenheit geraten, was als bare Selbstverständlichkeit genommen schlichtweg vorausgesetzt werden durfte, daß das leiblich-seelische Wohlergehen des Menschen grundlegend und unabdingbar von der freien, reichhaltigen Nutznießung, dem Gebrauchen und Verbrauchen des biotischen und abiotischen Potentials der Natur abhängt.

So stellt das *bio-ökologische System der Natur* für den Menschen als Konsumenten *unverzichtbare Leistungen* sicher, nämlich:

- Produktionsleistungen (z.B. an pflanzlicher und tierischer Biomasse, Sauerstoff, Frischluft, Grundwasser, etc.);

- Trägerleistungen (für menschliche Nutzung in Arbeit und Freizeit);
- Informationsleistungen (Wissensbestände, Erlebnis- und Gestaltwerte); Regulationsleistungen (in bezug auf Stoff- und Energieflüsse) u.a.m. (vgl. Buchwald 1980, 10).

Von daher müßte sich der Mensch der modernen Zivilisation wieder nachhaltig in Erinnerung rufen, daß es zunächst einmal die ganz elementaren Naturgüter sind, die den menschlichen Gebrauch und Verbrauch ausmachen. Entsprechend wäre denn auch eine Umakzentuierung in den Präferenzsetzungen privaten Konsumierens geboten, mit dem langfristigen Ziel, wieder im Einklang mit der Natur zu leben.

Mit einer derartigen Option jedoch ist die Verfügungsgewalt des einzelnen weit überschritten und sieht sich der Einzelkonsument auf Formen *gesellschaftlicher bzw. politischer Mitwirkung verwiesen.*

3. Extra-individuelle, gesellschaftliche Perspektive

3.1 (Gesamt)gesellschaftliche Mitbestimmung

Und in der Tat, Konsumfreiheit erschöpft sich keineswegs im Geradestehen des einzelnen für seine persönlichen Belange. Vielmehr gebietet die strukturelle Einbezogenheit der jeweiligen Bedürfnis- und Bedarfslage wie des Konsumniveaus in geschichtlich übergreifende, gesamtgesellschaftliche Prozesse innerhalb des demokratischen Kräftespiels die Mitentscheidung aller bei der Bestimmung des Konsumverlaufs, zum Wohle der gesamten Sozietät.

Unter diesem gesellschaftlich-politischen Aspekt stellt sich freilich die Frage nach den *realen Bedingungen, den Möglichkeiten und Grenzen solch freier Mitwirkung*, und das heißt zunächst nach der konkreten sozio-ökonomischen Gewichtsverteilung im Rahmen unserer marktwirtschaftlichen Ordnung.

Längst hat sich hier die Erkenntnis durchgesetzt, daß die klassische wirtschaftswissenschaftliche *Vorstellung vom Konsumenten als Souverän*, der in unbeschränkter Herrschaftsbefugnis Bedürfnisse zu entwickeln vermag, die dann den einzigen Maßstab für die Gestaltung des Produktionsprozesses abgeben, gemessen an der Realität *utopisch* ist. Denn weder stellen die Verbraucherbedürfnisse eine der Produktion fest vorgegebene Größe dar, sofern moderne Massenproduktion in Antizipation des prognostizierten Bedarfs neue Bedürfnisse ständig auch erst weckt. Noch ist es zutreffend, von einer bloßen Instrumentalität der Produktion in bezug auf Konsumentenwünsche zu sprechen (Meyer-Dohm 1965, 70), da sich der Produktionsprozeß selbst als eine eigenständige, von Gesetzlichkeiten, Sachzwängen und Interessenlagen bestimmte Wirklichkeit etabliert hat. Mithin erfährt Konsumfreiheit *strukturell bedingte Einschränkungen* da, wo berechtigte oder auch unberechtigte Produzenteninteressen ins Spiel kommen und wo die Komplexität der wirtschaftlichen Abläufe es erforderlich macht, das naturwüchsige freie Spiel der Kräfte zumindest partiell durch rational kalkulierte Steuerung zu ergänzen. Innerhalb dieser von den sozio-ökonomischen Bedingungsfaktoren gesetzten Grenzen jedoch kann und sollte sich Konsumfreiheit in Form politisch verantwortlichen Mithandelns und Mitentscheidens aller beim Prozeß der Konsumentwicklung Ausdruck verleihen.

Indes läßt sich eine solche, dem heutigen Demokratieverständnis adäquate Form der Mitbestimmung angesichts der *tatsächlichen Marktmachtrelationen* nicht ohne die politischen Mittel der Machtkonzentration und des legitimen Machteinsatzes seitens der Verbraucher durchsetzen. Hier ist denn auch von einer *strukturellen Schwäche der Verbraucherposition* gegenüber der Produzentenmacht auszugehen. Diese hat ihren Grund einmal darin, daß die Nachfrager gegenüber einer relativ geringen Anzahl gut organisierter Anbieter eine atomisierte Vielheit bilden, die sich nur schwerlich zusammenschließen kann. Ferner resultiert sie daraus, daß auf den Konsumgütermärkten in entwickelten Volkswirtschaften „die Anbieter als aktive, die Nachfrager aber als reaktive Tauschpartner auftreten" (Scherhorn 1975, 40), und schließlich verfügt die Anbieterseite über die entscheidenden Möglichkeiten der Kommunikation und der Information. Zur Stärkung der Verbraucherposition ist deshalb zweifellos die Etablierung einer *„Gegenmacht"* vonnöten, deren wichtigsten Instrumente wie Verbraucherschutz, Verbraucherbeistand, individuelle und kollektive Verhandlungsmacht, Verbraucherbildung (Information und Kommunikation) im Sinne gesellschaftlicher Demokratisierung die kontrollierende und sanktionierende Mitwirkung der Konsumenten sicherstellen (vgl. Scherhorn 1973; 1975, 126-133). Darüber hinaus bedarf es der flankierenden gesetzlichen Maßnahmen überall da, wo die Produzentenmacht durch unlautere Methoden der Wettbewerbsbeschränkung bis hin zu Monopol- und Kartellbildung, durch bewußte Fehlinformation oder durch manipulativen Einsatz der Werbung ihre Macht mißbraucht und somit die Entschließungs- und Handlungsfreiheit der Konsumenten im Kern bedroht.

Die Stärkung des Willens, der Fähigkeiten und der Bereitschaft zur Durchsetzung des Verbraucherinteresses im Sinne *gesellschaftlicher Mitbestimmung* ist demnach als gesellschaftlich-politisches Pendant zur persönlichen Konsumfreiheit unverzichtbares Teilziel einer der Selbstentfaltung des einzelnen verpflichteten Verbraucherbildung.

3.2 Ethisch-qualifizierte Bedarfsumorientierung

Soll nun diese Mitbestimmung *ethisch* qualifiziert sein, so hat sie sich an der obersten Richtnorm der *Lebensqualität* zu orientieren (vgl. Eppler 1974; Schultz 1975), und dies bedeutet an einer menschengemäßen Lebenswelt, in der berechtigte soziale Belange des Menschen gewährleistet und mit den *ökologischen Erfordernissen* der ihn umgebenden Natur zum Ausgleich gebracht werden. In dem Maße, wie solche Mitbestimmung zugleich immer auch die *Auswirkungen* und *Folgen* der Konsumentwicklung auf gesellschaftliches Wohl im Kontext von natürlicher Umwelt mit berücksichtigt, verhält sie sich politisch und *ethisch verantwortlich.*

Daß hier die Konsumthematik weit in den *ökologischen Problemkomplex* hineinreicht, zeigt ein flüchtiger Blick bereits auf die ungewollten negativen Auswirkungen gegenwärtigen Konsumverhaltens auf die äußere biotische und abiotische Natur. Denn zweifellos ist es nicht zuletzt auch der Konsumstil der modernen Industriegesellschaften, der in nur wenigen Jahrzehnten mit zu den genannten Belastungen der Umwelt beitrug, sofern seitdem in nicht gekanntem Umfange mit technisch-industriellen Mitteln Natur abgeerntet und verbraucht wird. Der Extensität materieller Möglichkeiten für weiteste Bevölkerungskreise entspricht als Kehrseite ein zivilisatorischer Mißstand, den Kulturkritiker zu Recht mit Attributen wie „Wegwerf"-, "Verschleiß"- und „Verschwendungsgesellschaft" belegen (Schmidbauer 1972; 1984). Hiermit werden Tendenzen charakterisiert, weltweit eine „Wirf-es-weg-Produktion" in immer größeren Mengen umweltschädlicher Verpackung auf den Markt zu bringen (vgl. Wittmann 1972) und im Zuge einer *„Hypertrophie des Sachgüterkonsums"* (Scherhorn 1975, 25) Verschwendung gleichsam zum Prinzip zu erheben. Ein solcher Stil ungezügelten Konsumierens wird dann auch zum gewichtigen Faktor einer beschleunigt um sich greifenden Ausbeutung von Rohstoffen, der Vergeudung von Energie sowie der Verschmutzung von Luft, Wasser, Boden und Nahrung (vgl. Buchwald 1980).

Parallel zu dieser bio- bzw. geoökologischen Belastung läßt sich überdies eine zunehmende Beeinträchtigung der *sozialen Umwelt* des Menschen ausmachen. Dies betrifft zum einen, global gesehen, die auf der Schattenseite des Wohllebens eher nur vegetierenden Menschenmassen in den städtischen Agglomerationen mit Elendsvierteln und Slums, insbesondere in den Ländern der Dritten Welt. Hier drängt sich angesichts der ständig größer werdenden Kluft zwischen Nord und Süd der Verdacht auf, daß das Überfluß- und Verschwendungsgebaren der industriellen Weltminderheit de facto nur auf Kosten der Mehrheit überhaupt möglich ist (vgl. Todenhöfer 1976; Peccei 1981). Eindeutige Ansichten hinsichtlich dieser komplexen Problemzusammenhänge und hinsichtlich eines technisch-ökonomisch praktikablen, langfristig anzustrebenden Ausgleichs des Nord-Süd-Gefälles im Sinne globaler Gerechtigkeit und Solidarität stehen bislang jedenfalls noch aus.

Neben Dysfunktionalitäten *zwischen* den Soziosytemen der Weltgesellschaft mehren sich zum anderen auch die Anzeichen, die eine Belastung des sozialen Umfelds *innerhalb* der Überflußgesellschaften anzeigen. Als symptomatisch seien hier nur genannt die im Zuge der Verstädterung eingetretene Verschlechterung der Wohnverhältnisse mit Mietskasernen und unwirtlicher Stadtlandschaft, die generelle Einschränkung also des nicht mehr mit der Natur verbundenen Lebensraumes in den Städten; ferner die belastenden Verkehrsverhältnisse, Lärm und Streß, verbunden mit allerlei Zivilisationskrankheiten physischer und psychischer Art; und schließlich die Auswirkungen einer einseitigen Orientierung an materiellem Wohlleben auf das *soziale Beziehungsgeflecht* mit Erfolgs- und Leistungsdenken, mit Konkurrenzstreben, Verwirtschaftlichung des Lebens und Verdinglichung des Menschen, mit gesellschaftlicher Isolierung und menschlicher Entwurzelung (vgl. Wittmann 1972; Schmidbauer 1984).

Nun wäre es freilich völlig verfehlt, diese Entfremdungssymptome monokausal aus dem Konsumverhalten, womöglich noch dem Konsumstil des einzelnen abzuleiten und sie allesamt mit dem moralisierenden Ruf nach Verzicht aus einem Punkt heraus kurieren zu wollen. Denn in Wahrheit sind die genannten Dysfunktionalitäten nicht primär moralisch-ideeller Art, sondern strukturell bedingt, und zwar im Zuge der noch jungen industriellen Zivilisation. So ist dann zu vermuten, wie Scherhorn (1975, 26) im Anschluß an Barry Commoner feststellt, daß der eigentliche Hauptfaktor der gegenwärtigen Umweltmisere in einer energie- und ressourcenverschlingenden *Verfahrensweise* (moderne ökonomische und technologische Verfahren) besteht, die über „Herstellung, Gebrauch und ‚Vernichtung' der Güter" die natürlichen und sozialen Regelvorgänge „überspielt" und in einen „teuflischen Regelkreis" (Forrester 1972) hineinführt.

Vorbehaltlich dieser Einschränkung sind es aber zwei allgemein anerkannte *Grundeinsichten*, die dennoch die Humanisierung des individuellen und gesellschaftlichen Konsumstils des Endverbrauchers als einen zentralen Systemfaktor zur Verbesserung der Gesamtlage ausweisen:

(1) Im Blick auf die natürlichen Ressourcen ist eine *strukturelle Umwandlung* der Wegwerf-, Verschleiß- und Verschwendungs*technologien* ab sofort dringend geboten, wenngleich in Form einer „Bremsoperation mit einem Maximum an Behutsamkeit" (Buchwald 1980, 24).

(2) Deren Realisierung setzt jedoch einen *gesamtgesellschaftlichen Konsens* und d.h. eine durchaus folgenreiche Änderung der Wertmaßstäbe wie auch bestimmter Verbrauchsgewohnheiten voraus, die ihrerseits ein *Umdenken und Umlernen* auf breiter Ebene erforderlich macht.

Ziel müßte die Befähigung und der Wille der vielen einzelnen sein, öffentlich und privat für das Ende des Wachstums der Verschwendung einzustehen und für ein Konsumverhalten zu optieren, das zum einen die *natürlichen Regelvorgänge ernstnimmt*, indem es den Konsumverlauf in den Regenerationskreislauf der Natur einfügt, und das zum anderen die *soziale Wohlfahrt*, letztlich im Maßstab globaler Solidarität, einer individuellen Perspektive bloßer Wohlstandsmehrung überordnet. Unter diesem Aspekt gewinnen dann all diejenigen Überlegungen an Bedeutung, die auf eine evolutive Umstrukturierung des Konsumverlaufs von einer einseitig quantitativ verstandenen Expansion des Lebensstandards in Richtung auf ein *qualitatives Mehr an* gesamtgesellschaftlichem *Lebensniveau* abzielen.

Eine derartige Niveauanhebung wiederum ist nur über eine Konsumentwicklung zu erreichen, die zugunsten kreativer Lebenssteigerung und gestalterischer Aktivitäten mehr und mehr einer Konsumausstattung des höheren menschlichen Bedürfnislebens Rechnung trägt. In der Realität der heutigen Konsumsituation erfordert dies eine *Bedarfsumorientierung* (Hondrich 1979). In deren Verlauf träte an die Stelle einer endlosen Expansion der sich ohnehin bereits hypertroph gebärdenden Produktion privater Konsumsachgüter zunehmend die Förderung der Produktion kollektiver Konsumgüter. Zu denken ist hier an Sport- und Freizeitzentren, Stätten für Gesundheitsversorgung und Altenpflege, Einrichtungen der Bildung und Kultur. Und durch die Erschließung neuer Bedarfe wiederum würde ein größeres Reservoir an Arbeitskräften für die Produktion von kollektiven Dienstleistungen im tertiären Sektor freigesetzt (vgl. Scherhorn 1975, 21ff).

Bildungsmaßnahmen mit dem Ziel einer politisch verantwortlichen Mitentscheidung der Konsumenten sollen folglich ein Bewußtsein, eine Einstellung und ein Handeln intendieren, das bei der Mitbestimmung der Konsumbedarfe deren Auswirkungen auf die Lebensqualität der Sozietäten im globalen Maßstab mitbedenkt

Fazit

Die neue Konsumsituation in den derzeitigen Überflußgesellschaften macht heute bereits ein Kind zum vielfältigen Verbraucher. Die Frage nach einem humanen Umgang mit Konsum wird damit auch zum Bildungsproblem. Von welchen Kriterien rechten Gebrauchens und Verbrauchens aber sollte sich eine Pädagogik des Konsum nun leiten lassen?

Auf das *Individuum* bezogen kann die Lösung nicht in einer Festlegung „wahre"/ „falsche Bedürfnisse" liegen. Oberste pädagogisch – ethische Leitnorm ist vielmehr das Ziel humanen Gelingens des einzelnen gerade auch als Konsument. Hier geht es um eine Kultivierung des Bedürfnislebens im Sinne von fortschreitender Selbstverwirklichung und Selbstentfaltung beim Verbrauchen.

Nicht Weltentsagung und Askese, sondern die *Haltung der Konsumfreiheit* wird zur pädagogischen Leitvorstellung. Entsprechend wird im Zweifel der Grad der durch den Verbrauch erlangten Kreativität, Selbsterweiterung und Selbstaktualisierung des Individuums zum Maßstab rechten Konsumierens.

Auf die *Gesellschaft* bezogen bedeutet solche Konsumfreiheit schließlich die *Mitentscheidung aller* bei der Bestimmung des Konsumverlaufs. Oberstes Kriterium dabei ist das Wohl der Gesamtgesellschaft. Hier geht es dann um die Stärkung und Befähigung des einzelnen – auch aus einer strukturell eher schwächeren Position als Verbraucher heraus – berechtigten Verbraucherinteressen Geltung zu verschaffen.
Angesichts der derzeit drängenden *ökologischen Problemlage* meint dies dann die Fähigkeit und Bereitschaft, sowohl die Belange der Natur als auch die der verarmten Sozietäten in der Dritten Welt in den Blick zu nehmen und das heißt, bei der Gestaltung des Konsumverhaltens *Lebensqualität* im globalen ökologischen Kontext mit zu bedenken.

Literaturverzeichnis

AINSWORTH, M.D.S. : Infancy in Uganda: Infant care and the growth of love, Baltimore, 1967.

AINSWORTH, M.D.S. / BLEHAR, M.C. / WATERS, E. / WALL, S. : Patterns of Attachment: A psychological study of the strange situation, Hillsdale NJ. 1978.

AINSWORTH, M.D.S.: Attachment across the life span. Bulletin of the New York Academy of Medicine 61 (9), 1985, 792-812.

AUER, A.: Umweltethik. Ein theologischer Beitrag zur ökologischen Diskussion, Düsseldorf 1984.

BAACKE, D.: Die 13- bis 18jährigen, München ²1979.

BAACKE, D.:Der sozial-ökologische Ansatz, in: Deutsche Jugend 28, 1980, 453ff.

BAACKE, D. u.a. (Hg.): Am Ende – Postmodern? Next Wave in der Pädagogik, Weinheim 1985.

BAACKE, D.: Bewegungen beweglich machen oder: Plädoyer für mehr Ironie, in: ders. u.a. (Hg.) Am Ende Postmodern? Next Wave in der Pädagogik. Weinheim 1985a, 196 – 214.

BAACKE, D.: aus einem Bericht der Zeitung „Die Zeit" 1985b, 200.

BALTES, P.: Entwicklungspsychologie der Lebensspanne: Theoretische Leitsätze, in: Psychologische Rundschau 1990, 1ff.

BALTES, P. / SMITH, J.: Weisheit und Weisheitsentwicklung: Prolegomena zu einer psychologischen Weisheitstheorie, in: Zeitschrift für Entwicklungspsychologie und Päd. Psychologie Bd. XX, H.2, 1990, 95-135.

BARKER, R.G.: Ecological psychology: Concepts and methods for studying the environment of human behavior, Stanford 1968.

BARTHES, R.: Die Lust am Text, Frankfurt a.M., 1974.

BARUZZI, A.: Alternative Lebensform?, München 1985.

BAUDIS, R.: Psychotherapie von Sucht und Drogenabhängigkeit oder der goldene Vogel, Karlsruhe 1994.

BAUDRILLARD, J.: Tod der Moderne. Eine Diskussion (Konkursbuch), Tübingen 1983.

BAUMRIND, D.: Parenting styles and adolescent development, in: R.M. Lerner / A.C. Petersen / J. Brooks-Gunn (Hg.): Encyclopedia of adolescence, New York Vol. II, 1991, 746-758.

BECK, U.: Die Risikogesellschaft. Auf dem Weg in eine andere Moderne, Frankfurt a. M. 1986.

BEER, W.: (K)ein Feld für Pädagogen, in: Beer, W. / de Haan, G.,1984.

BEER, W. / de HAAN, G. (Hg.): Ökopädagogik. Aufstehen gegen den Untergang der Natur, Weinheim 1984.
BELL, D.: Die nachindustrielle Gesellschaft (2. Auflage), (Original: The Coming of Post-Industrial Society. A Venture in Social Forecasting, New York 1973), Frankfurt a. M. 1976.
BELL, P.A. / FISCHER, J.D. / COOMIS, R.J.: Environmental psychology, Philadelphia 1978.
BIRNBACHER, D.: Was wir wollen, was wir brauchen und was wir wollen dürfen, in: K. M. Meyer–Abich / D. Birnbacher (Hg.): Was braucht der Mensch um glücklich zu sein. Bedürfnisforschung und Konsumkritik, München 1979, 30-57.
BIRNBACHER, D. (Hg.): Ökologie und Ethik, Stuttgart 1980.
BÖHME, G.: Anthropologie in pragamtischer Hinsicht, Frankfurt a. M. 1985.
BÖHME, H. / BÖHME, G.: Das Andere der Vernunft, Frankfurt a.M. 1983.
BÖHNISCH, L.: Jugend im Abseits?, Weinheim und München 1989.
BÖHNISCH, L. / MÜNCHMEIER, R.: Pädagogik des Jugendraums: Begründung und Praxis der sozialräumlichen Jugendpädagogik, Weinheim und München 1990.
BÖHNISCH, L. / MÜNCHMEIER, R.: Pädagogik des Jugendraums. Zur Begründung und Praxis einer sozialräumlichen Jugendpädagogik, Weinheim 1993.
BORRELLI, M. (Hg.), Deutsche Gegenwartspädagogik, Baltmannsweiler 1993.
BORRELLI, M. / RUHLOFF, J. (Hg.): Deutsche Gegenwartspädagogik, Bd. 2, Baltmannsweiler 1996.
BOWLBY, J.: Maternal care and mental health. Monographs of the WHO (Vol. I, 189-199), Geneva: WHO 1951.
BOWLBY, J.: Trennung. Psychische Schäden als Folge der Trennung von Mutter und Kind, München 1976.
BRANDSTÄDTER, J.: Entwicklung im Lebenslauf. Ansätze und Probleme der Lebensspannen-Entwicklungspsychologie, in: Mayer, K.U. (Hg.): Lebensläufe und sozialer Wandel, Opladen 1990, 322-350.
BREß, H.: Erlebnispädagogik und ökologische Bildung, Neuwied 1994.
BREZINKA, W.: Grundbegriffe der Erziehungswissenschaft, München 1974.
BRONFENBRENNER, U.: Wie wirksam ist kompensatorische Erziehung?, Stuttgart 1974.
BRONFENBRENNER, U.: Ökologische Sozialisationsforschung, Stuttgart 1976.
BRONFENBRENNER, U.: Toward an experimental ecology of human development. American Psychologist, 32, 1977, 513-531.
BRONFENBRENNER, U.: Ansätze zu einer experimentellen Ökologie der menschlichen Entwicklung, Hamburg 1978.
BRONFENBRENNER, U.: Die Ökologie menschlicher Entwicklung (orig.: The Ecology of Human Development, Harvard Universitiy Press 1979), Stuttgart 1981.
BRONFENBRENNER, U.: Ökologische Sozialisationsforschung, in: L. Kruse et. al. (Hg.) 1990, 76ff.

Brunner, O. / Conze, W. / Koselleck, R. (Hg.): Geschichtliche Grundbegriffe. Historisches Lexikon zur politisch-sozialen Sprache in Deutschland, Bd. III, Stuttgart 1982.

Buchwald, K: Umwelt – Mensch – Gesellschaft. Die Entstehung der Umweltproblematik, in: Hdb. Umw. I 1978, 1 – 46.

Buchwald, K.: Der Beitrag ökologisch-gestalterischer Planung zu Gesamt- und Fachplanungen, in: Handbuch für Planung, Gestaltung und Schutz der Umwelt, hg. v. K. Buchwald, / W. Engelhardt, 4 Bde. (1978-1980), Bd. III, 1-26, München 1980.

Buchwald, K.: Problematik und Lösungsversuche im Rahmen des Naturschutzes – Naturschutzplanung, in: K. Buchwald / W. Engelhardt (1978-1980), Bd. III, München 1980, 432-456.

Buchwald, K.: Umwelt und Gesellschaft zwischen Wachstum und Gleichgewicht, in: ders. (1978-1980): Die Bewertung und Planung der Umwelt, Bd.IV, München 1980, 1-32.

Buchwald, K. / Engelhardt, W. (Hg.): Handbuch für Planung, Gestaltung und Schutz der Umwelt (= Hdb. Umw.), 4 Bde. München 1978 – 1980.

Busemann A.: Pädagogische Milieukunde, Halle 1927.

Busemann A.: Handbuch der pädagogischen Milieukunde, Halle 1932.

Cipolla, C. M. / Borchardt, K.: Die industrielle Revolution, Stuttgart, New York 1976.

Conradi, W.: Personalentwicklung, Stuttgart 1983.

Cooley, C. H.: Human nature and social order, New York 1956.

De Haan, G.: Die Schwierigkeiten der Pädagogik, in: W. Beer / G. de Haan 1984, 77-91.

De Haan, G.: Natur und Bildung. Perspektiven einer Pädagogik der Zukunft, Weinheim 1985.

De Haan, G.: Umweltbewußtsein und Massenmedien. Perspektiven ökologischer Kommunikation, Berlin 1995.

Dick, L. von: Versuch einer Synopse, in: Pädagogik 6, 1991, 4-8.

Dickopp, K.-H.: Art. Pädagogische Anthropologie, in: Wörterbuch der Pädagogik Bd. 1, Freiburg i. Br. 1977, 36-41.

Dickopp, K.-H.: Personal-transzendentale Pädagogik, in: M. Borrelli, 1993, 84-96.

Dikau, J.: Zum Verhältnis von Arbeit und Bildung in historischer Perspektive, in: E. Schlutz (Hg.): Krise der Arbeitsgesellschaft – Zukunft der Weiterbildung, Frankfurt a. M. 1985, 20-39.

Dilcher, G.: Ehescheidung und Säkularisation, in: G. Dilcher / I. Staff (Hg.): Christentum und modernes Recht, Frankfurt a. M. 1984, 304-358.

Dreesmann, H.: Neuere Entwicklungen zur Erforschung des Unterrichtsklimas, in: B. Treiber / F. E. Weinert (Hg.): Lehr-Lern-Forschung, München 1982.

Dreesmann H.: Zur Psychologie der Lernumwelt, in: B. Weidemann / A. Krapp (Hg.): Pädagogische Psychologie, München, Weinheim 1986, 447 ff.

DRESSEL, Gerhard: Historische Anthropologie, Wien 1996.

DUBIEL, H.: Historisches Wörterbuch der Philosophie, in: J. Ritter, (Hg.): völlig neubearbeitete Ausgabe des „Wörterbuches der philosophischen Begriffe“ v. Eisler, R., bisher 9 Bde., Bd. IV, Darmstadt, 1971ff., 148-151.

DUNCKER, L. / MAURER, F. / SCHÄFER, G.E. (Hg.): Kindliche Phantasie und ästhetische Erfahrung, Ulm 1990.

DURKHEIM, E.: Über die Teilung der sozialen Arbeit, Frankfurt a. M. 1977 (Original 1893).

DUX, Günter (Hg.): Nachwort zu: H. Plessner, Lachen und Weinen. Das Lächeln. Anthropologie der Sinne, Frankfurt a. M. 1970.

ECCLES, J. C.: Die Psyche des Menschen, München 1984.

ECKENSBERGER, L.H. / BURGARD, P: Ökosysteme in interdisziplinärer Sicht, Saarbrücken, Universität des Saarlandes, Arbeiten der Fachrichtung Psychologie Nr.49, 1977.

ECKENSBERGER, L.H.: Die ökologische Perspektive in der Entwicklungspsychologie, in: H. Walter / R. Oerter (Hg.) 1979, 264 ff.

EDELSTEIN, W. / HOPF, D. (Hg.): Bedingungen des Bildungsprozesses, Stuttgart 1973.

EHRLICH, A.H. / EHRLICH, P.R. / HOLDREN, J.P.: Humanökologie. Der Mensch im Zentrum einer neuen Wissenschaft (original: Human Ecology, San Francisco 1973). Übersetzt und bearbeitet von H. Remmert, Berlin, Heidelberg, New York 1975.

EICKE, D. (Hg.): Die Psychologie des 20. Jahrhunderts, Band II, Freud und die Folgen, Wels 1976.

EINSTEIN, A.: Mein Weltbild (hg. v. C. Seelig. Ullstein TB 35024), Frankfurt 1981.

ELKIND, D.: Total verwirrt. Teenager in der Krise. Bergisch Gladbach 1990 (original erschienen 1941: All grown up – no place to go).

ENGAGEMENT, Zeitschrift für Erziehung und Schule: Umwelterziehung, no. 1, 1990.

EPPLER, B.: Maßstäbe für eine humane Gesellschaft. Lebensstandard oder Lebensqualität?, Stuttgart 1974.

EPSTEIN, S.: The self-concept revisited, or a theory of a theory. American Psychologist, 28, 1973, 404-416.

ERIKSON E. H.: Childhood and society, New York 1950 (dtsch. Kindheit und Gesellschaft, Stuttgart 1976).

ERIKSON, E. H.: Identity and the life cycle, Psychological issues, New York 1959 (dtsch. Identität und Lebenszyklus, Stuttgart 1994, 14. Aufl.).

ERIKSON, E. H.: Identity, Youth and crisis, New York 1968 (dtsch. Jugend und Krise. Die Psychodynamik im sozialen Wandel, Stuttgart 1988).

EULEFELD, G.: Veränderung des Umweltbewußtseins eine Aufgabe der Schule?, in: H.J. Fietkau / H. Kessel (Hg.): Umweltlernen. Veränderungsmöglichkeiten des Umweltbewußtseins, Königstein 1981, 1987-220.

EULEFELD, G. / KAPUNE, T. (Hg.): Empfehlungen und Arbeitsdokumente zur Umwelterziehung, München (IPN-Arbeitsbericht 36), Kiel 1979.

FAHRENBACH, Helmut: Art. „Mensch“, in: Handbuch philosophischer Grundbegriffe, hg. v. H. Krings / H. M. Baumgarter / Ch. Wild, 6 Bde., Bd. 5, München 1973-1974, 888-913.

FALTERMAIER, T. / MAYRING, Ph. / SAUP, W. / STREHMEL, P.: Entwicklungspsychologie des Erwachsenenalters, Stuttgart, Berlin, Köln 1992.

FATKE, R.: Schulumwelt und Schülerverhalten. Adaptionsprozesse in der Schule, München 1977.

FAUSER, P.: Nachdenken über pädagogische Kultur, in: Die Deutsche Schule, 1, 1985, 5-25.

FAUSER, P.: Modernisierung und praktisches Lernen. Perspektiven für Schule und Bildungspolitik nach der deutschen Vereinigung, in: Neue Sammlung, 33, Jg. 3 , als Resümee zu: Akademie für Bildungsreform/Robert-Bosch-Stiftung (Hg.): Praktisches Lernen. Ergebnisse und Empfehlungen. Ein Memorandum, Weinheim 1993, 384-403.

FEND, H.: Schulklima: Soziale Einflußprozesse in der Schule, Weinheim 1977.

FIETKAU, H.-J. / KESSEL, H. (Hg.): Umweltlernen. Veränderungsmöglichkeiten des Umweltbewußtseins, Königstein 1981.

FILIPP, S.-H. (Hg.): Kritische Lebensereignisse (2. überarb. Auflage), München 1990.

FISCHER, S. / Reason, J.: Handbook of life stress, cognition and health, Chichester, 1988.

FISCHER, W.: Collage aus splitterhaften Materialien nebst einigen kurzen Kommentaren zum Einsatz und Konzept der Postmoderne, in: Vierteljahrsschrift f. Wiss. Päd., 65. Jg., 4/1989, 403 – 414.

FLITNER, W.: Die Geschichte der abendländischen Lebensformen, München 1967.

FORRESTER, J. W.: Der teuflische Regelkreis. Kann die Menschheit überleben?, Stuttgart 1972.

FOUCAULT, M.: Die Ordnung der Dinge. Eine Archäologie der Humanwissenschaften, Frankfurt a. M. 1971.

FRANK, A.: Bodenlosgelassen – Postmoderne Fragmente, in: Baacke D. u.a 1985, 96-105.

FRANK, M.: Was ist Neostrukturalismus?, Frankfurt a.M. 1984.

FRANK, M.: Die Grenzen der Verständigung, Frankfurt a.M. 1988.

FREYER, H.: Technik im technischen Zeitalter. Stellungnahme zur geschichtlichen Situation, Düsseldorf 1965.

FRIEDRICHS, J.: Stadtanalyse. Soziale und räumliche Organisation der Gesellschaft, Reinbek 1977.

FURGER, H.: Freiwillige Askese als Alternative, In: G.-K. Kaltenbrunner, 1976, 77-90.

GADAMER, H. G.: Bildung, in: J.-E. Pleines (Hg.), 1978, 55-63.

GALTUNG, J.: The basic needs. Approach, in: K. Lederer (Hg.): Human Needs. A Contribution to the current debate, 1979.

GEBAUER, G. / KAMPER, D. u.a.: Historische Anthropologie. Zum Problem der Humanwissenschaften heute oder Versuche einer Neubegründung, Reinbek bei Hamburg 1989.
GEHLEN, A.: Die Seele im technischen Zeitalter – Sozialpsychologische Probleme in der industriellen Gesellschaft, Hamburg 1957.
GEHLEN, A.: Anthropologische Ansicht der Technik, in: H. Freyer 1965, 101-118.
GEHLEN, A.: Die Seele im technischen Zeitalter, Hamburg 1967.
GEHLEN, A., Der Mensch. Seine Natur und Stellung in der Welt (1940), Bonn [10]1974.
GEHLEN, A.: Anthropologische Forschung. Zur Selbstbegegnung und Selbstentdeckung des Menschen, Reinbek 1974.
GEIßLER, H. (Hg.): Unternehmenskultur und -vision, Frankfurt a. M. 1991.
GEULEN, D.: Sozialisation, in: D. Lenzen (Hg.) 1994, 99-132.
GIESECKE, H.: Die Zweitfamilie. Leben mit Stiefkindern und Stiefvätern, Stuttgart 1987.
GOFFMAN, E.: Behavior in public places, New York 1963.
GOFFMAN, E. : Stigma, Frankfurt a. M. 1967.
GOFFMAN, E.: Wir alle spielen Theater. Die Selbstdarstellung im Alltag, München 1973.
GOFFMAN, E.: Das Individuum im öffentlichen Austausch, Mikrostudien zur öffentlichen Ordnung, Frankfurt a.M. 1974.
GOFFMAN, E.: Strategische Interaktion, München 1981.
GOLLWITZER, P. M.: Identität, in: A. Schorr (Hg.): Handwörterbuch der Angewandten Psychologie, Bonn 1993, 343-353.
GOLLWITZER, P. M. / WICKLUND, R. A.: The pursuit of self-defining goals, in: J. Kuhl / J. Beckmann (Hg.): Action control, Berlin 1985, 61-85.
GRAUMANN, C. F.: Die ökologische Fragestellung – 50 Jahre nach Hellpachs ‚Psychologie der Umwelt', in: G. Kaminski (Hg.) 1976, 21-25.
GRAUMANN, C. F. (Hg.): Ökologische Perspektiven in der Psychologie, Bern 1978.
GROOTHOFF, H-H.: Bildung und Ausbildung, in: I. Wirth / H.-H. Groothoff (Hg.) 1978, 107-113.
GROSSMANN K. E. / GROSSMANN, K.: Phylogenetische und ontogenetische Aspekte der Entwicklung der Eltern-Kind Bindung und der kindlichen Sachkompetenz. Zeitschrift für Entwicklungspsychologie und Pädagogische Psychologie, 18 (4), 1986, 387-415.
GROSSMANN, K. E. / GROSSMANN, K. u.a.: Die Bindungstheorie: Modell und entwicklungspsychologische Forschung, in: Keller, H. (Hg.), Handbuch der Kleinkindforschung, Berlin 1989, 31-55.

HABERMAS, J.: Philosophische Anthropologie, in: Struktur und Kritik, Frankfurt a. M. 1973, 87-111.
HABERMAS, J.: Die Moderne – ein unvollendetes Projekt, in: ders.: Kleine politische Schriften I – IV, Frankfurt a. Main 1981, 444 – 464.

HABERMAS, J.: Der Eintritt in die Postmoderne, in: Merkur Nr. 421, 1983, 752 – 761.
HABERMAS, J.: Die Krise des Wohlfahrtsstaates und die Erschöpfung utopischer Energien, in: ders. 1985, 139 – 163.
HABERMAS, J.: Die neue Unübersichtlichkeit, Frankfurt am Main 1985.
HAECKEL, E.: Über Entwicklungsgang und Aufgabe der Zoologie, in: Jenaische Z. Med. Naturw. 5, 1870, 352-370.
HAMANN, B.: Familie heute. Ihre Funktion und Aufgabe als gesellschaftliche und pädagogische Institution, Frankfurt a. M. 1988.
HAMM, B.: Die Organisation der städtischen Umwelt. Ein Beitrag zur sozialökologischen Theorie der Stadt, Frauenfeld 1977.
HAMM, B. (Hg.): Lebensraum Stadt. Beiträge zur Sozialökologie deutscher Städte, Frankfurt a. M. 1979.
HANSMANN, O. / MAROTZKI, W. (Hg.): Diskurs / Bildungstheorie I: Systematische Markierungen. Rekonstruktion der Bildungstheorie unter Bedingungen der gegenwärtigen Gesellschaft, Weinheim 1988.
HAUSER, R.: Art. Askese in: A. Vierkandt (Hg.), Historisches Wörterbuch der Philosophie, Stuttgart 1931, völlig neubearbeitete Ausgabe R. Eisler (Hg.), Darmstadt 1984, 538-541.
HAVIGHURST, R. J.: Developmental tasks and education, New York 1948/1982.
HAVIGHURST, R. J.: Research on the developmental task concept. School Review. A Journal of Secondary Education, 64, 1956, 215-223.
HAVIGHURST, R. J.: Dominant concerns in the life-cycle, in: L. Schenk-Danziger / H. Thomae (Hg.): Gegenwartsprobleme der Entwicklungspsychologie, Göttingen 1963, 27-37.
HECKMAIR, B. / MICHL, W.: Erleben und Lernen. Einstieg in die Erlebnispädagogik, Neuwied 1993.
HEGEL, G.W.F.: Sämtliche Werke. Jubiläumsausgabe in 20 Bänden, hg. v. H. Glockner, Stuttgart 1927.
HEGER, R.-J. u.a. (Hg.): Wiedergewinnung von Wirklichkeit. Ökologie, Lernen und Erwachsenenbildung, Freiburg i. B. 1983.
HEID, H.: Ökologie als Bildungsfrage, in: Zeitschrift für Pädagogik, 38. Jg. 1, 1992, 113-138.
HEIDACK, C. (Hg.): Lernen der Zukunft. Kooperative Selbstqualifikation – die effektivste Form der Aus- und Weiterbildung, München 1989.
HEIDEGGER, M.: Einführung in die Metaphysik, Tübingen² 1958.
HEIMANN, P.: Bemerkungen zur analen Phase, in: Eicke, D. (Hg.): Die Psychologie des 20. Jahrhunderts, Band II, Freud und die Folgen, Wels 1976, 594-607.
HELBIG, P.: Begabung im pädagogischen Denken, Weinheim 1988.
HIGGINS, E. T.: Self-discrepancy: A theory relating self and afect. Psychological Review, 94, 1987, 319-340.
HILGER, D.: Industrie, Gewerbe, in: O. Brunner et. al. (Hg.) 1982, 249-286.
HOFFMEYER-ZLOTNIK, J.: Gastarbeiter im Sanierungsgebiet, Hamburg 1977.
HOLDER, A.: Der Ödipuskomplex, in: D. Eicke (Hg.): Die Psychologie des 20. Jahrhunderts, Band II, Freud und die Folgen, Wels 1976, 608-615.

HÖLSCHER, L.: Industrie, Gewerbe, in: O. Brunner et. al. (Hg.) 1982, 239-249.

HONDRICH, K. O.: Bedürfnisänderung durch Aufklärung?, in: K. M. Meyer-Abich / D. Birnbacher (Hg.): Was braucht der Mensch, um glücklich zu sein? Bedürfnisforschung und Konsumkritik, München 1979, 123-134.

HONNEFELDER, L.: Welche Natur sollen wir schützen? in: GAIA 2, 1993, 253-264.

HORKHEIMER, M.: Bemerkungen zur philosophischen Anthropologie, in: ders., Kritische Theorie, Bd. I, Frankfurt a. M. 1968, 200-227.

HORKHEIMER, M.: Begriff der Bildung. Immatrikulationsrede 1952/53, in: J.-E. Pleines (Hg.) 1978, 22-27.

HORNSTEIN, W.: Gesellschaftlicher Wertewandel und Generationenkonflikt, in: ders. (Hg.), 1983.

HORNSTEIN, W.: Jugend ohne Orientierung? Zur Sinnkrise der gegenwärtigen Gesellschaft, Weinheim ²1983.

HURRELMANN K.: Das Modell des produktiv realitätsverarbeitenden Subjekts in der Sozialisationsforschung, in: Ztschr. f. Sozialisationsforschung u. Erziehungssoziologie 1983, 91 ff.

HURRELMANN, K. / ULICH, D. (Hg,): Handbuch der Sozialisationsforschung, Weinheim 1980 (4. Aufl.: Neues Handbuch der Sozialisationsforschung, Weinheim 1991).

HUYSSEN, A. / SCHERPE, K.(Hg.): Postmoderne. Zeichen eines kulturellen Wandels, Reinbeck b. Hamburg 1986.

ILLICH, I.: Die drohende Ökokratie, in: W. Beer / G. de Haan 1984, 24-31.

IPFLING, H.J.: Freies Arbeiten. Handlungsorientierter Unterricht und Praktisches Lernen, in: Bayerische Schule 5, 1992, 4-8.

JAMES, W. : The principles of psychology, Vol. 1, New York 1980.

JASPERS, K.: Vom Ursprung und Ziel der Geschichte, Frankfurt a. M. 1955.

JENCKS, Ch.: Die Sprache der postmodernen Architektur. Die Entstehung einer alternativen Tradition, Stuttgart 1980.

JONAS, H.: Das Prinzip Verantwortung. Versuch einer Ethik für die technologische Zivilisation, Frankfurt a. M. ³1982.

JUGENDSTIFTUNG BADEN-WÜRTTEMBERG. Theorie und Praxis, Münster 1993.

KAHLERT, J.: Alltagstheorien in der Umweltpädagogik. Eine sozialwissenschaftliche Analyse, Weinheim 1990.

KAHLERT, J.: Die mißverstandene Krise, in: Zeitschrift für Pädagogik, 37. Jg., 1991, 97-122.

KAMINSKI, G. (Hg.): Umweltpsychologie, Stuttgart 1976.

KAMINSKI, G.: Behavior and Environment: ökologische Fragestellungen in der allgemeinen Psychologie, in: C.F. Graumann 1978, 83-97.

KAMINSKI, G.: Ökologische Perspektiven in pädagogisch-psychologischer Theoriebildung und deren Konsequenzen, in: J. Brandstätter / G. Reinert /

K.A. Schneewind (Hg.): Pädagogische Psychologie: Probleme und Perspektiven, Stuttgart 1979.
KAMPER, D. / WULF, C. (Hg.): Die Wiederkehr des Körpers, Frankfurt a. M. 1982.
KAMPITS, P.: Natur als Mitwelt. Das ökologische Problem als Herausforderung für die philosophische Ethik, in: O. Schatz (Hg.): Was bleibt den Enkeln? Die Umwelt als politische Herausfoderung, Wien 1978.
KANT, E., Anthropologie in pragmatischer Hinsicht 1978, in: Kants Werke, hg. v. E. Cassirer 8, 3, Berlin 1922.
KAUFMANN, H. B. u.a. (Hg.): Kontinuität und Tradtionsbrüche in der Pädagogik. Ein Gespräch zwischen den Generationen, Basel 1991.
KEUPP, H.: Soziale Netzwerke, in: L. Kruse et. al. (Hg.) 1990, 502 ff.
KLAFKI, W.: Studien zur Bildungstheorie und Didaktik, Weinheim 1965.
KLEBER, E. W.: Ökologische Erziehungswissenschaft – ein neues meta-theoretisches Konzept?, in: W. Twellmann (Hg.): Handbuch Schule und Unterricht, Band 7.2: Gesellschaft/Umwelt, Düsseldorf 1985, 1167 ff.
KLOTZ, H.: Moderne und Postmoderne. Architektur der Gegenwart 1960 – 1980, Braunschweig 1984.
KLUXEN, W.: Humane Existenz in einer technisch-wissenschaftlichen Welt, in: H. Janssen (Hg.): Technokratie und Bildung, Trier 1971, 77-94.
KLUXEN, W.: Ethik des Ethos, München 1974.
KLUXEN, W.: Ethik und Ethos, in: A. Hertz / W. Korff et. al. (Hg.): Handbuch der christlichen Ethik, Band 2, Freiburg 1978, 518-532.
KLUXEN, W.: Moralische Aspekte der Energie- und Umweltfrage, in: A. Hertz, W. Korff u.a., Handbuch der christlichen Ethik., 3 Bde., Bd. III, Freiburg i. B. 1982, 379-424, 387 ff.
KOCH, L.: Kritische Bildungsphilosophie, in: M. Borelli / J. Ruhloff (Hg.) 1996, 41 ff.
KOHLBERG, L.: Zur kognitiven Entwicklung des Kindes, Frankfurt a. M. 1974.
KONFERENZ DER KULTUSMINISTER: Berichte der Kultusminister-Konferenz 1982, 1986, 1992, Bonn 1980.
KORFF, W.: Kernenergie und Moraltheologie, Frankfurt a. M. 1979.
KRAFELD, F. J.: Cliquenorientierte Jugendarbeit: Grundlagen und Handlungs-an-sätze, Weinheim und München 1992.
KRAFELD, F. J. / MÖLLER, K./MÜLLER, A.: Jugendarbeit in rechten Szenen. Ansätze – Erfahrungen – Perspektiven, Bremen 1993.
KRAPP, A.: Bedingungen des Schulerfolgs, München 1973.
KRAPPMANN, L.: Soziologische Dimensionen der Identität, Stuttgart 1988.
KRAUS, W. / MITZSCHERLICH, B.: Identitätsdiffusion als kulturelle Anpassungsleistung. Psychologie in Erziehung und Unterricht 42, 1995, 65-72.
KREPPNER, K.: Sozialisation in der Familie, in: K. Hurrelmann / D. Ulich (Hg.) 1991, 321 ff.
KRISTEVA, J.: Postmodernism?, in: Bucknell review 25, 11, 1980, 136 – 141.
KRUSE, L. / GRAUMANN, C.F. / LANTERMANN, E.-D. (Hg.): Ökologische Psychologie. Ein Handbuch in Schlüsselbegriffen, München 1990.

KUHN, M. H.: Major Trends in Symbolic Interaction Theory in the Past Twenty-Five Years. in: Sociologica Quarterly 5, 1964 61-84.

KUHN, Th. S.: Die Struktur wissenschaftlicher Revolutionen, Frankfurt a. M. 21976.

KÜHNELT, W.: Grundriß der Ökologie, Stuttgart 1970.

LANGER, H.: Mensch – Umwelt als ökologisches System, in: Handbuch Umwelt I 1978, 134-146.

LAZARUS, R.S. / FOLKMAN, S.: Stress, appraisal, and coping, New York 1984.

LENZEN, D., Mythologie der Kindheit. Reinbek bei Hamburg 1985.

LENZEN, D., Mythos, Metapher und Simulation, in: Z. f. Päd., 33. Jg., I, 1987, 41-60.

LENZEN, D.: Erziehungswissenschaft. Ein Grundkurs, Reinbek 1994.

LENZEN, D.: Historische Anthropologie als melancholische Humanwissenschaft? Anmerkungen zum Verhältnis von Anthropologie und Ethik bei der Diskursanalyse ethischer Dispositive, in: A. Barkhaus u.a. (Hg.): Identität, Leiblichkeit, Normativität. Neue Horizonte anthropologischen Denkens, Frankfurt a. M. 1996, 299-321.

LENZEN, D. / MOLLENHAUER, K. (Hg.): Enzyklopädie Erziehungswissenschaft. Bd.1: Theorien und Grundbegriffe der Erziehung und Bildung, Stuttgart 1983.

LEWIN, K.: Kriegslandschaft. Zeitschrift für angewandte Psychologie 12, 1917, 440-447.

LEWIN, K.: Environmental forces in child behavior and development. In a handbook of child psychology, hrsg. v.c. Murchison. Worcester, Mass. 1931.

LEWIN, K.: A dynamic theorie of personality. New York 1935.

LEWIN, K.: Field theorie in social science, selected theoretical papers. New York 1951.

LEWIN, K.: Feldtheorie in den Sozialwissenschaften, Bern 1963.

LOCH, W.: Der Mensch im Modus des Könnens. Anthropologische Fragen des pädagogischen Denkens, in: E. König / H. Ramsenthaler (Hg.): Diskussion pädagogischer Anthropologie, Bd. 3, Kritische Information Erziehungswissenschaft, München 1980, 191-225.

LUHMANN, N.: Arbeitsteilung und Moral. Durkheims Theorie, in: E. Durkheim 1977, 19 ff.

LUHMANN, N., Soziale Systeme, Grundriß einer allgemeinen Theorie, Frankfurt a. M. 1984.

LYOTARD, J.-F.: Apathie in der Theorie, Berlin 1979.

LYOTARD, F.-J.: Das postmoderne Wissen, vollständig überarbeitete Fassung, Wien 1986.

LYOTARD, F.J.: Der Widerstreit (orig. Le Differend, Paris 1983), München 1987.

LYOTARD, F.-J.: Beantwortung der Frage: Was ist postmodern? , in: Welsch, W. (Hg): Wege aus der Moderne. Schlüsseltexte der Postmoderne-Diskussion, Weinheim 1988, 193-203.

MACHA, H. / MAUERMANN, L. (Hg.): Brennpunkte der Familienerziehung, Weinheim 1995.

MAFFESOLI, M.: Le temps des tribus. Le déclin de l'individualisme dans les sociétés de masse, Paris 1988.

MAHLER, M. S. u.a.: Die psychische Geburt des Menschen. Symbiose und Individuation, Frankfurt a. M. 1994.

MALLMANN, C.: Needs and processes, goals and indicators, in: Lederer (Hg.) 1979.

MARCIA, J. E.: Development and validation of ego-identity status. Journal of Personality and Social Psychology, 3, 1966, 551-558.

MARCIA J.E.: Identity in adolescence, in: Adelson, J. (Ed.), Handbook of adolescent psychology, New York, 1980, 159-187.

MARCIA, J.E.: Identity diffusion differentiated, in: Luszcz, M.A. / Netterbeck, T. (Ed.): Psychological development across the life-span, North-Holland 1989, 289-295.

MARCUSE, H.: Der eindimensionale Mensch, Neuwied/Berlin 1967.

MARJORIBANKS, K.: Umwelt, soziale Schicht und Intelligenz, in: C. F. Graumann / H. Heckhausen (Hg.): Pädagogische Psychologie, Bd.1, Frankfurt a. M. 1973, 190-200.

MARJORIBANKS, K.: Ethnic families and children's achievements, Sydney 1980.

MARKUS, H. / KITAYAMA, S.: Culture and the self: Implications for cognition, emotion and motivation, in: Psychological review (1991), 98, 224-253.

MARKUS, H. / NURIUS, P.: Possible Selves. American Psychologist, 41, 1986, 954-969.

MAROTZKI, W.: Neue Konturen Allgemeiner Pädagogik. Biographie als vermittelnde Kategorie, in: M. Borrelli/J. Ruhloff (Hg.) 1996, 67-84.

MARQUARD, O., Art. „Anthropologie", in: Historisches Wörterbuch der Philosophie, hrsg. v. J. Ritter, völlig neubearbeitete Ausgabe des „Wörterbuchs der philosophischen Begriffe" v. R. Eisler, bisher 5 Bde., Bd. 1, Darmstadt 1971, 362-374 ff.

MARX, K.: Kritik des Gothaer Programms, in: K. Marx / F. Engels (Hg.): Werke, Bd. 19, Berlin 1962.

MARX, K.: Das Kapital, Band 1, Berlin 1973.

MASLOW, A. : Motivation and Personality, London 1970 (dtsch. Motivation und Persönlichkeit, Reinbek 1981).

MAYRING, Ph. / SAUP,W. (Hg.): Entwicklungsprozesse im Alter, Stuttgart 1990.

MCCLELLAND: Personality, New York 1960.

MEAD, G. H.: „Mind, Self and Society", Chicago 1934 (dtsch „Geist, Identität und Gesellschaft", Frankfurt 1968).

MEADOWS, D.L.: Die Grenzen des Wachstums. Bericht des Club of Rome zur Lage der Menschheit, Stuttgart 1972 (Original: The Limits to Growth, Washington).

MENZE, C.: Bildung, in: D. Lenzen / K. Mollenhauer 1983, 350-356.

MERTENS, G.: Ethik und Geschichte. Der Systemansatz der theologischen Ethik Werner Schöllgens, Mainz 1982.

MERTENS, G.: Von der Heteronomie zur Autonomie. Grundweichenstellungen der Moralerziehung, in: Vierteljahrsschrift für wissenschaftliche Pädagogik, 65. Jg., Heft 4, 1989, 441-469.

MERTENS, G.: Umwelterziehung. Eine Grundlegung ihrer Ziele, Paderborn 1989.

MERTENS, G.: Auf dem Weg in die Postmoderne? Pädagogische Anfragen und Perspektiven, in: Vierteljahrsschrift für wissenschaftliche Pädagogik, 67. Jg, Heft 1, 1991, 23-44.

MERTENS, G.: Die Kategorie der Verantwortung. Überlegungen zum Leitziel der Moralerziehung, in: Vierteljahrsschrift für Wissenschaftliche Pädagogik 4, 1995, 426-441.

MERTENS, G.: Umwelterziehung. Paderborn-München-Wien-Zürich, 3. Aufl. 1995.

MERTENS, G.: Umwelterziehung. Eine Grundlegung ihrer Ziele, Paderborn, München, Wien, Zürich 1995a.

MERTENS, G.: Mensch und Natur, in: L. Honnefelder / G. Krieger (Hg.): Philosophische Propädeutik, Bd. 2, Ethik, Paderborn 1996, 267-326.

MEYER-DOHM, P.: Sozialökonomische Aspekte der Konsumfreiheit. Untersuchung zur Stellung des Verbrauchers in der marktwirtschaftlichen Ordnung, Freiburg 1965.

MEYER-DRAWE, K.: Illusionen von Autonomie. Diesseits von Ohnmacht und Allmacht des Ich, München 1990.

MITTELSTRAß, J.: „Aneignung und Verlust der Natur", in: Wissenschaft als Lebensform, Suhrkamp, Frankfurt a. M. 1982.

MITTELSTRAß, J.: „Leben mit der Natur – Über die Geschichte der Natur in der Geschichte der Philosophie und die Verantwortlichkeit des Menschen gegenüber der Natur", in: O. Schwemmer (Ed.): Über Natur – Philosophische Beiträge zum Naturverständnis, Frankfurt a. M. 1991, 37-62.

MOLLENHAUER, K.: Vergessene Zusammenhänge. Über Kultur und Erziehung, 2. Aufl., Weinheim 1985.

MOLLENHAUER, K., Umwege. Über Bildung, Kunst und Interaktion, Weinheim 1986.

MOLLENHAUER, K., Korrekturen am Bildungbegriff? In: Z. f. Päd, 33. Jg., 1987, 1-20.

MOLLENHAUER, K.: Familie – Familienerziehung, in: D. Lenzen (Hg.): Pädagogische Grundbegriffe, Bd.1, 1989, 603 ff.

MOLLENHAUER, K.: Die vergessene Dimension des Ästhetischen in der Erziehungs- und Bildungstheorie, in: D. Lenzen, (Hg.): Kunst und Pädagogik. Erziehungswissenschaft auf dem Weg zur Ästhetik? Darmstadt 1990, 3-18.

MOLLENHAUER, K.: Grundfragen ästhetischer Bildung. Theoretische und empirische Befunde zur ästhetischen Erfahrung von Kindern, Weinheim und München 1996.

MONTADA , L.: Injustice in harm and loss, Social Justice Research, 7, 1994, 5-28.

MONTADA, L.: Fragen, Konzepte, Perspektiven, in: R. Oerter / L. Montada (Hg.): Entwicklungspsychologie, Weinheim 1995, 1-83.

MONTADA, L. / FILIPP, S.-H. / Lerner, M.J.: Life crises and expierences of loss in adulthood, Hillsdale 1992.

MOOS, R. H.: Conceptualization of human environments, in: American Psychologist , 1973, 652 ff.

MORIN, E.: Das Rätsel des Humanen. Grundfragen einer neuen Anthropologie, München 1973.

MOSER, S.: Bedürfnis und Verhalten. Philosophische Vorbemerkungen, in: S. Moser / G. Ropohl / W. Ch. Zimmerli (Hg.): Die „wahren" Bedürfnisse oder: wissen wir, was wir brauchen? Philosophie Aktuell 11, Stuttgart 1978, 9-18.

MÜLLER, J. B.: Bedürfnis-begriffsgeschichtlich, in: S. Moser, G. Ropohl u. W. Ch. Zimmerli (Hg.): Die „wahren" Bedürfnisse oder: wissen wir, was wir brauchen? Philosophie Aktuell 11, Stuttgart 1978, 146-157.

NICKEL, H. et. al. (Hg.): Psychologie der Entwicklung und Erziehung. Zwanzig Jahre empirische Forschung unter ökopsychologischer Perspektive, Pfaffenweiler 1993.

NOHL, H.: Charakter und Schicksal, Frankfurt a. M. ²1940.

O'BRIEN, M. / HUSTON, A. C.: Development of sex-typed play behavior in toddlers. Developmental psychology, 21, 1985, 866-871.

ODUM, E. P.: Grundlagen der Ökologie. Bd.I: Grundlagen, Bd.II: Standorte und Anwendung. Übersetzt und bearbeitet von J. Overbeck (Original: Fundamentals of Ecology, Philadelphia 1971), Stuttgart, New York 1980.

ODUM, E. P. / REICHHOLF, J.: Ökologie. Grundbegriffe, Verknüpfungen, Perspektiven (4. völlig neu bearb. Aufl. – Neuausgabe), München, Wien, Zürich 1980.

OELKERS, J.: Die Wiederkehr der Postmoderne. Pädagogische Reflexionen zum neuen Fin de siecle, in: Zeitschrift f. Päd., 33. Jg, 1/1987, 21-40.

OERTER, R.: Develpomental task through the life span: A new approach to an old concept, in: P.B. Bàltes / D.L. Featherman / R.M. Lerner (Eds.): Life span development and behavior, Vol. 7, Hillsdale 1986, 233-271.

OERTER, R.: Structural, ecological, and psychosocial variables of schooling and their impact on the development of student's self-concept. International Journal of Educational Research, 13, 1989, 933-948.

OERTER, R.: Kultur, Ökologie und Entwicklung, in: Oerter, R. – Montada, L. (Hg.): 1995, 84-127.

OERTER, R. / DREHER, E. (1995): Jugendalter, in: Oerter, R. – Montada, L. (Hg.), Entwicklungspsychologie, 3. Aufl., Kap. 6, Weinheim 1995, 310-395.

OERTER, R. / MONTADA, L. (Hg.): Entwicklungspsychologie. Ein Lehrbuch, München, Wien, Baltimore 1982.

OERTER, R. / MONTADA, L. (Hg.): Entwicklungspsychologie. Ein Lehrbuch, Weinheim ³1995.

OERTER, R. / OERTER, R.: Zur Konzeption der Identität in östlichen und westlichen Kulturen. Ergebnisse von kulturvergleichenden Untersuchungen zum

Menschenbild junger Erwachsener. Zeitschrift für Sozialisationsforschung und Erziehungssoziologie (ZSE), 13 (4), 1993, 296-310.
OFFER , D. / OSTROV, E. / HOWARD, K.I. / ATKINSON, R.: The teenage world, New York 1988.
OLBRICH, E.: Die Entwicklung der Persönlichkeit im menschlichen Lebenslauf, in: R. Oerter / L. Montada (Hg.): Entwicklungspsychologie, München 1982, 91-123.

PARK, R. E. / BURGESS, E. W. / MCKENZIE, R. D.: The city, Chicago 1925.
PARSONS, T.: Beiträge zur soziologischen Theorie, (hrsg. v. Dietrich Rüschenmeyer), Neuwied am Rhein und Berlin 1964.
PECCEI, A. (Hg.): Club of Rome, Zukunftschance lernen. Bericht für die achtziger Jahre (Goldmann Sachbuch 11289), München 1980 (original: No Limits to Learning: Bridging the Human Gap, Oxford).
PECCEI, A.: Die Zukunft in unserer Hand. Gedanken und Reflexionen des Präsidenten des Club of Rome, Wien 1981.
PEKRUN, R.: Schulklima, in: W. Twellmann (Hg.): Handbuch Schule und Unterricht, Bd. 7.1., 1985, 524 ff.
PEKRUN, R.: Schule als Sozialisationsinstanz, in: Enzyklopädie der Psychologie, Serie 1: Pädagogische Psychologie, Band 1: Psychologie der Erziehung und Sozialisation, Göttingen 1994.
PEKRUN, R. / FEND, H.: Schule und Persönlichkeitsentwicklung. Ein Resümee der Längsschnittforschung, Stuttgart 1991.
PERNER, J.: Understanding the representation of mind. Harvard 1991.
PIAGET, J.: Der Aufbau der Wirklichkeit beim Kinde, Stuttgart 1974.
PIAGET, J. / INHELDER, B.: Die Psychologie des Kindes, Frankfurt a. M. 1977.
PLANCK, M.: Sinn und Grenzen der exakten Wissenschaft (hrsg. v. F. Krafft), München 1971.
PLEINES, J.-E.: Bildung. Grundlegung und Kritik eines pädagogischen Begriffs, Heidelberg 1971.
PLEINES, J.-E. (Hg.): Bildungstheorien. Probleme und Positionen, Freiburg i. B. 1978.
PLESSNER, H.: Die Frage nach der Conditio humana. Aufsätze zur philosophischen Anthropologie, Baden Baden 1976.
PLESSNER, Helmuth: Die Stufen des Organischen und der Mensch (Berlin 1928), Gesammelte Schriften (GS) Bd 4., Frankfurt a. M. 1981.
PONGRATZ, L. A.: Bildung und Alltagserfahrung. – Zur Dialektik des Bildungsprozesses als Erfahrungsprozeß, in: Hansmann, O. / Marotzki, W. (Hg.): Diskurs Bildungstheorie I: Systematische Markierungen. Rekonstruktion der Bildungstheorie unter Bedingungen der gegenwärtigen Gesellschaft, Weinheim 1988, 293-310.
PORTMANN, A.: Naturschutz wird Menschenschutz, Zürich 1971.
PORTMANN, A.: Biologisches zur ästhetischen Erziehung, in: A. Portmann: Vom Lebendigen. Versuche zu einer Wissenschaft vom Menschen, Frankfurt a. M. 1973, 189-220.

PREGLAU, M.: Symbolischer Interaktionismus: George Herhert Mead, in: Morel u.a. (Hg.): Soziologische Theorie, München, [4]1995, 52-66.
PRENZEL, M.: Mit Interesse in das dritte Jahrtausend!, in: N. Seibert / H.J. Serve (Hg.) 1994, 1314 ff.

RADTKE, F.-O.: Die schicken niemanden mehr – Oder: Der verflogenene Optimismus. Collage zum Ende der Pädagogik, in: Baacke, D u.a 1985, 174 – 189.
RAPP, F. et al.: Determinanten der technischen Entwicklung. Strukturmodelle in der Geschichtsschreibung über die Industrialisierung in Europa, Berlin 1980.
RIEGEL, K. F. (Hg.): Zur Ontogenese dialektischer Operationen, Frankfurt 1978.
ROBERTS, K.: Youth and leisure. London 1983.
ROPOHL, G.: Bedürfnisforschung und soziotechnische Praxis. Ein vorläufiges Resümee, in: S. Moser / G. Ropohl / W. Ch. Zimmerli (Hg.): Die „wahren" Bedürfnisse oder: wissen wir, was wir brauchen? Philosophie Aktuell 11, Stuttgart 1978, 111-113.
ROTH, H.: Pädagogische Anthropologie, 2 Bde., Hannover 1966-1971.
RUHLOFF, J.: Bildung im problematisierenden Vernunftgebrauch, in: M. Borrelli / J. Ruhloff (Hg.) 1996, 148 ff.
RUTTER, M. et. al.: Fünfzehntausend Stunden. Schulen und ihre Wirkungen auf die Kinder, Weinheim 1980.
RYAN, R. M.: Ageny and organization: Intrinsic motivation, autonomy, and the self in psychological development. In: R.A. Dienstbier (Ed.): Nebraska Symposium on Motivation, Lincoln: University of Nebraska Press 1993, 1-56.

SAHM, A.: Humanisierung der Arbeitswelt, Freiburg i. B. 1976.
SAHM, A.: Verbesserung des zwischenmenschlichen Verhaltens durch gemeinsames Lernen in Arbeitsgruppen, in: C. Heidack (Hg.) 1989.
SANDLER, J. / DARE, C.: Der Psychoanalytische Begriff der Oralität, in: D. Eicke (Hg.): Die Psychologie des 20. Jahrhunderts, Band II, Freud und die Folgen, Wels 1976, 582-593.
SATTELBERGER, T.: Die lernende Organisation. Konzepte für eine neue Qualität der Unternehmensentwicklung, Wiesbaden 1994.
SCHÄFER, A.: Anthropologische Bestimmung und bildende Erfahrung, in: M. Borelli / J. Ruhloff (Hg.) 1996, 158 ff.
SCHELER, M.: Die Stellung des Menschen im Kosmos, Bonn 1928.
SCHELER, M.: Gesammelte Werke, hrsg. v. M. Scheler, Bern [4]1955.
SCHERHORN, G.: Bedürfnis und Bedarf. Sozialökonomische Grundbegriffe im Lichte der neuen Anthropologie, Berlin 1959.
SCHERHORN, G.: Gesucht: der mündige Verbraucher. Grundlagen eines verbraucherpolitischen Bildungs-und Informationssystems, Düsseldorf 1973.
SCHERHORN, G.: Verbraucherinteresse und Verbraucherpolitik, Göttingen 1975.

SCHEUCH, E. K.: Der Charakter des Konsums in modernen Industriegesellschaften, in: H. D. Ortlieb / B. Molitor / W. Krone (Hg.): Hamburger Jahrbuch für Wirtschafts-und Gesellschaftspolitik, Tübingen 1975, 111-128.
SCHIEFELE, H. / KRAPP, A. (Hg.): Handlexikon zur Pädagogischen Psychologie, München 1981.
SCHIRLBAUER, A.: Konturen einer postmodernen Pädagogik, in: Vierteljahrsschrift f. wiss. Päd., 66. Jg., 1/1990, 31 – 45.
SCHMACK, E.: Chancen der Umwelterziehung. Grundlagen einer Umweltpädagogik und Umweltdidaktik, Düsseldorf 1982.
SCHMIDBAUER, W.: Homo consumens. Der Kult des Überflusses, Stuttgart 1972.
SCHMIDBAUER, W.: Weniger ist manchmal mehr. Zur Psychologie des Konsumverzichts, Reinbek b. Hamburg 1984.
SCHMIED-KOWARZIK, W.: „Rücksichtslose Kritik alles Bestehenden“, in: W. Beer / G. de Haan, 1984, 42-56.
SCHNEEWIND, K. A.: Familienpsychologie: Plädoyer für die „Geburtshilfe“ einer überfälligen Disziplin, in: M. Amelang (Hg.): Bericht über den 35. Kongreß der deutschen Gesellschaft für Psychologie in Heidelberg 1986, Bd. 2, Göttingen 1987, 567-579.
SCHNEEWIND, K. A.: Familienpsychologie, Stuttgart 1991.
SCHNEEWIND, K. A.: Familienentwicklung, in: R. Oerter / L. Montada (Hg.) 1995, 128 ff.
SCHOOP, T.: ... komm und tanz mit mir! Ein Versuch, dem psychotischen Menschen durch die Elemente des Tanzes zu helfen, Zürich 1981.
SCHREINER, G.: Schule als sozialer Erfahrungsraum. Überlegungen und Untersuchungen zum Phänomen des Schulklimas, Frankfurt a. M. 1973.
SCHULTZ, U.: Lebensqualität, Frankfurt a.M. 1975.
SCHULZ, W.: Philosophie in der veränderten Welt, Pfullingen ^{2}1972.
SCHULZE, G.: Die Erlebnisgesellschaft. Kultursoziologie der Gegenwart, Frankfurt/New York 1992.
SCHULZE, Th.: Ökologie, in: D. Lenzen / K. Mollenhauer (Hg.), Bd.1, 1983, 262 ff.
SCHULZE, Th.: Biographisch orientierte Pädagogik, in: J. Petersen / G.-B Reinert, (Hg.): Pädagogische Konzeptionen, Donauwörth 1992, 269 ff.
SCHWABE, G. H. (1978): „Ehrfurcht vor dem Leben“ – eine Voraussetzung menschlicher Zukunft, in: O. Schatz (Hg.): Was bleibt den Enkeln? Die Umwelt als politische Herausforderung, Wien 1978.
SCHWERDTFEGER, F.: Ökologie der Tiere, Autoökologie, Hamburg, Berlin 1963.
SEIBERT, N. / SERVE, H.J. (Hg.): Bildung und Erziehung an der Schwelle zum dritten Jahrtausend, München 1994.
SENGE, P.: The Fifth Discipline. The Art and Practice of the Learning Organization, New York 1990.
SEYBOLD, H.: Umweltbewußtsein und Umwelterziehung in der Bundesrepublik Deutschland, in: Engagement, Zeitschrift für Erziehung und Schule, no. 1, 1990, 34-47.

SIEP, L. (Hg.): Identität der Person. Aufsätze aus der nordamerikanischen Gegenwartsphilosophie, Stuttgart 1983.
SIEP, L.: Ethik und Anthropologie, in: A. Barkhaus 1996, 274-298.
SILBEREISEN, R.K.: Entwicklung als Handlung im Kontext. Entwicklungsprobleme und Problemverhalten im Jugendalter, in: Ztschr. f. Sozialisationsforschung und Erziehungssoziologie, Jg. 1986, 29 ff.
SOMMERFELD, P.: Erlebnispädagogisches Handeln, Weinheim und Münster 1993.
SPANGLER, G. / GROSSMANN, K.: Zwanzig Jahre Bindungsforschung in Bielefeld und Regensburg, in: G. Spangler / P. Zimmermann: Die Bindungstheorie. Grundlagen, Forschung und Anwendung, Stuttgart 1995, 50-63.
STEINHAUSEN, H.C.: Das Selbstbild Jugendlicher im transkulturellen Vergleich, in: H.C. Steinhausen (Hg.): Das Jugendalter. Entwicklungen – Probleme – Hilfen, Bern 1990, 47-57.
STIRLING, J. (Hg.): Die neue Staatsgalerie Stuttgart, Stuttgart 1984.
STOLZE, H.: Ödipale Situation – Ödipaler Konflikt – Ödipuskomplex, in: D. Eicke (Hg.): Die Psychologie des 20. Jahrhunderts, Band II, Freud und die Folgen, Wels 1976, 616-622.
STUGREN, B.: Grundlagen der Allgemeinen Ökologie, Jena 1972.

THOMAE, H.: Das Individuum und seine Welt. Eine Persönlichkeitstheorie, Göttingen 1968.
THOMAE, H.: Das Individuum und seine Welt. Eine Persönlichkeitstheorie, Göttingen 21988.
THOMAE, H. / LEHR, U.: Stages, crisis, and life-span development, in: A.B. Sorensen / F.E. Weinert / L.R. Sherod (Ed.): Human development and the life course. Multi-disciplinary perspectives. Hillsdale, NJ: Erlbaum 1986.
THOMAS, A.: Grundriß der Sozialpsychologie, Band 2, Göttingen 1992.
TODENHÖFER, J.: Wachstum für alle: Plädoyer für eine Internationale Soziale Marktwirtschaft, Stuttgart 1976.
TOYNBEE, A.: Lectures on the Industrial Revolution in England, London 1884 (unveränderter Nachdruck mit einem Vorwort von T. S. Ashton, Newton Abbot 1969).
TRUDEWIND, C.: Häusliche Umwelt und Motiventwicklung, Göttingen 1975.
TÜRK, H.J.: Zeitwende in der Philosophie? Aufklärung, Postmoderne und New Age, in: StZ 206, 1988, 147 – 163.

ULICH, D.: Krise und Entwicklung. Zur Psychologie der seelischen Gesundheit, München, Weinheim 1987.
UNESCO-Kommissionen der Bundesrepublik Deutschland, Österreichs und der Schweiz (Hg.): Zwischenstaatliche Konferenz über Umwelterziehung, Schlußbericht und Arbeitsdokumente der von der UNESCO in Zusammenarbeit mit dem Umweltprogramm der Vereinten Nationen (UNEP) vom 14. – 16.10.1977 in Tiflis (UdSSR) veranstalteten Konferenz, München-New York-London-Paris 1979.

VERBEEK, B.: Ökologie. Grundlagen – Hintergründe – pädagogisch-didaktische Überlegungen (Henn's Pädagogische Taschenbücher, hrsg. von E. Schmack), Saarbrücken 1976.
VESTER, F.: Denken, Lernen, Vergessen (dtv TB 1327), München 1975.
VESTER, F.: Ballungsgebiete in der Krise. Eine Anleitung zum Verstehen und Planen menschlicher Lebensräume mit Hilfe der Biokybernetik, München 1976.
VESTER, F.: Neuland des Denkens. Vom technokratischen zum kybernetischen Zeitalter, Stuttgart 1980.
Vierteljahrsschrift für wissenschaftliche Pädagogik, Heft 1, 1996.

WALBERG, H.J. : Psychology of learning environments: behavioral, structural or perceptual?, in: Review of Educational Research, 4, 1976, 142-177.
WALTER, H.: Ökologische Ansätze in der Sozialisationsforschung. Eine Problemskizze, in: K. Hurrelmann / D. Ulich 1980, 285-298.
WALTER, H. / OERTER, Rolf: Ökologie und Entwicklung. Mensch-Umwelt-Modelle in entwicklungspsychologischer Sicht, Donauwörth 1979.
WATERS, E. / SROUFE, L.A.: Social competences as a developmental construct, in: Developmental review 1983, 3, 79-97.
WEBER, A.: Art. „Kultursoziologie", in: Handwörterbuch der Soziologie, 2. Aufl. 1959.
WEBER, E. (Hg.): Der Erziehungs- und Bildungsbegriff im 20. Jahrhundert, 3. Aufl., Bad Heilbrunn 1976.
WEBER, E.: Grundlegende Thesen zur politischen Dimension der Verbrauchererziehung, in: Pädagogische Welt, 1976, 723-727.
WEBER, E.: Erziehungsaufgaben angesichts der gegenwärtigen Konsumsituation, in: H. Heid / R.Vath (Hg.): Pädagogik im Umbruch , Freiburg 1978, 185-195.
WEBER, E.: Aufgaben der Verbrauchererziehung angesichts der gegenwärtigen Konsumsituation, in: Politische Studien, 33. Jg., Nr. 266, 1982, 635-656.
WEBER, E..: Altenbildung? Prinzipielle Überlegungen zu ihrer Begründung, in: Arbeit mit Erwachsenen. Mitteilungsblatt der AEEB, Tutzing, H. 1, Jg. 1988, 39 ff.
WEBER, E.: Pädagogik – eine Einführung. Band I: Grundfragen und Grundbegriffe. Teil 1: Pädagogische Anthropologie. Phylogenetische (bio- und kulturevolutionäre) Vorrausetzungen der Erziehung, Weinheim 1995.
WEBER, E.: Pädagogik – eine Einführung. Band I: Grundfragen und Grundbegriffe. Teil 2: Ontogenetische Voraussetzungen der Erziehung – Notwendigkeit und Möglichkeit der Erziehung, Donauwörth 1996.
WEBER, M.: Gesammelte politische Schriften, Tübingen ²1958.
WEBER, M.: Wirtschaftsgeschichte, Berlin ³1958.
WEBER, M.: Vom inneren Beruf zur Wissenschaft, in: Soziologie – universalgeschichtliche Analysen – Politik, Stuttgart 1973, 310-339.
WELLMER, A.: Zur Dialektik von Moderne und Postmoderne. Vernunftkritik nach Adorno, Frankfurt a. Main 1985.

WELSCH, W. (Hg): Wege aus der Moderne. Schlüsseltexte der Postmoderne-Diskussion, Weinheim 1988.

WELSCH, W.: Unsere postmoderne Moderne, Weinheim 1987a.

WELSCH, W.: Vielheit ohne Einheit? Zum gegenwärtigen Spektrum der philosophischen Diskussion um die „Postmoderne". Französische, italienische, amerikanische, deutsche Aspekte, in: Phil. Jb. 94, 1987b, 111-141.

WENKE, E. / ZILLEßEN, H.: Neuer Lebensstil – verzichten oder verändern? Auf der Suche nach Alternativen für die menschlichere Gesellschaft, Darmstadt 91975.

WIATER, W. (Hg.): Erwachsenenbildung und Lebenslauf. Mündigkeit als lebenslanger Prozeß, München 1994.

WICKLUND, R. A. / GOLLWITZER, P. M.: Symbolic Self Completion. Hillsdale NJ: Erlbaum 1982.

WINKEL, R.: Pädagogik – Gestern, Heute und Morgen. Gespräch mit Klaus Mollenhauer Teil 1-3, in: Forum Pädagogik, 3. Jg. 1990, H.1, 41-45; H.2, 87-91; H.4, 199-204.

WIRTH, I. / GROOTHOFF, H.-H.: Handwörterbuch der Erwachsenenbildung, Paderborn 1978.

WITTENBRUCH, W. (Hg.): Schule – gestalteter Lebensraum. Pädagogische Reflexionen und Orientierungen. Münstersche Gespräche zu Themen der wissenschaftlichen Pädagogik, Bd. 11, Münster 1994.

WITTGENSTEIN, L.: Philosophische Untersuchungen, in: Schriften Bd. I, Frankfurt a.M. 1969.

WITTMANN, W.: Der unbewältigte Wohlstand, Die Zukunft von Wirtschaft, Staat und Gesellschaft, München 1972.

WÜNSCHE, K.: Die Endlichkeit der pädagogischen Bewegung, in: Neue Sammlung, Jg. 25, 4/1985, 433-449.

ZDARZIL, H.: Pädagogische Anthropologie: empirische Theorie und philosophische Kategorialanalyse, in: E. König / H. Ramsenthaler (Hg.): Diskussion Pädagogische Anthropologie, München 1980, 267-287.

ZORBAUGH, H.W.: The Gold Coast and the Slum, Chicago 1929.

ZOTT, K.: Ökologie (Ökologische Psychologie), in: H. Schiefele / A. Krapp 1981, 265 ff.

Personenregister

tisch-emanzipatorischer Erziehungswissenschaft. 126

Kluxen, Wolfgang (*1922), dt. Philosoph, hervorragender Kenner der mittelalterlichen Philosophie und Ethik, befaßt sich seit vielen Jahren mit aktuellen ethischen Problemstellungen. 157, 180, 190, 191, 206

Korff, W. (*1926), em. in München, bedeutender Sozialethiker, thematisierte neben den sozialethischen Grundlagen von „Norm und Sittlichkeit" zahlreiche aktuelle Probleme ethischer Forschung. Herausgeber bedeutender Lexika. 143, 211

Lenzen, Dieter (*1947) Erziehungswissenschaftler an der Freien Universität Berlin. Herausgeber namhafter pädagogischer Lexika. Wendet seit einigen Jahren den Neostrukturalismus auf die Erziehungswissenschaft an. 35, 50, 54, 87, 88

Lewin, Kurt (1890-1947) Vertreter der Berliner Schule der Gestaltpsychologie und einer psychologischen Feldtheorie. 35, 105f., 115, 116

Luhmann, Niklas (*1927) Soziologe und Hauptvertreter der Systemtheorie. Lehrt in Bielefeld. 65, 157

Lyotard, Jean François (1924-1998) Einer der Hauptvertreter des Neostrukturalismus. Gilt als Begründer der Debatte über Postmoderne in der Philosophie. 83, 84, 85, 88, 93, 96, 145

Marx, Karl (1818-1863) Philosoph und Begründer einer materialistischen Gesellschaftstheorie. 82, 85, 204

Mead, George Herbert (1863-1931) Begründer des symbolischen Interaktionismus. 17, 18

Mollenhauer, Klaus (1928-1998) Lehrte Pädagogik an der Universität Göttingen. Ehemals einer der Protagonisten der kritischen Erziehungswissenschaft; arbeitete an einer kulturtheoretisch ausgerichteten, ganzmenschlichen Bildungstheorie. 45, 50, 146, 149

Nietzsche, Friedrich (1844-1900) Philologe und Philosoph. Begründer des Nihilismus. 55, 82, 83

Parsons, Talcott (1902-1979) Begründer und Hauptvertreter einer strukturfunktionalistischen Handlungstheorie. 65

Piaget, Jean (1896-1980) Biologe, Entwicklungspsychologe und Erkenntnistheoretiker. 117, 127

Plessner, Helmuth (1892-1985), dt. Philosoph und Soziologe. Mitbegründer der modernen, die empirischen Wissenschaften mit berücksichtigenden philosophischen Anthropologie. 43, 51, 58, 59f., 61, 63, 136

Sartre, Jean Paul (1905-1980) Schriftsteller und Philosoph. Hauptvertreter des französischen Existenzialismus. 64

Scheler, Max (1874-1928), dt. Philosoph, Vertreter der Phänomenologie und Begründer der sog. materialien Wertethik. 51, 180, 190, 193, 196, 197

Weber, Erich (*1927) em. in Augsburg, Pädagoge in Bayern, schrieb vielgelesene Einführungswerke in die Pädagogik. 144, 145, 158, 163

Weber, Max (1864-1920) Einer der bedeutensden deutschen Soziologen. Begründer einer sinnverstehenden Handlungstheorie. 96, 108, 111, 125, 128, 132, 137, 144, 184, 203

Sachregister